ちくま文庫

世界マヌケ反乱の手引書 増補版

ふざけた場所の作り方

松本哉

筑摩書房

目次

第2章 超簡単！ 大してもうからない店を開業してみよう

第3章　世界にはびこるバカセンター研究

第4章　謎の場所を渡り歩き、世界の大バカが繋がり始める!!

＊本文と巻末リストのNEWは、文庫版で新たに入れた情報。

文庫版まえがき

いや〜、21世紀も4分の1が終わるってのに、相変わらず窮屈でギスギスした社会ですね〜。くわばらくわばら。……というわけで、そんな世の中に対抗して、いいかげんで油断した生き方のふざけたやつらがのさばるための作戦の書『世界マヌケ反乱の手引書――ふざけた場所の作り方』(2016年)を、再び世に放ってしまおうという運びになった!!!

ちなみにこの本は、ひたすら没落の一途をたどる日本経済のなか、こうなったら政府やら経済やらはもうさっさと見限って、自分らで勝手に生き抜くサバイバル力を磨きつつ、そんなふざけたやつらのアジトとなるような店やスペースを作ったり、それらの場所を遊び歩いてわけのわからない社会を築いてしまおうっていう悪だくみの本だった。

2016年に本書単行本が世に放たれたあと、この本を読んだ多くの人たちがふざけたやつらの集う場所を渡り歩き始めたり、無謀にも自らとんでもないスペースを開き始めたりして、「こんなの始めました!」「こんなヤバい場所を発見した!」などと連絡が殺到した。

さらには、日本以外でも徐々に窮屈になっていく状況は同じだったこともあり、すぐに韓国、台湾、中国などでも翻訳出版され、アジア圏のこれまたふざけた生き方しまくってるやつらが日本にも続々と訪れるようになってきた。いやー、世の中にはふざけた人たちが実は大量にいるもんだな〜。素晴らしい！　最高じゃねえか〜！

で、それからさらに年月を経て、いよいよ日本経済もニッチもサッチも行かなくなって、上がる物価&大して変わらない給料だし、本来それをどうにかすべきはずの政治家たちは汚職やら不始末の続出で、しかも反省の色すらゼロ。ダメだこりゃ、そんなやつらの沈没の道連れにされたんじゃ、こっちの命がいくつあっても足りやしねえ〜！　そうとなったら、こりゃやっぱり引き続き勝手なスペースを開きまくって、独自の生活圏を日本中、世界中に作りまくって自由な生き方を切り拓いていくことが重要になってきてる。さあ、そんなわけで、改めて加筆や修正を加えてこの文庫版が完成。情報を更新し、最終章では２０１６年の本書単行本発行以降の重要な話として、突如街に降りかかった再開発計画の話や、新型コロナ時代をどうすり抜けたか、そして、アジア圏の大バカな地下文化圏のやつらを呼びまくって開催したイベントの話なども紹介している。

ともあれ、いよいよ混迷を深める世界の状況。しかもいざとなったらお上のやつらはケツをまくって逃げ出す気配しかない。そうとなったら、さっさと世界各地で勝手に独自の生活圏を作りまくって、自由に生きるのがオススメだ。そう、それが〝世界マヌケ反乱〟。くだらないストレスから解放され、日々マヌケ面をして自由に生きることができるようなやつら（＝マヌケ）が一人でも増えるのが重要な時代。そして、いまも世の中にはびこるしょうもない道徳やら古くさい価値観を次々にぶち壊して、「ええっ、こんなバカな店が成り立っていいの⁉」「こんなやつがのうのうと生きてて大丈夫なの⁉」っていう大バカすぎる生活圏を作ってしまおう。さあ、改めてふざけたやつらによる、いいかげんな乱を起こしまくってしまうしかない！

２０２４年７月

松本哉

はじめに

世界にはびこるマヌケな諸君、喜べ!!! このしょうもない世の中に対抗して、日本中、いや、世界中で大バカなやつらがとんでもないスペースを大量に作りはじめている! メチャクチャ楽しそうな場所だったり、潰れる寸前だけど潰れずに残っててケロッとしてる所、やたらカッコいいスペース、フリーダム感が全開の場所、バカすぎる場所、次から次へととんでもない謎の人物が現れる所……。なんだなんだ、どうなってんだ⁉ 楽しそうじゃねーか、おい!

……と、喜びながらも、その一方でちょっと身の回りを見渡してみると、どんどん街が整然としてきて、無駄なスペースは減り、人のつながりも徐々に希薄になってきて、そのわりに謎のルールばかりが増え、なんだか窮屈になってきている。おや? なんだかおかしいぞ?

そして、テレビやら新聞を見てみると、今度はロクでもない話ばかり。しけた話題や世知辛いニュースばかりだし、金持ち連中は悪いことばかりやってる……。学生は入学と同時に就職のことを考えなきゃいけない雰囲気だし、金がないヒマ人は街を歩

くだけで肩身がせまい。高度成長期にいい思いした年寄りたちの中には、いまだに「頑張って働けばいい生活ができる」なんてバカげたことを言ってる人もいるけど、そんな世の中はとっくに過ぎ去っている。いろんなインフラが整備されれば社会が豊かになるって言ってたけど、結局は余計な業務が増えまくって逆に忙しくなる一方。コンチキショー、騙された！

しかし！　世にはびこるマヌケたちは、もうそんな価値観じゃどうしようもないことを、とっくに気づいている。よ～し、こうなったらそんなパッとしない世の中はほっといて、こっちは自由に勝手なことをやりまくってしまうのが一番大事なことだ!!　それに、実はすでに超すごいものを作ってる場所、面白い人がやたら集まる場所、大バカなアートスペース、思いもよらないライブハウス、くだらなすぎる店などなど、とんでもなく自由で最高な場所が大量にある。もうこうなったら、ついにしびれを切らした世界中のマヌケたちは勝手な場所を作りまくって勝手な生活を始めてしまうしかない！　金持ちやら大企業によって作られた、働きまくって金を使いまくるような消費社会とは無縁の世界!!　そしてそんなマヌケたちがウロウロしまくって、どんどん世界の大バカな面白いやつらが繋がっていけば、すごいことになりそうだ。

特に、最近は世界各地で国同士が無用なイザコザばかり起こしている。そんなもんに巻き込まれたら、たまったもんじゃない。もうそんなのは放っといて、我々は我々で、勝手に独自の大マヌケ文化圏を作ってしまうしかない！　さあ、世界マヌケ反乱の開始だ!!!

この本では、そんなマヌケ反乱の拠点のようなスペースをどうやって作って維持していくのかという前代未聞の作戦を練ってしまう。

まず第1章では大バカな仲間の作り方から、イカサマな金集めの作戦、突発的な謎の場所作りまで基本中の基本を。

そして、第2章では実際の店の作り方。これはリサイクルショップや飲み屋、ゲストハウス、イベントスペースなど、自分の経験を踏まえて超具体的に紹介。

第3章では、すでに日本や世界にはびこる腰を抜かすようなバカスペースを紹介しつつ、それぞれどんな手を使って自分の場所を切り開いてきたかを研究！

最後に第4章で、その独立した大バカセンターの数々がどうやって繋がっていくか、あるいは結託して共同で何かやらかしたりと、マヌケなやつらの間で国境が音を立てて崩れていくような作戦を目論んでみたい。

さあ、この本を読んで、次々ととんでもない店やスペースを開いてしまおう!!!!!

＊マヌケスペース＝バカセンター＝自律スペース。

＊各スペースの連絡先、住所は、巻末の一覧表をご参照ください。

世界マヌケ反乱の手引書

増補版——ふざけた場所の作り方

イラスト・写真　松本哉

イラスト（23・151頁）　フルカワクニコ

第1章

予想外のことが始まる！

——マヌケな場所作りの予行演習

騒ぎを聞きつけると出動する最終兵器、「のんべえ号」(2024年)

まずは手始めに、街で何かをやってみるところから始めよう。街をウロつく面白いやつを巻き込んでみたり、イカサマな手段で金を集めてみたり、一時的にでもいいから、街で勝手な空間を作ってみる方法を考えてみよう。ちょっとでも街でめちゃくちゃなことをやってみたら、いろんなヒントや手がかりが生まれてくるもんだ。よし、早速行ってみよう。

何かの前ぶれ！人だかりを作ってみよう

　街を歩いていて、人だかりほど気になるものはない。遠くの方に人が集まってたりすると、「なんだなんだ？」と、どうもワクワクしてくる。ましてや、奇声を発する者なんかいようもんなら、これは一大事！　とりあえず一刻も早く駆けつけて、まずは遠巻きに様子を見てしまうはずだ。

　金を巻き上げられた貧乏人が金持ちを袋叩きにしているという美しい光景に出会える時もあれば、単に、ガキんちょどもが犬のウンコを見つけただけかもしれない。酔っ払いのケンカもあれば、売れない芸人がなんかやってるかもしれない。マンホールに落ちたマヌケな人を救助してるかもしれないし、吉野家で肉の量がいつもより少ないと客と店長が取っ組み合いのケンカをしているかもしれない。ものすごい人が集まってて、いよいよ大暴動が起こったかと駆け寄ってみたら、ただのアメ横でサンマが半額になっているだけかもしれない。あるいは、やたら人が集まってると思って駆けつけてみたら、おばちゃんたちが50万円ぐらいの羽毛布団を買ってる会場だったりしてガッカリするだけかもしれない!!　ダメだ、ばあさん、もうすぐ死んじゃうのにそんなもん買っちゃ!!

ま、ともかく、良くも悪くも、人がゴチャゴチャいてああだこうだやってるのは、何かあるってことだ。

超貧乏な国に旅行に行くと、ちょっと立ち止まっただけで人だかりができたりする。戦後の日本でも、道に迷った白人が立ち止まっただけで、チョコレートでも出すんじゃないかと思ってクソガキとかジジイとかババアが遠巻きに集まるアレだ（知らないけど）！　ずるい、ずるい！　みんな、何かあるんじゃないかと思って常に集まる準備をしていやがる!!　やい、俺も混ぜろ！

今の世の中はなんだかキモチ悪いことになっていて、どうも、みんないろんなことに興味があるクセに無関心を装おうとする。う〜ん、これはよくない！　そうは問屋が卸さねえってことで、とりあえず、むやみやたらと人だかりを作ってみよう。人だかり慣れしておいて、いつでもひと騒ぎに参加するスタンバイをしておくに越したことはないので、その準備をしておこう！

さあ、そうなったら、人だかり作戦！　人だかりは何かが始まる前兆。なにかとんでもないことになる可能性もでかいので、退屈な時はやみくもに立ち止まったりして、人だかりを作ってしまうしかない！

山手線大パニック大宴会作戦

人だかりや夕涼みなど自然発生的な人の集まりというのもあるけど、ここは一気に路上や駅前などで勝手な飲み会や大パーティーを開催して、いきなり騒ぎを起こしてみる手もある。そうすると予想もしない初対面の人と遭遇するので、路上ゲリラとしてはとても面白いことになる。ところが、路上でのゲリラ飲み会に参加してくるような人は、やはりそういうのに加わるのが好きな人が多い。じゃあ、もっと予想だにしない連中が混じって大混乱になる方法はないのか⁉

と、思ったときに有効なのが、山手線作戦だ！　**山手線はずっとグルグル回ってる**ってことで以前、山手線ゲリラ大宴会をやったことがある。しかも、なんと大晦日の夜は終日運転なので、終電がない！　う～ん、これはすごい！

さて、その時はすでに午前1時近くになっていたんだが、まずはヒマ人たちと山手線の先頭車両に乗り込み、とりあえず真ん中にちゃぶ台を設置！　そして、とりあえず一升瓶を置いておもむろに飲み始めてみる。そうすると、同じ車両の中にいた人から「いい感じですね〜」などと声をかけられ、すかさず「お、一杯飲んで行きましょうよ！」と呼びかけて、どんどん仲間が増える！　さらには、用意してきた大量の紙コップを車内の乗客に配って「いや、あけましておめでとうございます」などと言って酒をついでいくと、これがまた意外と反応がいい！　いいねー、さすが元日の未明。何をやっても「とりあえずめでたい」ってことになる、日本で一番マヌケな日だ。いや、これはすばらしい。

で、あっという間にその車両全体が知らない人同士の大宴会状態になって、なんだかすごい光景になってきた。で、当然ながら、駅にも止まる。着いて自動ドアが開くと、乗り込んで来た人にすかさずコップを渡し、「いや、どうもどうも」などと言って、酒を注ぐ！　**不意打ちほど強いものはないらしく、おじいさんなんかも「これはこれは」とか言って飲みだしたりもした。**こんな感じで、一瞬にしてすごい人数の大宴会になり、山手線内は大騒ぎに‼　ほとんどの人が初対面なうえに、みんな「おめでとうございます」とか口々に言ってるし、まったく意味不明で、こんな楽しい飲み会はなかなかなかったね！

宴もたけなわになってきた頃、ようやくＪＲの方でも気づいたらしく、どこかの駅で止まった時「車内点検のため、しばらく停車しま～す」というアナウンスが流れた！　おお、これはついにバレたぞ！　よし片付け、片付け!!　すかさずちゃぶ台などをたたみ、一升瓶も隠して、普通に立って乗客のふりをした！　すぐに、駅員さんが駆け込んできたが、大宴会の跡はない。駅員さんも「あれ？　なんでもないね……」と帰ろうとするが、その車両だけ異常に酒くさいのと、やたらとコップを持って飲んでいる奴がいたり、その辺の人同士で話して盛り上がってたりと、どうも怪しい。かなり怪訝そうにキョロキョロしていた。で、こちら首謀者側も何食わぬ顔をしてトボケているが、駅員さんが妙にちゃぶ台や折りたたんだ旗をチラチラ見るので、これはまずいと、そ～っとホームに降りて、猛ダッシュで逃げ、解散！（ちなみに、不覚にも仲間の一人が逃げ遅れ、駅員にとっ捕まりこっぴどく叱られて帰って来た）

　さて、まあ最後の逃げ遅れはちょっとマヌケだったが、この作戦はかなりよかった。電車なので、否も応もなく人が入ってくるのがいい。それに、ホームで待っている側からしても、電車が来てそれに乗

絵・フルカワクニコ

り込んだら大宴会の会場だとは、まさか思うまい！　どうやら関西では京阪電車でやらかした連中もいたようだし、この作戦は大いに使えるので、ぜひ試してみてくれ。

一応、**アドバイスとしては、まず逃げ足の速さがポイント**。こういうゲリラ作戦のときは変にがんばって駅員と揉めてもつまらないので、一目散に逃げること。あともうひとつ。通勤電車や終電のような超満員のときにやったら、普通に大迷惑になるので、避けたほうがいい。こき使われて殺伐としているサラリーマンと殴り合いになったりして、貧乏人同士の無用なケンカになっても結局は金持ち連中の思うつぼである。ちょっと余裕のある時間帯を見計らって決行し、ヤバくなったら一目散に逃げる！　これがポイントだ。

せっかくなので、この作戦の応用編も考えてみよう！

※中国翻訳版が出た後、この本を読んで中国各地の地下鉄で大宴会をやらかした奴らが結構いて、映像が送られてきたりした。さすが中国、テンションが高い！

地獄のバス作戦！

都バスに乗り込み、大バカ者たちの狂乱の宴を決行！　これいいね！……と思ったが、ちょっとバスは狭すぎる上に、電車と違っていつでも止まれるので、一瞬で運転手さんに鎮圧されるに違いない。また、都バスは運ちゃんの隣から人が乗ってくるので、そこで酒を渡しても、横から運ちゃんにぶん殴られて終わりだ。これはダメだ。後ろから乗る田舎バスなら、そこはかわせるが、田舎はたいてい人があまり乗ってない上に老人ばかりなので、酒をついだところでただのいい人にしかならない。大パニックもヘッタクレもなく、ほのぼのとする一方だ。**お礼に玉子焼でももらおうもんなら、もうグウの音も出ない。**残るは地獄の観光バス作戦だが、これはすでに、ジイサン、バアサンたちのイチゴ狩りのバスと大して変わらなくなってしまうから、これもダメだ！　やっぱり、バスはあまり向かないらしい。

店作戦

ある時、自分でやってるリサイクルショップの商品を全部片付けて、そこにゴザを敷き、コタツを出してテレビを置いたりして、一家団欒のようにして、飲み会を開いたことが何度かある。この時は、まさに山手線作戦と同様、普通にリサイクルショップだと思って入ってきた人が、突如その光景を見て「おや⁉」と、目が点になる。で、なぜかコタツに入って一杯飲んでいったりもした。これは、なかなか使えるが、売り上げがゼロ円になるので、ほどほどにしておきたいところだ。

エレベーター作戦

これはダメ。狭すぎて面白くない上に、印象が悪い。キミも小さいときにでかい団地の何基もあるエレベーターを使って鬼ごっこをやって、買い物帰りの説教ババアにビンタされたことがあると思う（たぶん）が、それを思い出してみても、やっぱりこれは迷惑に違いない。それに、偶然参加した人がいたとしても数十秒後に降りてしまうので、全く盛り上がらない。

田園調布作戦

貧乏人同士のイザコザはよくない。ってことで、こうなったら金持ち街に乗り込んでみるのもいいかもしれない。これは飲み会じゃなかったんだが、一度、東京の最高級街＝田園調布の路上でゲリラネットラジオをやったことがある。路上でラジオ中継をやりながら「まったく、金持ちはとんでもない」とか騒いだり、その辺に落ちているものを交番に届けに行って、おまわりにインタビューしたりしたが、やつらは手ごわい！　人がよすぎる！　丁寧に答えてくれたり、2階の窓から大金持ちの人が手を振ってくれたりと、やたらと親切だった。う〜ん、すごい！　ちなみに、成り上がろうとして成り上がれない貧乏人は殺伐としているし、かろうじて成功したミニ金持ちも心が狭い。ところが、大金持ちはちょっとやそっとじゃビクともしないので、ずいぶんとゆとりがある。結局、開き直った貧乏人と大金持ちが一番、心が豊かに違いない。

しかし、いくら人がいいからといって騙されてはいけない！　彼らの立場は、無数の貧乏人の屍の上に成り立っている可能性が高い。これは涙を呑んで、大宴会を決行するのもいいかもしれない！　やい、金持ち！　覚えていやがれ！　手なんか振りやがって、こんちくしょう!!

ホテルのロビー作戦

これは使える。小さいビジネスホテルなんかじゃダメだが、大きいホテルなんかはロビーが広いうえに人も多い。それに、たまには高級ソファーに座って下町のナポレオンというのもいい気分だ。全共闘世代あたりの、いまは裏切って企業の重役になっているオッサン（↑一番たちが悪い）あたりが、昔を思い出してつまみをくれる可能性すらある。よし、そんなオッサンにはおごらせまくろう!!

ホテルは、不特定の人が現れるので、基本的にロビーは使える。いざなんか言われたら「いや〜、待ち合わせしてたんですけど、こないな……。おかしいな〜、あのヤロー！」とか言いながら退散すればいい。

まあ、なんだかよくわからないが、とにかく思いもよらないところでゲリラ飲み会をやって、一目散に逃げるというのが、この作戦の基本だ。というわけで、公民館の入口、デパート内の死角、空港、野球場、大学、国会の議員会館、などなど……、いろいろ試してみてくれ。

また、あまり迷惑すぎることもやめたほうがいい。たとえば、電車の場合でも、飲みたくない人は隣の車両に移ればいいし、他人にも自由があるので、そういう逃げ道を作っておいてあげたほうがいい。ま、最近の世の中は、しょうもないことを気にしすぎなので、多少は混乱させないとしょうがないとは思うが、どこまでやるかはそれぞれのケースにもよるので、適当に判断してみてくれ！　では、健闘を祈る!!

恐怖の完全インチキ物件「新山川荘」
――電気代、家賃タダ⁉

路上でも公園でも夕涼みでも山手線でも、公共の場所で勝手に場所を作っててメチャクチャ面白いのは、偶然通りかかったマヌケな通行人が「なんだこりゃ！」とビックリして思わず仲間になってしまうこと。これは路上でゲリラ的に謎の空間を作るときの醍醐味のひとつ。次から次へととんでもないやつらが現れて、しかもそれが全員偶然なので、そこは非常にスリリングで楽しい。

だが、大変なのはその場の維持。公共スペースでやるので、毎回一から準備したり人を集めたりしなきゃいけないし、終わったら帰りに全て片付けなきゃいけない。いろいろと大変な上に、その企画やイベントが終わったら、その場は一瞬で消えてなくなってしまう。う～ん、これはもったいない……。ということで、常にある場所というのも必要じゃないかってことになる。街頭で何かやってもいいけど、いつでも人が集まれる場所、そこに行けば誰かがいたりする場所があってもいいんじゃないか⁉と、いうことで、自分の店を開く前、2000年前後に、みんなが集まるようなシェアスペースを探してみたことがある。

まず、場所を探すときは、せっかくなので居心地のいい場所がいい。最近の日本社会、世知辛くなる一方なので、ちょっとしたことで苦情も多い。なので、アパートやマンションの一室などを借りると、2~3人で集まって飲み会をやるだけで苦情が来たりするし、ましてや深夜なんか何もできない。ということで、**事務所、倉庫、店舗などの物件が狙い目**だ。貸事務所などは、だいたい周りも事務所なので、人が住んでないことも多いのでわりと自由になんでもできたりする。貸店舗などもよくて、人が集まってきても全然大丈夫だ。それに、最近は大規模なショッピングモールや駅前のチェーン店や大型店などに押されて、地域の商店街などは寂れる一方。滅亡寸前の商店街など日本中の至る所にあり、マメに探せば空き店舗物件などはよく出てくる。倉庫物件もいいけど、基本的に倉庫は設備が何もないことも多いので、一から自分たちでスペースを作りたい時はいいけど、場合によっては時間やお金、労力がかかることもある。また、倉庫の場合は契約の時に「倉庫としてしか使用しないこと」という条件の時が多いので、事務所やイベントスペースとして使いたいとのことを事前に相談してみよう。あるいは、倉庫で作業中という建前で騙し騙し使うという手もあるけど、大家と揉めたり、場合によっては追い出されたりするリスクもあるので、その辺のさじ加減は諸君にお任せしよう。あ、ただ、これ、倉庫に限らず物件を借りて何かを始めるときは、実は契約とかなんとか言いながらも、結局は大家さんや近所の人たちと仲良くなるかどうかでほとんど決まるので、最初の挨拶回りとか、日頃の交流は超大事。イベントや飲み会をやるときには近所の人も呼んでもいいね。

大家に内緒の物件

さて、そんな感じで物件探しをしていたわけだが、そのとき偶然発見した物件がまたすごい。新宿近くのビルの屋上にインチキなプレハブ小屋が建っており、その屋上ごと貸してくれるという。これまた例によってあやしい不動産屋で、最初は「この辺は安い物件はないよ！」と言っていたが、粘っていると「いや〜、実はあるんだけどね」と、出て来た物件。その時も広くて格安のマンションもあったけど、マンションの一室だと、秘密アジト感があって、なんだか内輪っぽい雰囲気になりそうだし、どう考えても謎のビルの屋上みたいな開放感のある場所のほうがいい。

で、このビルの屋上がまたヤバい。まず、不動産屋がまたイカサマくさいオッサンで、うちらがいざこの物件を借りるとなったら、妙にいろいろと便宜を図ってくれる。

屋上のプレハブ小屋だと夏は高温になるからと、いきなり高級なエアコンを入れておいてくれたり、なんだか急に親切になる。そして、いざ借りてみると、おもむろに不動産屋のオッサンがやってきて「くれぐれも大家さんには内緒で頼むよ」とのこと。なんと！　そういうことか！　さては大家さんが遠くに住んでるから屋上だけ勝手に貸してるのか⁉　ということは、払った家賃はそのまま不動産屋の懐に……。う〜ん、奥が深い！　ただ、**こういう込み入った状況の予感がする時は深入りは禁物。**細かいことは聞かずにケロッとして、「いや〜、快適なところですねぇ」などとご機嫌をとっておこう。

ちなみにこの物件、屋上の小屋の広さはだいたい8畳間ぐらいで、屋上自体はその4〜5倍ぐらいの広さ。その屋上部分全体で家賃は8万円。なぜか電気代や水道代が無料**（深入りはしない）**。ケーブルテレビまで引かれていた。ただ、電気のアンペア数が少なかったらしく、少し電気を使うとすぐブレーカーが落ちてしまったので、不動産屋になんとかしてくれと頼むと、「いや〜、まずいな〜、勝手にやるのは。あそこの鍵がないとな〜」などと意味のわからないことをブツブツつぶやいていて、なかなかうんと言わない。で、数週間後、突如その不動産屋のオヤジが満面の笑顔で現れ、「松本くん、鍵作ったよ！　これで大丈夫だ！」と、これまたよくわからないことを言い出して、翌日から電気がたくさん使えるようになった（**深入りは禁物**）。いや〜、新宿ってなかなかすごいところなんだな〜、と思った覚えがある。

新宿近くでハンモック、屋上プール付

さて、物件自体のあやしさはさておき、とりあえずこういう場所を手に入れると、なかなか便利になる。名称は、かつて山川荘という自分のアパートが溜まり場となっていたのに由来して、新山川荘と命名。突発的に何かやるようなイベントっぽい場所に比べると、いつ行っても誰かいるし、物も置いておくことができる。特にイベントなどがないときでも、「いつでも遊びに来てね〜」と言えるので、意外と便利だ。で、この場所がまた屋上だから妙に開放感がある。しかも、立地がJR総武線の大久保駅の駅前だったので、ちょうど高架になっている駅のホームとビルの屋上の高さがほぼ同じで、本当に目の前って感じ。朝の通勤時間帯などは通勤のサラリーマンがホームにひしめき大混雑。ただ、こっちは夏などには**音楽をかけてハンモックで寝ていたり**していて、とりあえずその駅の光景を見ながら、あまり真面目に働くのはやめておこうと心に誓っ

たものだ。さて、大都会の中の屋上っていうのはこれまた気分がいいもんで、ハンモックだけじゃなく、**夏には巨大なビニールプール**を設置して泳いでみたり（水道代は無料）、**無意味にでかい旗を掲げてみたり**、**完全に謎のエリアに！** 溜まり場だけじゃなくて、**映画の上映会**のイベントをやってみたり、写真家の人の展示をやってみたり、**1日限定のＢＡＲ**をやってみたり、普通に飲み会が開催されたり。ある時なんかは、誰かがドラムセットを持ってきて**ドラムの練習スタジオ**と化していた時もあった（この時はさすがにうるさすぎて、近所のヤクザが怒鳴り込んできた）。まあ、ともかく、いろんなことに使えるスペースとして、すごい便利だったし、何かあった時にとりあえずみんなが集まる場所だった。しかも、この当時の大久保一帯はまだ、韓流ブームで観光地のようなコリアンタウンになる前の時期。韓国人だけじゃなくて、中国や南米、中東などから、国籍不明の人たちまでいて、かなりゴチャゴチャしたところ。そんな人たちとも仲良くなって、たまに屋上にも遊びに来てくれて相当面白かった。

ちなみに運営方法は、一人当たり月５０００〜１００００円の固定メンバーで家賃を負担していた。で、当時、その界隈に集まってくる人たちで『貧乏人新聞』というのを発行したり、Ｔシャツを作ったりしていたので、それを路上で売りまくって稼ぎつつ、なんとか場所を運営していた。

家賃もタダに⁉

　さて、そんな場所も約4年ほど続き、メンバーもいろいろ入れ替わりながら順調に運営されてきたが、イカサマな物件にはイカサマな事件がつきもの。ある時、例の不動産屋が階下の住民と揉めたらしく、突然そのビルの一室の荷物を全部強制的に運び出し、あろうことか我々の屋上のスペースに置いてしまった。荷物を運び出されて雨ざらしのところに放置された人もちょっと気の毒な気がしたけど、まあどんな事情か知らないので、口を挟むわけにもいかない。ただ、こっちは家賃を払ってるのに勝手に荷物を置かれたらたまったもんじゃない。不動産屋に「早くどかしてくれ」と頼んでも移動してくれず、結局1～2カ月ぐらいとんでもない量の他人の荷物が屋上に積み上がったままで、いくら言ってもそのままだったので、さすがにこっちも頭にきて、**家賃不払い開始!!!**　で、これがまた意外とうまくいくもんで、1～2カ月経っても、不動産屋に落ち度があるので向こうはあまり強くは言えない。数カ月後荷物は徐々に片付いたけど、相手も相当なイカサマ師、そう簡単に払うわけにはいかない。「頼むよ～、そろそろ家賃払ってくれないとねぇ」と言われるけど「いやー、だってあんな勝手なことされたんじゃ、安心して住めませんからね～。**払うのはもうちょっと様子を見てからですね**」とか我ながら意味不明のことを言いながら、のらりくらりとかわす。街で顔を合わせても、向こうはすぐに家賃のことを言いたそうな顔をするので、こっちから**すごい笑顔で「こんにちは～!」と挨拶したり、ものすごいテンションで天気の話**をしてみたりして突破。気づいたら大量の荷物がなくなった後も無料の物件になってしまった。

ただ、さすがにそんなうまい話はないもんで、そんな無料スペースも8カ月ほど経った頃、「松本くん、やっぱりダメだ! これ以上家賃くれなかったらこっちも実力行使に出るよ」と言い始めるオッサン。これはヤバい、とこっちもビルの入居者を仲間につけたり、交換した入口のドアの鍵をオッサンに渡さなかったり、いろいろ籠城戦の準備もしたんだけど、オッサンもなかなか諦めない。もう、このころになると、「どうもどうも」とか「まあまあ」などとごまかしても、1秒後には「ダメダメ! 無理無理!」と返ってくるぐらい。挙げ句の果てには、**張り紙で「家賃ください。あと○○日」という、謎の手動カウントダウン**が始まった。チッ、こりゃいかん! オッサン本気になり始めた! もはやこれまでか!!!! ということで、そのカウントダウン終了の直前の深夜、数名の決死隊でその新山川荘から全ての貴重品を搬出し、その直後、オッサンが近所の鍵屋を呼んできて、鍵を交換し、新山川荘の閉鎖を宣言。

かくして、約4年に及ぶ謎のアジトは幕を閉じたのだった!!!! いや～、危ない危ない。

この新山川荘、新宿の裏手にある最ディープゾーンでのスペースだったので、初めから終わりまでが全部インチキみたいなことになってたけど、普通の場所でシェアスペースを開く場合は、こんなめちゃくちゃなことにはならないはずなので、安心して場所を探してみてほしい。

基本中の基本　仲間の作り方

何かをしでかそうと思ったとき、やはり何事も一人でやると効率が悪いし、なんだか性格がストイックになってきそうだし、そもそもなんだかつまらない。そんなときに仲間がたくさんいたら、いろいろ悪巧みをしたり、助け合ったり、いい案を出し合ったりと、とても心強い。

ロクでもない金持ち中心社会に対抗するには、やはりとんでもない友だちや知り合いを作ることはかなり重要なことだ。さて、そんなことで、基本中の基本である、仲間の作り方を紹介してみよう‼

ビラぶちまけ作戦

以前、よく駅前などで、ゲリラ飲み会のようなイベントを開催していたことがある。ホームタウンや知り合いの多い街でやらかす時は、あらかじめ仲間を呼んで、適当に飲みながらやってると広がっていくもんだ。が、まったく縁もゆかりもない街でやるときは、仲間ゼロからやらなきゃいけない。こんなときに多用していたのがビラ作戦だ。こいつを紹介してみよう。

まずは何でもいいからビラを用意する。「どこへ行っても窮屈で冗談じゃねえ！貧乏人諸君、いまから駅前で酒を飲むしかない!!!!」というような、ただ酒を飲むだけなのに異常にテンションの高いビラを大量に印刷する。この時に重要なのは、自分の携帯の番号をでかい字で書いておくこと。新聞の一面と同じ作戦で、やたらとでかい字で見出しが出ていたら、たいしたことないニュースでも「なに！　それは大変だ！」みたいに思ってしまう。ビラも同じで、超巨大な電話番号が書いてあったら、「よし、これは飲むしかない！」と、思わず電話してしまう可能性は高い。特に今の世の中、SNSで回って来る情報ばかりなので、古典的なビラは効果抜群に違いない。載せる情報はLINEのIDやQRコードを載せてもいいけど、このご時世に紙をばら撒くというのは相当インパクトがある。

で、ビラができたらとりあえずばら撒いてみるのだが、くれぐれも駅前などで「よろしくお願いしまーす」などと、一人ひとりに配るなどというまどろっこしいことはやらないように。まず、オススメは自転車のカゴ。どの駅もそうだが、駅の周りには500〜2000台ほどの自転車がとめてある。このカゴに入れまくってみよう。時間帯は夕方ぐらいがオススメ。夜になると、いろんなやつらが仕事や学校から帰ってくるので、その前に入れておこう。この時間帯だと、買い物をしているおばちゃんだったり、夕方なのにパチンコをやってるロクでなしの連中の自転車にも入れることができるので、絶好のタイミングだ。

そして、ちょっとこれはリスクがあるのでオススメはしないが、**ビルの屋上からばら撒いたり、始発電車に乗り込んで、中吊り広告に貼り付けたりという暴挙**に出ることもできる（すぐラッシュの時間になるから剝がせなくなって効果抜群）。ただ、この辺は見つかったら交番でこってり絞られることになる（場合によっては何泊かお世話になるかも）可能性があるので、逃げ足の速さなどが問われるので、要注意だ。ま、堅実に行きたい人は避けたほうが無難かもしれない。

あとは、自販機のジュースやタバコが出てくるところに入れておいたり、公衆便所の個室や駅の切符の券売機に貼ったり、駅前のマクドナルドの2階の客席の全テーブルに置いておいたり（要逃げ足）、人の目に付きそうなところに、やみくもに撒きまくるのがいい。

ビラは撒くだけじゃダメで、それを目撃したときのインパクトが強ければ強いほど印象に残るので、ゲリラだと思って、とんでもないところに撒きまくってみてくれ！

そうだ、注意点をひとつ。あまり無謀な撒き方をしていて、たまに、警察や警備員から「困るよ、こんなところにビラ撒いたら」と電話がかかって来たら、「ええっ、またですか！　いや〜、50万枚も印刷したんで、誰がどう撒いてるのかわからないんですよ。こっちもホトホト迷惑してるんですよね〜。よっしゃ、今日こそ生け捕りにして懲らしめてやる！」とか、適当なことを言って、うまくその場をかわそう。

さて、そんな感じで、ビラを１５００〜２０００枚ぐらい駅前にばら撒いたら、あとはコンビニで缶ビールでも買って飲んでいよう。すると、「自分もそう思ってたんですよ」とか「なんなんですか、これ？」みたいな電話や連絡が10〜15件ぐらいはくる。そうしたらすかさず「いやいや、いま駅前で飲んでるから飲みましょうよ!!!」とか言って、どんどん引き寄せよう。そうやってると、自然と5〜10人ぐらいの謎の路上飲み会になってくる。こうなってくると、もう大バカ者たちの飲み会は盛り上がる一方！　で、そういうやつらは、その街の人なので通行人に知り合いが多く、「お、おまえこんなところでなにやってんの？」→「ああ、ちょっと飲んでけよ」みたいに、勝手に人が増える。あるいは、「こういうの好きなやつがいるんですよ！」などと、電話して呼んだりと、友達が友達を呼んで盛り上がってくる。

ネットや雑誌なんかでも街の情報は入るんだが、地元民こそが最大の情報源。飲んで話をしていたら、「あそこの路地は入ったところにあるバーのマスターが、とんでもないやつでねー」とか「今週末に、すごいいいイベントがあるよ」とか「〇〇通りの雑貨屋の××さんって人にあったほうがいい」とか「△△食堂の醤油のびんの形がヤバイ」とか、超重要な情報が一晩にして山のように舞い込んで来る。こうなったらもうしめたもんで、次にその街で遊びたかったら、そのとき知り合ったやつにでも連絡して、そのとんでもないスポットにでも連れて行ってもらったらいい。

もちろん、いけ好かない連中ばかり集まってくるときもあるし、運悪くほとんど人が集まらないことだってある。が、こういうものは数をこなすことが重要なので、とりあえずやみくもに行動に出てみてくれ！

※現在は電話文化の衰退が著しいので、電話番号を書いてもかかってこない。ちょっと癪だがＳＮＳ系に繋げるのが無難だけど、やはりビラで撒くというアナログ感のインパクトはでかいので、ここは外せない。

飲み屋作戦

ビラぶちまけ作戦！　みたいなことを書くと、「そんなことできねーよ！」という文句が聞こえてきそうだが、やってみたら余裕なので、勢いでやっちゃってもらいたい。だが、どうしてもという人には、もっと楽な方法もある。ただ、街をウロウロして飲み歩くだけ。酒が嫌いだったら、烏龍茶でもいいし、飲み屋自体が嫌いだったら、個人でやってるようなカフェでもいい。もっと言えば、飲食店じゃなくてもよくて、謎の雑貨を大量に置いてある店とか、誰がこんなもの着るんだよっていうものばかり売ってる古着屋とか、品揃えが異常に偏ってるレコード屋とか……。これが、自分のセンスに少しでもあっていれば、たいていはそこで盛り上がり、妙な話が出てきたりして面白いことになってくる。

自分の例で言えば、長野県にあるリサイクルショップに普通に寄ってみたところ、案の定変わったオヤジがやっていた。で、いきなり「まあ、ビールでも一杯」と飲み始めたりして、仲良くなった。で、最初は同業者ということもあるので、商品の交換なんかをするようになったり、そのうち仲間が泊まり込みで修業に行ったり、挙句の果てにはその人の使っている裏山で「なんとかフェス」という音楽イベントをやったりもした。

こういうことは、意外とよくあることで、行きつけの飲み屋ができたら、なんだか知らない間にそこの草野球チームに入れられたりするのも、その一種だ。う〜ん、ちょっと飲みに行くだけで、すごいことに発展するもんだね。これは何が起こるかわからないから、いろんなところに顔を出してみよう！

ってことで、まずは、なんだか妙なオーラが出てる店には片っ端から入ってみよう。

何かしらあるかも知れない！

路上で物を売ってみる

さて、別に店なんかやらなくても、路上で何か売ってみるだけでもいい（↓148頁）。そう、要するにお客さんとしても、物を売っているという名目があると、フラっと寄りやすいみたいだ。確かに言われてみればそうで、興味があっても、わざわざ連絡して自宅とか事務所とかに行ってみるというのは、そんなに気軽なもんじゃないかもしれない（「別にそんなの簡単でしょ」と思う人はすでに上級者なので、この項は飛ばして読んでＯＫ！）。逆に、「売ってる物を見に行った」っていう名目があるから、すぐ帰ることもできるので行きやすいのかもしれない。そんなことで、キッカケが楽だから、よく友達ができる。

もうすこし例を挙げてみよう。

あるとき友達の植木職人が強硬手段に訴えたことがある！　何を思ったのか、その辺で拾ってきた石を路上に並べて３００円とか５００円とか金額をつけて、インチキくささ全開の店をやってみたものの、まんまと売り上げゼロで、それどころか怪しすぎて誰も話しかけてこなかったという！　そらみろ、失敗した！　当人は「やっぱりダメか～」とか言っていたが、そんな未開の国での旅行者からのボッタクリのような商売やっても、さすがに難しいってことだね！

一方、うちの店の隣で勝手に占いをやってるやつがいるけど、これ、最初はかなりウサン臭いと思っていたが、続けてるうちに意外にも繁盛してきて、相当いろんな人が出入りしている。う～ん、こんなのまでいいんだね。

外国に行くと、ものすごい露店を発見する。**路上にうす汚い体重計を置いて「一回測ったら10円」**みたいな商売。これで金を取ろうっていうのがすごいが、意外と流行っていて、のちのち電光掲示板とかがついたり、その路上体重計用のマシンが発売されたりしていて、なんだかすごいことになっていた！

また、昔の上海でも路上でいいものを売っていて、**自宅の水道メーターの針を止める機械**。というより、超強力な磁石がついていて、針が進まなくなるだけの話なんだが、**売り子のオッサンは身軽な格好で、常に逃げる準備をしながら**「これを設置するだけで、針がストップ！　もう水道代を払わなくてもいいよ！」ってなことを大演説！　で、すげえすげえとマヌケな群衆も集まる集まる！「うそじゃないだろうな！」「本当だよ、これを見ろ！」などの大賑わい！　で、売ってるやつもまた怪しくて、なかなか近くで見せてくれない。そのため、買った人がいると、今度はその人に群がって見せろ見せないの大騒ぎ！　いいねー、これは楽しそうな光景だ！　ただ、これで仲間ができるかは不明だが、まあ接点があるだけいいね、少なくとも今の東京より。

また、日本にもとんでもない露店はある。路上飲みをよくやっていたころ、下北沢にもよく行ったんだが、このとき下北によく登場する、これまたウサンくさい兄ちゃんがいた。やたらとボロボロの格好をして、いろんなものを積んで異常に目立つ自転車に乗っており、そのチャリになんと**「見たら10円」**と書いてある！　おお、これはすごい商法だ！　あまりにもジロジロ見る人が多いから、もうかるかと思ってやってるらしい。ちなみに、「それ、金払う人いるんですか？」ときくと、「いや、意外といるよ。でも、だんだん避けるようになってきて、次からはみんな俺と目が合いそうになると、あわてて目をそらして、ツーっと逃げていくんだよ」だって。おや？　これ、仲間のつくり方だった。ダメだ、逃げられるんじゃ!!　これはマネしないように。

ちなみに、物を売るってのは好きじゃないとできないので、友達を作るために物を売ったり店を開いたりという不純な動機でやり始めても、疲れるだけなのでオススメはしない。が、物を売るのが好きな人はどんどんいろんなところで売ったりしていたら自然と仲間なんか増えまくるに違いない！

知り合いの知り合い作戦（鳩山邦夫作戦）

以前、鳩山邦夫という自民党のオッサンが「俺の友達の友達はアルカイダだ」という、余計なことを言って物議をかもしたことがあった。そのオッサンがアルカイダと友達かどうかなどは何の興味もないが、これはうらやましすぎる。もちろんアルカイダと友達だからではないが、そこまで幅広いのか、おい！ってことだ。逆に言えば、ビンラディンの子分の友達の友達が鳩山ってことか。いいなー、それ。なんかパッとしない気もするけど……。

まあ、ともかく、友達を増やそうと思ったら、友達の友達と仲間になるのが一番早い。ということで、面白そうなことをやっている友達がいたら、そっちにも遊びに行ってみよう！　アルカイダ級のやつらが潜んでいるに違いない!!!　つまりは、そこまで幅広く友達になる可能性があるってことだ。う〜ん、こりゃすげえ!!　ともかく、これまでに書いた、路上飲みとか、飲み歩くとか、物を売るとかの際にも、友達の友達をたどっていくと、話が早くていい。

逮捕作戦

友達の友達をたどっても、なかなか友達にならない人々もいる。獄中の人だ。いきなり面会に行っても友達になんかならないし、シャバにいるときに会ったたって、どうも友達にはなりにくそうな輩も多い。ところが、捕まって牢屋の中に入ってみると、様子は一変する。強力な友達が大量にできるので、一生に一度は行くのもいいかもしれない。自分も捕まったことがあるんだが、留置所はよかった。詐欺師から、麻薬の売人、ビザが切れただけで何も悪いことをしてないラーメン屋の中国人、麻薬をつかまされたバックパッカーのイラン人、逃げまくった挙句にパチンコ屋にいた時に捕獲された指名手配犯、ヤクザのオッサン、会社の金を横領したマヌケ重役、賭博場の逮捕要員……、などなど、本当に多彩だ。これらの人々は、やはりみんなひとかどのことをやっているだけあって、なかなかいい人材がそろっている。

それに、「犯罪者」というと怖いイメージがあるかもしれないが、そんなことはない。悪いことをしたからといって、その人が常日頃コワイわけじゃない。たとえば、殺人犯が四六時中人を殺しそうなテンションでメシ食ってたり、ウンコしてたり、映画見たり、日向ぼっこしてお茶飲んでたり、久しぶりに遊びに来た姪っ子に「大きくなったな~、いま何年生になった？　算数は楽しいかい？」などと話しかけたりしているわけがない。普段はいたって普通だったりする。それは、詐欺師だろうと薬物系の人だろうとみな同じだ。ましてや、牢屋の中に閉じ込められてるんだから、もうヤクザだろうと何だろうと観念しているし、牢屋の中で騙したり殺したりするわけじゃない。そうなったら、もう楽しむしかない。ただ、その房の中には何もないので、連日、朝から晩までくだらない話をして大爆笑したりしているし、手持ち無沙汰になったらトイレットペーパーを水で溶かして固めてサイコロを作って、ノートに作った自作のすごろくなんかで遊び始めたり、それがたまに看守に見つかってサイコロを取り上げられ、ヤクザが**「なによ～、サイコロぐらいいいじゃねえの～」**と抵抗をしてみたり、消灯時間が過ぎても話が盛り上がって騒いでいたらまた看守に怒られたり……、もう完全に修学旅行と紙一重なくらいだ。こうなって友達ができないわけがない‼

おまけに、どいつもこいつも相当いい話のネタをみんな持っているので、話題に尽きないから、安心して捕まってみてくれ。あ、ただ、捕まる時に、人の迷惑になることで捕まっても面白くない。どうせなら、田園調布で「金持ち出てこい！」と叫んで捕まってみたり、何もしてないのにむやみに自首してみたりと、うまくやってみてくれ。

ただ、友達に会えなかったり、酒が飲めないなど、不都合もあるので、そういう点で好き嫌いはあるかもしれない。ただ、個人的には最高に楽しかった。

一発逆転！　インターネット作戦

孤独と紙一重なのがネットの世界。Facebook でも Twitter（現 x）でも、いろいろやっていればどんどんネット上で知り合いはできる。ところが、これ、実際に会うまでは本当に仲間かどうかはわからないので、ネットで死ぬほど交流が増えても、何かのキッカケでヤケクソになってIDを削除なんかしようもんなら、また友達ゼロからやり直さなきゃいけなくなる。これはバカバカしい。それに、そんなまどろっこしいことをやっていたら、いざという時に、お互い何の力にもなれない。

ところが、**これまで書いてきたいろんな作戦と複合**すれば、大変なことになる。たとえば、韓国で路上ゲリラ焼き魚集会をやったときなんかも、いろんな奴がTwitterで情報を流し始めたおかげで、次から次へと人が集まってきた。

もっとすごい話だと、以前話題になったフランスの路上ゲリラ酒集会だってそうだ。これはFacebookで勝手に盛り上がって、ワラワラと1万人以上が広場に集まって大騒動になっている。で、そのマヌケなフランス人連中も口々に「ネットで知り合ったやつらと現実に会って飲みまくるのがいい」という、まさに我々が今、考えているのと同じようなことを言っている。

まあ、ともかくネットもうまく使いながら、仲間を作りまくってみてくれ！　我々貧乏人にとっては、仲間を少しでも作ることによって、金持ち連中によるボッタクリ社会の餌食にならずに生きることができてしまうのだ!!

金集め大作戦——ニセ札からヤクザ作戦まで

この本で、とんでもない場所を作ろうとか謎の計画を実行しようとか、いろいろ言ってるけど、「なんだかんだ言ったって、最初に金が必要じゃねーか！」と、誰しもが思うはずだ。もちろん、ほぼ金をかけずに何かを始めるやり方もたくさんあるけど、時には若干の金がかかる場合だってある。それに何かを始めようって時に、金はあるに越したことはない。ということで、こんな本を読んだり書いたりしてしまっている我々に最も不得意な金集めについて研究してみたい。いや、諦めるのはまだ早い！本気を出せばそんなの楽勝だ！　たまには堅実に資金を集めることもやってみようではないか！

ニセ札作り

「金が必要だな〜」→「よし働かなくちゃ！」ってのは奴隷の発想。ま、自営業ならちょっと違うかもしれないけど、バイトや社員など雇われの身になるなら、そういう金の集め方はあまり面白くない。どうせデタラメな店やイベントを作ったりするために必要な金なんだから、ここはひとつ極力インチキな手を使って金集めをして、最後に「ザマーミロ！」というセリフを吐いてみたい。

そこで、不真面目に金を作ろうとして、最初に思いつくのがやっぱり憧れのニセ札だ。しかし、これはなかなか難易度が高い。以前、なんとかしてニセ札を作ってやろうと、友達と飲みながら虫眼鏡で札を見まくっていたら、びっくりするぐらい小さい模様とか字とかが書いてある。特に5000円札の右下の部分の線が実は字だったことに気づいた時はもうさすがに頭にきた！　ちきしょう～、バカにしやがって！　こら、政府！　そんなに自国民を信用してないのか！　これじゃ、ニセ札作れないじゃねえか!!!!　まあ、よく考えたら、昨今の出版不況のあおりで倒産目前の印刷会社の社長なんか、3月の確定申告の度に「こうなったら現金印刷しまくってやろうかな、チキショー!!!!」とか目論んでるに違いないが、あまりニセ札が出回ってないところを見ると、プロの技を使っても困難に違いない。う～ん、よし！　諦めよう！

銀行をだましてみる

ニセ札で思い出したけど、昔すごい奴がいた。間違って半分に切っちゃったお札を銀行が新しいのに交換してくれることに着目して、なんとかして金を増やそうと1万円札を50分の1ぐらいに切り刻み、それを大量に用意して銀行に持って行って、50分の49を1万円に交換するのをくり返して50万円を51万円にするといった画期的な未曾有の作戦だ。これはすごい!!!　ただ、明らかに労力に見合わない上に、**粉々の万札を毎日のように銀行に持ち込む**のが怪しすぎたため、この人物、すぐに見破られて捕まってしまった。実はこれ、自分が幼稚園の頃にテレビのニュースでやっていて、お母さんに「こういうことをやっても時間の無駄だからやめましょうね」と諭されたのを覚えている。

クラウドファンディング&ヤミ旅館&白タク

という感じで、国や政府はお金に対してものすごい執着心を持っているので、お金自体をどうにかしようというのはちょっと大変そうだ。とてもじゃないが我々の敵（かな）う相手ではない。ということで(?)、独自の金集めを考えてみたい。まずは、最近流行（はや）ってるクラウドファンディング。ネットで募金を集める、あれね。まあ、使いようによってはいいかもしれない。まずは何を始めたいかを訴え、賛同を呼びかける。で、そのサイトを通すことによって、それを広く人に知らせることができる。「金にはちょっと余裕あるし、何かいいことに使ってくれる人でもいないかな～」って感じでサイトを見てる人の琴線に触れたら、見事資金をGET！　で、目標金額まで達成できたら、その集まった資金を受け取る代わりに、出資者に見返りの品物やサービスを提供するから、出資者も自分のおかげでその企画が成功したなって気分になり、ちょっと満足。さらにそのサイト運営者に5～20％ほどの手数料を渡すので、話がまとまれば運営者も採算合ってバッチリ！

そんな感じで、最近はネットを使った仲介業的なうまいサービスを考案して、その上前をはねて生きていこうというセコいビジネスが流行っている。空き部屋を宿泊所として紹介するAirbnbなどの民泊サイトや、Uberなどのタクシーサイトもその一種。使いようによっては面白いかもしれない。

ま、別にいいけど、この手のものは何となくいけ好かないね。よくでき過ぎてて。

自民党作戦

自民党は言わずと知れた大資本家や大金持ち、大企業などの代弁者の政党。ここには金が集まってるに違いない。しかも悪い金持ちたちは十中八九貧乏人から金を巻き上げて肥え太ってると思われるので、自民党の金は我々の金だと言っても過言ではない。よし、決めた！　自民党に入って金を返してもらおう！　散々余ったものをもらったり、おごってもらったりしよう。で、選挙に落ちたり、偉大な政治家先生が死んだりしたら、これはビッグチャンス到来。お金持ちは気前がいいはずなので、それぐらいじゃビクともしない。「いい処分方法知ってますよ！」とかなんとか言って、うまくせしめてみるのもいいかもしれない。死んだ時などは、焼き場まで行って大泣きしたフリをしながら、こっそり金歯を抜いたりもできる。

エガミTシャツ

KEN EGAMI

もう少し現実的な金集め計画としては、何かグッズを作るという手がある。Tシャツやマグカップ、ステッカー、缶バッジ、ライター、ボールペン、ポストカード、トートバッグなど、なんでもいい。自作すると、売値は最低でも原価の2~3倍の値段ぐらいが相場なので、うまくすると資金を作ることができる。ただ、問題は何のグッズを作るか。もし自分が何かをやっていて、自分のキャラクター、店、バンド、劇団などがあれば、その作品やロゴなどを使えばいい。ただ、同じものを売り続けても、よっぽどの有名人でもない限り限界が来る。それに、別に自分は何もやってないよって人も多いはず。そんな時は、**勝手に誰かを有名人にする**という裏技で攻めてみよう。

と、いうことで、以前やってみたのがエガミTシャツ作戦。福岡に住んでいるヒマ人で、ひたすら海外をウロウロしている江上賢一郎という人がいるんだけど、ヒマなだけあって本当にいろんなところへ遊びに行ってて、面白い場所をたくさん知っている。ある時、この江上氏が東京に遊びに来るというので、せっかくなので海外のマヌケスポットを紹介するイベントをやろうってことになった。江上氏も貧乏人なので、交通費ぐらいは渡してあげたい。……ということで考えたのが、エガミTシャツ作戦。これはもう有名人にするしかないってことで、申し訳ないけどグッズになってもらうことに。とりあえず本人には内緒で、江上氏の顔と、その下に「KEN EGAMI」と書いたロゴマークが完成。まずはこのデザインのステッカーを大量に制作し（印刷はネットで探せばいくらでも安い業者が見つかる）、街中に貼りまくる。友達にも配り、知り合いが出入りしそうな店などにもどんどん貼る。すると、本人を知る人の間で「えっ、なんで江上くんが街中に貼ってあるの？」と、話題になってくる。当然、知らない人の方が多く、「最近よく見かけるけど、これ誰？」って感じになってくるので、「1960年代の有名な革命家だよ」とか「弱者を救うために反乱を起こして逮捕された死刑囚」とか、適当なことを言っておくと、「おお、そうなんだ！　すげえ！」と、どんどん有名になってくる。で、機を見てTシャツを発売！　すると、「ああっ！　街でよく見かけるやつだ！　こいつだったのか！」となり、勢い余ってTシャツが売れたりするし、海外からの旅行客なんかも、「日本で尊敬されている義士」と思ってお土産に買って帰ったりする。

ということで、すぐに50枚ほど売れてしまい、ステッカー代も回収できたし、このイベントの時もちゃんと福岡―東京往復の飛行機代を渡すことができた。あ、ちなみに、この作戦、ちゃんと本人のキャラを考えてやるように。江上氏はこれをイベント当日に知って「やめてよ！　恥ずかしいじゃん！」と言いつつも喜ぶタイプだったので問題はなかったけど、本当に嫌がるような人や、とある事情で人から追われてる人物の顔などを街中に貼り巡らしたら、ちょっとかわいそうなので、相手を見て決行してもらいたい。

※その後、エガミロゴは一人歩きして、ゲストハウスの冷蔵庫にデカデカと貼られたりするようになり、海外に行くたびに「冷蔵庫の人だ」とか言われるようになって弱り果てているとのこと。

フリマに出店してみよう

意外と侮れないのがフリーマーケットだ。公園や広場、商店街で開催されてたり、あるいは大きなイベントの中で行われるときもある。フリマに参加してむやみに物を売りまくってみよう。これは友達と一緒に出したらほとんど遊んでるようなものだし、いろんな人と知り合うきっかけにもなるし、面白い。ここで、訳のわからないものを売りまくって少しの資金を手にしてみよう。日々のくだらない労働なんかよりはよっぽど気分いいはずだ。ちなみに出店料なんて安いもので、小さいフリマなら500〜1000円ぐらいからあるし、大規模なところや車ごと出店できる場合でもせいぜい3000〜40000円ぐらい。主催者に問い合わせれば、たいてい誰でも出店できる。ただ、気をつけないといけないのは、自分たちの身の回りのものをかき集めて売りまくっても、それは自分のものが現金に形が変わっただけで、自分の軍資金が増えたわけではない。当然、自分の持ち物がなくなったらそこで終わりになる。ま、その場しのぎの現金作りにはいいけど、これじゃ金もうけとは言えないし、たいして金は集まらない。

ということで、どこからか仕入れたものを売って金にしたい。まあ、商才のある人なら卸売業者から新品の雑貨などを仕入れて売るという手もあるけど、これはなかなか本格的な仕事になってしまうので容易ではない。あるいは、手作り品を売る人も多いけど、これはこれでセンスと才能も問われてくる。才能のある人はもう自由に自分で金を作ればいいから、とりあえず放っておいて、ここではもっとインチキくさいことを考えよう！

そういえば数年前、ニューヨークで「ウォール街占拠」という金持ちふざけんな運動があったけど、その時に、アメリカのやつらが「たった1％の富裕層が世界の富の多くを持っている！」とえらく怒っていた。なるほど、それは返してもらうしかない。よし！　民衆の怒り爆発で、富裕層から奪われた物を奪い返す時がついにやってきた！　貧乏人諸君！　我々も立ち上がるしかない!!!　ってことで、金持ちの住宅地の周りをウロウロして可燃ゴミや不燃ゴミの日なんかに物を拾って集めるのもいいけど、よく考えたらこれじゃ時給にしたらコンビニのバイトより低いのでダメだ！　やい、金持ち！　今回は許してやるから、いつか覚えてやがれ！

やっぱりここは純粋に、何か事を始める時に「こういう店を作るから要らないものをください」とみんなに呼びかけまくれば、知り合いとか興味を示した人がどんどんくれるはずだ。そう、不用品っていうのは、本当は価値があるのに所有者が価値がないと思い込んでいるものばかり。だから、「金をくれ！」というのと違って、みんな喜んでくれるはず。う～ん、これはいいね。それをどんどんフリマに持って行こう。

また、**近隣住民の集まるところや、商店街のイベントなどにむやみに顔を出して、マヌケそうな顔をしてると、だいたい失礼なジジイが「なんだ、お前マヌケそうなやつだな」と話しかけてくる。**ただ、こういうジイサンはだいたい悪い人じゃなくて、単に昔の人は口が悪いだけ。おそらく愛情表現だ。で、近所の人の片付けてない倉庫情報なんかを教えてくれる。ただ、戦前生まれのジイさんとかは経験が豊富すぎて、ちょっとやそっとじゃ動じないので「あそこのバカ息子が金貸しに追われて首吊ってから、あの部屋そのままになってるんだよな〜」なんて余計な情報をサラッと言ったりもするけど、ま、その辺は聞かなかったことにして、どんどんタダでもらって来てフリマで売ってしまおう。

※現在は高円寺で「北中夜市」というフリマイベントが毎月開催されている。千載一遇の金稼ぎチャンスなので東京周辺の人にはオススメだ。

屋台作戦

フリマのような物販だけじゃなくて、飲食の屋台なんかもできたら面白い。これも、街のイベントや祭りなんかで出せる場合がある。ただ、飲食になると衛生面の管理が必要なので、事前の検査や許可が必要な場合もあるので、ちょっとだけハードルが高いけど、これもまあ時と場合なので、とりあえず機会があれば飲食の販売をやってもいいか聞いてみたらいい。特に地域のイベントなどは「仲良くなったら出店してもOK」みたいな謎の掟（おきて）もあるので、フリマの次のステップぐらいに考えてもいいかもしれない。

さて、無事出店できたとして、何をどう売ればいいかが問題だけど、ま、何でも大丈夫。もちろん、真冬にかき氷売ってもダメだし、真夏に熱燗やおでんもおかしいけど、それ以外の常識的なものだったら何とかなるもんだ。真面目に料理をやってる人からは怒られるかもしれないけど、イベントの屋台で飲み食いするものなんて、実際の味よりも雰囲気の方が重要だったりする。それに、気分がいい時に食べたら食べ物ってほとんどのものが美味しいから、これは気持ちよく売ることが大事。あと大事なのが、本気っぽく売ること。屋台みたいなものは見掛け倒しが重要だ。

以前、商店街のイベントで何度か食べ物を売った時があったが、普通の長机みたいなので売った時は、サンマの塩焼きや鍋を作って売ったり、居酒屋をやってみたり、いろいろやってもほとんどもうからない。で、こんちきしょうと思って、ある時は近所で冷凍の小籠包を買ってきて、こっそり電子レンジで温めて、それを一瞬蒸し器で蒸して売ったら、死ぬほど売れて一瞬で完売。すぐにまた買い足して売ったほどだった。何が違うって、その蒸し器の湯気も良かったのかもしれないけど、その時だけは会議用の長机じゃなくて昔使った屋台を持ってきてそれで売ったこと。それだけの違いで、冷凍食品と業務スーパーの醤油にもかかわらず、うまいうまいとみんなたくさん食べる。留学生っぽい本場中国の人も買いに来たからヤバイと思ったけど、普

通においしいと言ってた。その辺の酔っ払いもわざわざおかわりを買いに来る。なんだなんだ、結局みんな冷凍食品でいいんじゃねえか！

と、いうことで諸君！　**屋台出店で資金を稼ぐときは見掛け倒しが重要！**　確かに自分もお祭りなんかでどうでもいいお好み焼きとか食べたりするけど、うまいわけないんだけどその時の楽しい気分があるから、今からだと味も思い出せないし「うまかったに違いない」ってことになる。あ、一応言っとくけど、もし料理の道に行きたいときはこのイカサマ作戦だと実はマズいのが一瞬で見破られて倒産するので要注意だ。あくまで、その場しのぎの屋台の話ね。

・屋台一口メモ

冷凍食品とバレないようにこっそり電子レンジを使うとき、あの「チ〜ン」って音は本当に邪魔ですよね！　でも大丈夫！　レンジを丁寧にドライバーで分解していくと、あの忌々しい音を鳴らしている自転車のベルのような金属パーツがあるので、これを除去！　これで屋台主もお客さんもみんなが幸せに！

ヤクザ作戦

金といえばヤクザ。ヤクザといえば金。ヤクザの人は金もうけがとっても上手！

さあ、よい子のみなさん〜、ヤクザ屋さんからもお金もうけを学んでみよう!!!

今は高円寺にいるので、ヤクザの人との接点はほぼない。せいぜいたまにそれらしき人が買い物にフラッと寄ってくれるぐらい。ただ、高円寺で店を開く以前は、新宿の歌舞伎町やら大久保やらをウロウロしていたので、いろいろとその手の人々と遭遇することもあった。そうすると、ふとしたことからお金にまつわるほのぼのエピソードがいろいろ舞い込んでくる。

「あのさあ、■に■してある■■見つけて■■教えてくれたら■■万円でどう?」とか「最近、■■で■■■■■を■■るんだけど、これがまた■■■んだよね。それやったほうがいいよ〜」とか、「今度■■■の■の■■■■■を■■■■って話があるんだけど、それ任せるよ」みたいな話。……無理無理、こわいこわい！　っていうか、全部文章にできねえじゃねえか!!　ダメダメ、他の作戦だ！

象印作戦

もうひとつ紹介してみよう。台湾で行われた音楽イベントに行った時に、台湾のやつらが考案した資金稼ぎ方法がこれ、象印作戦。この時、沖縄から友達のバンドが3

組も出演するということになり、台湾のやつらも「いや～、せっかく来てくれるんだったらせめて交通費ぐらい出したいんだけど、うちらのイベントも貧乏だからな～」と頭をひねる。で、この台湾の連中、自分たちで必死にバイトをして資金を稼いでイベントをやるのが本当に嫌いなやつら。彼らも「どうせデタラメなイベントやるんだから、イカサマな資金調達しないと面白くない」という哲学を持っている。で、突如「よし、他人の金でギャラを払おう！」と言い出した。何かと思えば、日本で買って台湾で売ったら差額で少しもうかるという転売屋みたいな構想で、「日本から来る人はみんな何か買ってきてくれ」という。まあ、これ、誰しも考えつく話だけど、この台湾の連中は本気だからヤバイ。やると決まったらネット上に特設ページを作り、パナソニックのドライヤーが〇〇円、象印の炊飯器が××円などと、台湾での売れ筋商品の広告を打つ。しかも、電器屋の新聞折込チラシみたいなデザインの広告を作って、「おじいさんも知っていて、おばあさんも欲しがるダイソンの掃除機！」とか「これで家庭も夫婦の関係も円満！」「これが台湾に来るバンドの交通費になって一石二鳥」みたいなくだらない広告フレーズなどもちりばめて、本気の宣伝！

ちなみに、ここに出ている商品は全部台湾では直接買えないものばかりで、一般の人たちは、代行業者から高い金額で買っているという。そこで、今回の象印作戦では、**その台湾での相場よりは安く、日本よりは高いという値段設定に。**そして、そのサイトを見てどんどん注文が入る。注文が来ると日本側に連絡が来るので、すかさず最安値を調べ、「よし、それ買おう！」となれば日本で購入！　そうしてどんどん商品はたまり、持っていける限界までできたらそこで打ち止め。あとは、日本から台湾に行く人で手分けしてその商品の山を持って行く。いざ日本出発の時は、みんな掃除機とか炊飯器のでかい箱を山ほど持って成田空港へ。空港に着くと、いま噂の爆買い中国人が全く同じ荷物を持って発券カウンターに並んでいる！　おお、同じ姿だ!!!　なるほど、そういうことだったのか！　お互い「お前もその口か（ニヤリ）」と、目で挨拶を交わし、国境を超えた親近感を味わいながら、行き先は別。こちらは台湾へ。

で、この象印作戦の結果、十数万円の利益を生み、出演バンドの交通費の足しにと、帰り際に渡される。すると、今度は受け取ったバンドのやつら、「いや〜、台湾であんなに世話になったのに、申し訳ないなー」と、その金は今度は逆に台湾のバンドを沖縄のイベントに招待する時の宿泊代に当てるという。うーん、なんだか素晴らしいお金の流れ！　こういう資金調達のやり方もあるのか！

各種基金からお金をもらってみる

これ、超正攻法だけど、様々な財団や基金などからお金を出してもらうという手もある。国の外郭団体の基金もいろいろあるし、民間でも大きい企業がやっている文化で、趣旨が合えばお金を出してくれる。

財団などもたくさんある。例えば、日本にも海外の面白いアーティストやミュージシャンがどんどん来ていろんなイベントに参加したりしているが、国際交流基金というのを使ってやってくることが多い。これは、文化交流を促進するのが目的の基金なので、趣旨が合えばお金を出してくれる。

単発のイベントに資金を出してくれたり、もう少し長い期間のプロジェクトごとに出資してくれたりする。もちろん国内に限らず、海外でもこのようなシステムはたくさんあるので、みんなうまく活用している。ただ、財団側としても金を出す以上、むやみやたらとばら撒くわけにはいかないので、申請から報告までいろいろと面倒な書類のやりとりがたくさんある。おまけに、その基金によっては「こういうのはやめて」など、注文が付くことも多々ある。ということで、手間がかかり自由度は少し落ちるものの、うまくしたら資金は手に入る。ま、一長一短あるけどやってみて損はないかもしれない。ただ、注意点としては、**その資金に頼りすぎないこと**。基本は自力で運営しておいて、プラスアルファで予算をもらって何かやる程度がいい。資金を提供してもらわないと何もイベントができなかったり、そのグループ自体が国や財団の予算によって成り立っていたりしたら、ちょっとそれは不健全。それに、国や企業の方針が変わった瞬間に潰れてしまうんじゃ、もろすぎる。例えば、韓国では2008年に政権が保守政権に変わった瞬間に多くの文化基金がストップし、なくなった空間や団体が続出したというし、日本でも昔、都知事が石原慎太郎になった途端に若者向けの施設やサービスが一挙になくなったこともあった。これは危険なので、基本は自力で運営しておいて、何かあった時に基金などに申請してみるというスタンスで使うのがいい。

オークション作戦

競（せ）り売りという、熱を帯びてくると大変なことになる販売方法がある。これはむやみに盛り上がる。ということで、やってみよう！

前、香港のＤＩＹライブハウス「Hidden Agenda」（２０１７年閉業）の人を招待してドキュメンタリー上映とトークのイベントをやったことがある。なんとか交通費は渡してあげたいし、できればそのライブハウスの活動資金のカンパでもできればこちらも嬉しい。もちろん、そのイベントの開催費用などもあるし、少し金を作らなきゃいけないことになった。と、その時に出た案がオークション開催。香港の人には、そのライブハウスに出入りしているミュージシャンのＣＤをたくさん持ってきてもらい、それを上映後にオークション販売をすることになった。

さあ、様々な困難を乗り越えて自力でライブハウスを運営する涙と感動の上映終了後、休憩を挟んでオークション開催！　会場には80人ほどのお客さんが集まってたんだけど、もちろん香港のインディーズ音楽やバンドの情報などみんなよく知らない。すべてが新しい上、ましてやその映画を見た後だからなおさら興味津々だ。まずはそのHidden Agendaの中心的スタッフのKIMIちゃんが、選んだミュージシャンの解説をする。どういうジャンルの音楽か、どういうライブをやってるか、そのライブハウスとの関わり方などなど。で、「さあ、実際に音を聞いてみましょう！」と、そのCDをかける。当然音楽だから好き嫌いが分かれ、興味ある人は「欲しい！」となる。まずは安めの500円とか1000円からスタート。「1200円」「1500円！」などと声が上がり、無事落札～。これをどんどん繰り返し、香港のオススメのバンドなどが次々と紹介されていく。そのうち、みんな買う気満々になってきて、解説後、「じゃ、曲かけますよ！」「早く早く！」みたいな感じになり、曲が、ジャーン、と、なり始めた瞬間に「1000円」「1200円！」と、声が上がる。音楽聴いてないじゃねーか!!　ほとんどイントロクイズみたいだ！　しかし、そんなオークションのおかげで、商売は大繁盛。もちろん、その売り上げは全額香港のHidden Agendaへ。これで、その日の入場料なども あるので、会場費、飛行機代なども全てまかなうことができた。

うーん、参考になったかよくわからないけど、**所詮金なんて価値があると見せかけ**

て、**実は相当インチキな代物。**例えばお店に置いてある商品ひとつとっても、陳列の仕方、商品名のつけ方、ライトの当て方で、同じものでも値段がいくらでも変わる。要するに全部インチキなのだ。そう、イカサマとイカサマの隙間で意外とアブク銭なんて出てくるもんなので、世の中を完全になめてかかる姿勢を忘れずに、インチキな金集めをどんどんやってみよう！　大丈夫、大失敗して一文無しになったとしても、我々にはロクに金をかけずに生活する術が凝縮した、マヌケな奴らが集まるバカセンターがついている！

なんだか全て管理されたような、この窮屈な世知辛い世の中で、解放された感じの自由でマヌケな空間をどうやって作るか？　それがこの本のテーマなわけだが、実はヤバいやつらがいた！　そう、今はすでにほぼ滅亡してしまった夕涼みのオッサンだ!!!!　これはすごい。今の世の中、若者が夜集まってるだけで警察を呼ばれたり、家がない人が公園で寝てても文句を言われ、屋台や露店も「あの人たち家賃払ってないのにずるい」と言われるぐらい。もう公共スペースなんてあったもんじゃない。と、ここまで来てしまった価値観からすると、夕涼みのオッサンなど、今から考えたらもう過激派みたいなもんだ。国民の血税で作られた街の一部を勝手に占拠して、ましてや缶ビールを飲んだり、子供と花火をしたり……。すばらしい!!

column　夕涼みのオッサン

そう、今はあまり街や路上でくつろぐ人というのはだいぶ減ったかもしれないけど、昔は大量にいた。夕方の少し涼しくなる頃になると、軒先や路上のベンチに座ってくつろいだり、近所の人と世間話をしたり。冬は冬で夕方に一斗缶で焚き火をしてる人もいて、よく焼き芋をもらったりした。東京の下町の江東区で育ったせいもあるかもしれないけど、そんな光景はよく見た。それも、いぶし銀のオッサンっていうのがまたずるい。あいつら謎の風格だけ持ち合わせてるから、なんとなく許される感じを漂わせてくる。もし若者なら、何か勝手なことをやってても「最近の若者は常識がなってない」と悪者にされる。老人だったら自動的にボケ老人ということにされ「はいはい、もうそういう時代じゃなくなりましたからねぇ〜」などと家に連れ戻される。あ、おばちゃんは強い。近所のおばちゃんたちは白いものも黒と言わせる迫力を持っているので、これまたある程度は大丈夫なことになる。とりあえず、やつらが街でいろんなものを切り開いていた。

で、そんな光景も日本ではいよいよ廃れてきた90年代半ばごろ、ちょうど大学生だったので、中国やら東南アジアに貧乏旅行で行ってみた。観光地などは全く興味がなかったので、地元の人しかいないような商店街やら住宅地とかをウロウロしてたら、もう日没ごろから街に死ぬほど人がいる。チビッコたちはクソ狭い路地を走り回ってるし、オッサンたちは路上で将棋さしてるし、おばちゃんたちもお茶飲んだりしてる。なんだこれ!? 江東区と同じ光景だ!! 挙げ句の果てには日没後に路地にシーツを張って映写機で映画を見始めたり、広場でカラオケ大会が始まったりして、みんなが集まってくる！ しかも、お茶飲んだりご飯やお菓子を食べたり、やたら賑わってる。ちきしょう〜、楽しそうな生活しやがって。羨ましいじゃねえか！ う〜ん、これ、日本が今まで経済だの高度成長だの言って、犠牲に捨ててきたものだ。

江東区はまだしぶとく残ってた方かもしれないけど、一昔前ならそこら中にそんな光景があったはずだ。しかも、夕涼み(ゆかた)と言ってもテレビに出てくるような浴衣着て縁側で線香花火とかやってるようなそんなスマートなもんじゃない。もっとひどい。小学生の頃なんか、道でアル中のオッサンがひっくり返ってたり、老人と老人がつかみ合いのケンカし始めたり、結構混沌とした感じをよく目撃した。ただ、その路上に居座ってる大人たちは、街のことは全部知っ

column　夕涼みのオッサン

てるから、いろいろとんでもない情報を教えてくれるし、お菓子もくれるし、時にはその辺の町工場のトラックの荷積みを手伝って100円の小遣いをもらったりした。いいコミュニティの場だったし、そもそも大人たち自体が街で遊んでいた。なるほど〜、海外にしろ日本にしろ、こんな状態だったら、いちいち場所なんか作る必要がない。だって、すでに街に自由な感じがあるから何かやりたければ勝手にできるし、人にも会える。でも、今はどんどん街がこぎれい化してきて、江東区だってそんな街の中のおっさんとか滅亡したし、中国も東南アジアも今や近代化が進みまくり、そんな文化は死滅寸前。

街に謎のバカなやつらの場所とか、インチキな空間とかが続々と増え始めて人の交流や動きが活発になってきたら、オッサンも必ず帰ってくるはずだ。

ちなみに、街で夕涼みをするのは別に何も悪いことじゃない。外にイスでも出して、お茶やビールを飲んだりお菓子を食べたり、通りがかりの人と世間話をしたり。何度かやってると近所の人も「お、またやってるねー、これでも食べな」と、果物とかくれたりもする。もうこの時点で、人間インフォショップ（界隈の情報などが行き来するところ）が一瞬にして完成だ。おお、これは超簡単な場所作り。誰でもタダで出来るし、いつも見る街の風景も変わって見えるし、何より知らない人との会話も生まれる。面白いからやってみよう！

column　夕涼みのオッサン

第2章

超簡単！　大してもうからない店を開業してみよう

なんとかBAR

マヌケゲストハウス

一番面白いと思うのは、常にある開かれた場所。やっぱりこれが欲しいね、ってところに行き着く。さあ、この本のメインテーマ、バカセンターをどうやって作るかという作戦に入っていこう！

人の話ばかりしていても説得力がないので、まずは自分でやっているところから。これは自分たちでやってることなので、かなり詳しいことも書けるので、超具体的なことも併せて紹介してみよう。「自分の店をやるなんて未知の世界」と思ってる人が多いと思うけど、順を追ってやっていけば別になんてことないことがわかると思う。とりあえずは、高円寺の商店街で「素人の乱」という名前でやっている、リサイクルショップ、イベントスペース、BAR、ゲストハウスなどから行ってみよう。ついにバカセンターが始まる!!!!!

リサイクルショップ 「素人の乱5号店」開業!!!

まずは自分の店から。うちはリサイクルショップで、普通に冷蔵庫やら洗濯機などの電化製品から本棚やテーブルなどの家具、あるいはよくわからない雑貨など、いろいろ置いてあるいわゆる総合リサイクルショップってやつだ。今は高円寺の北口・北中通り商店街の通りを挟んで2カ所で運営している。で、かつて支店だったけど店長に暖簾(のれん)分けして独立した姉妹店が、阿佐ヶ谷(高円寺の隣　＊現在は閉店)と野方(これまた近く)に各1店。各エリアに倉庫と軽トラが一カ所ずつあり、それぞれお客さんから電話があると出張買取に行って、それに手を入れて商品として店は回っている……。コラー!!!!! 規模でけえじゃねえか! そんなにできるわけねえだろ!!!!……と思うかもしれないが、これがまた意外と金がかかってないのだ。ま、順を追って紹介してみよう!

リサイクルショップは泥棒の換金所だった!

まず、そもそもリサイクルショップってのは法的には「古物商」というものになる。そう、いわゆる古道具屋だ。今でこそそんなに悪い印象もないかもしれないが、かつては質屋と並んで「泥棒の換金所」としての役割があった。盗んだものを金に換える場所。下手すると完全に泥棒とグルになっていて、荒稼ぎしていたところもあったみたいだ。……ってことで、ここ数百年間（それ以上かな？）警察には常に睨まれていた存在で、いまでもその名残で古物商の管轄は警察署。まずは近所の警察署に行って**古物商の許可申請手続きをしよう**。ちょっと書類を集めたりしなきゃいけないので、数週間かかることもあるので、早めに取っとこう。ここで、謎の事務手数料（合法ワイロ？）がかかるけど、ま、1〜2万円見とけば大丈夫かな。

そして、「防犯協会」っていう警察の天下り団体みたいなものに加入させられそうになるけど、これは任意なのでどっちでも大丈夫！　うちの店は、当然入らなかった。

必殺！　無店舗営業

さあ、手続きが済んだら後は店を開くのみ！

ただ、この時点で金はたいして手元にないというのが前提。いきなり何十万だの百何十万だの払って店舗を構えるわけにはいかない。それに、いきなりそんなことをして大失敗したらそれこそ大変なので、ここは徐々に行きたい。リサイクルショップのいい所は、その名の通りものがグルグルとサイクルしているので、一番小さな回転から始めて行けば楽勝だ。いきなりそこそこの品揃えを確保しなきゃいけない他の物販店より有利だ。

まずはオーソドックスに、「不要品買います」って書いたチラシを作って街中にバラ撒いてみよう。ポスティングしてもいいし、街に張り出してみてもいい。一石二鳥作戦としては、新聞配達やポスティングのバイトをして、金をもらいながらドサクサにまぎれて自分のチラシを撒いちゃってもいい。

あるいは、ビルの屋上から大量にバラ撒いて街を大パニックにしてみたり、街で見かけた大手リサイクルショップの看板の電話番号を自分の番号に書き換えてみたり、NTTのコンピューターをハッキングし、日本中の電話が自分の携帯にかかるようにしてみたり、深夜に駅に忍び込んでスプレーで山手線の車体に宣伝と自分の携帯番号を書いてみるのも手だが、リスクがでかすぎるのであまりオススメはしない。ま、覚悟があればやってみてもいいが、俺は知らない。

ま、意外と地道に効くのが、知り合いの店にチラシを置いてもらったりして、口コミで広がることなので、遊び歩くついでにでも宣伝してみよう。

さて、そうすると、「あの〜、うちに不要なものがあるんですが……」とかなんとか言って依頼が来る。さあ、ついに**モノのリサイクルが始まる瞬間！**　大事なお客様にそそうのないように、日時を決めて出張買取に行こう。最初のうちはどうせ大規模にはできないだろうから、小さい所からいこう。電子レンジだったりパソコンだったり、バッグだったり、小型家具、本やＣＤ、アンティーク品などなど、ありとあらゆるものが出てくる。そして、それを自分の得意不得意やゆくゆくどういう品揃えにしたいか、あと大事なのは売り物になるかどうかを考えながら買い取って行く。この時点では、大物は断るなり別の業者を紹介するなりして、回避。買取額は、いろいろコツがあるんだけど、それを言い出すとそれで一冊の本になってしまう上に、街やお客さんによって全く相場が変わって来るのも面白いところ。ここは経験なので、いろいろ失敗しながら慣れてもらいたい。**高く買いすぎると一瞬で倒産するし、**買いたたき**すぎるとお客さんが離れる。**ま、どっちにしろ**客商売はやはり人を大事**にしないと必ず失敗するので、それだけは気をつけてほしい。

そうそう、あとお客さんの家に行くときの輸送手段。あらかじめ物がわかってたらキャリーカートなどでもいいかもしれないが、ここはひとつ対応力はつけておきたい。ひと昔前のように、自転車や原チャリでリヤカーを引いてもいいし、先に見積もりだけ行ってレンタカーでもいい。ただ、遅かれ早かれ車は手に入れないといけなくなるので、それも準備しよう。

ちなみに、開業時に買った軽トラもボロボロだった。ネットなどで探しに探して、埼玉（奥地）にイラン人がやってる安い中古車屋を発見。この業者はイランに日本車を輸出してるんだが、「ボロすぎるのでいらない」とハネられたやつを10万円ほどで入手。今から思えばこれでも高い方で、本当にボロいものなんかは5万円とかで売ってたりするし、車を使う商売やってる人にコネがあれば、「買い替えるから古いのあげるよ」なんて情報もザラにある。で、金がないので**ユーザー車検**。車屋に相談して、車検が通らなさそうな箇所だけ修理してもらって、自分で車検を出しに行けば相当安く上がる。また、**駐車場**も軽自動車は意外と穴場が多く、都内でも1万円台の所もたくさんある。知り合いさえいれば、「タダで停めていいよ〜」なんて所も見つかるかもしれない。ま、ともかく、この本でも一貫して大事だと言ってる**「人の繋がり」**がどれだけあるかによって、いい話は舞い込んで来るものだ。もうかってないときはどんどん人に甘えて、順調に回って来たら、どんどん人の面倒も見て行こう！

さて、モノが手に入ったら今度は手入れ。すぐ売り払ってもうけたい所だがちょっとガマン。リサイクルショップの大事なところは、モノが世の中でサイクルする工程の一部分ってこと。人が使い終わって不要になって粗大ゴミ候補と化したものを、もう一度誰かが新たに使い始めるまでをやるので、単なる転売屋とは違うってこと。できる限り**掃除や動作の確認**、**可能なら修理**をして売ろう。もちろん、時間がなかったりチンプンカンプンの場合は「現状です」とか「ジャンクです」と売ってもいい。ま、初めのうちはヒマでしょうがないはずなので、採算あわなくても勉強がてらあれこれやってみるのも面白い。

さて、いよいよ売るわけだが、店舗を持っていないうちは**ネットで売り払おう**。人と接しないネット販売は個人的にはあまり好きではないんだが、ま、こればかりはしょうがない。手っ取り早いのはネットオークション。型番の付いた機械系のものや、ブランド物、コレクター向けのものなど、値がつくものもあるので、ヒマに任せてどんどん売っていこう。

そうこうしていると、カラーボックスみたいな手軽な小型家具や、簡単な雑貨など、ネットじゃ売れないものがどんどんたまって来る。これを放っておくと、**家がゴミ屋敷**と化してしまい、そのうち近所から煙たがられたり、市役所から通告が来たり、挙げ句の果てには謎の「片付け隊」みたいな実力部隊を派遣され、「やめろー！　これは全部大事なんだ！　オレの財産なんだー！」と叫びながら、青い服を着たお兄さんたちに家から連れ出されたりする**マヌケな姿を昼のワイドショー**で放映されたら大変だ。そうならないように、在庫管理はちゃんとしつつ、売ってしまわねばならない。

そんなときは、よく1週間限定などの**期間貸し店舗**があるので、ココで売り払おう。

ココで初めて接客らしい接客になるわけだが、ここでもチラシを撒きまくったらさらに買取も増えるので、一石二鳥だ。

また、この週貸し店舗を借りる頃には専用の倉庫が必要になって来るはずなので、これまたうまく安い物件を探そう。手頃な貸し倉庫がなければ、**最初はシャッター付きガレージでも、四畳半のアパートの1階でも**なんでもいい。

※現在はメルカリなどの普及でさらにネット上での売買が手軽になったので、リサイクル業開業は当時よりめちゃくちゃ楽になってるはず。

格安物件を借りて開業へ

さてさて、そうこうしていると、少しずつ資金ができてくるので、あとは街をウロつきながら意味の分からない謎の物件を発見したら借りてしまおう！　不動産屋を回ったり、街で見かけた空き店舗の近所の人に、大家さんはどこにいるか聞いてみたりしてもいい。ただ、しつこいようだが人伝て情報は侮れない。素人の乱1号店が始まるときも、山下陽光というナゾの古着職人の友達が「なんだかいい話あるよ！」と言ってきて、トントン拍子に決まり、気づいたら「素人の乱」なんて店を一緒に始めることになった。う〜ん、一体何が起こるかわからなくていいね、こういうのは！

この最初に始めた店がまたすごかった。当時の商店会長が太っ腹で、取り壊しが決まっている自分の持ち物件を期間限定で月5万円という安値で貸してもらえることに！　で、気になる初期費用の敷金や礼金は……？　「いいよ、そんなもん！」。おお、さすが会長!!!!　これはまあ、運もあったけど、意外と取り壊し待ちの物件なんかは安く借りられることもある。いきなりちゃんとした不動産屋に行って聞いてみると「え～、家賃が15万円。保証金が6カ月分。手数料と礼金が1カ月ずつね」って感じで、軽く100万円を超えてしまうので、大ショックを受けがちだけど、家賃にしても保証金にしても大家さんと不動産屋さんによってまちまちなので、ここはひたすら数を当たっていこう！

さあ、いよいよ一国一城の主（あるじ）。晴れて商店主となったら、さっそくとんでもない店を開始！　まず開店パーティーと称して仲間を集めて**連日バカ騒ぎの大宴会**でも開催してみよう！　すると必ず商店街の長老に「おまえら、なにやってんだ！　商売を甘く見るな！」と大目玉を食うので、そこで弟子入り。昨今の商店街はどこも下火で人手不足なので、ヒマ人力を最大限に発揮して、**下僕となってこき使われてみよう**。すると、続々と70代ぐらいの大先輩商店主たちがやってきてああだこうだと教えてくれるので、言うこと聞いたり聞かなかったり、うまく調整しながら仲良くしていこう。とりあえず、その商店街が下火であればあるほど、街の人々はよってたかって面倒を見てくれるはずだ！　長老の話によると、昔は商店街というのはまさにコミュニティーそのもので、どこかの店が危ないらしいとなったらみんなで買ってその店を支えたという。まさに今の弱肉強食の経済優先の世の中とは真逆の発想。そう、こういう古き良きところはちゃんと受け継いで行くのがいい。……ってことで、ひとまずは商店街組織にはイヤでも入っておくのがオススメ！　そうそう、言い忘れたけど、**商店街に店を構えることも大事**。金もうけのみを考えたいなら、街道沿いに広めのリサイクルショップを作ってもいいけど、それじゃわざわざこの本を読んで店を開く意味がない。人と情報が集まる場所というのはやっぱり商店街だ。

超便利な拠点の出現!!

開業後は、あとはもう完全にその店主のセンスでもあるので、コツもヘッタクレもない。謎の店をやって行けばいいので、もうあれこれ言うことはない。自由に自分のやりたいことを存分にやってみてくれ。ただ、このロクでもない世の中で、勝手なことをやらかし始める面白い奴らの場所を作るときに、リサイクルショップってのは意外と役に立つので、それも最後に紹介しておこう。

まず、トラックやら工具やら倉庫やら、いろいろとあるので、何かを始めるときに便利。イベントを始めるときも結構重宝するし、世の中に頭に来すぎてデモとかを起こすときも大活躍すること間違いなし。さらに物もたくさんあるので、倉庫をひっくり返したら何かしら探してる物が出てくる。

さらに！　次なる店舗を開く時にいくらでも物を調達することができる。例えば、飲食店を開く準備をしているとする。そうしたら、普段は断っているような食器類とか厨房設備類なんかの買取を解禁して、どんどん倉庫に蓄積して行く。すると、開業するときの費用を抑えられる！　う〜ん、これは便利！　あとで紹介するけど、リサイクルショップとは別に飲食店をやってるんだけど、ここの食器なんかビックリするほど割れまくる。どんどん減るのでその都度グラス類を仕入れてストックしておくと費用もかからない。素人の乱のイベントスペース（12号店）で業務用冷蔵庫が必要になった時も、潰れた店から壊れた物を貰って来て、直して使っている。その名の通りリサイクルで、物が地域をグルグル回っているので、その調整弁をちょっと開くだけで山のように物が流れ込んで来る。

あと、リサイクルショップっていうのはやたらとお客さんと仲良くなるところも面白い。普通の量販店のように、仕入れた物を値段の通りに売るだけじゃない上に、売ったり買ったりもするし、物や状態についての質問も多い。それにリサイクルショップっていうのは、老若男女誰でも使うのでいろんな人が来るし、それもほとんど地域の人。人間関係が希薄な世の中で、店内でとにかく会話が多いのが、なんだか面白い。で、おまけに、ひたすら物を作りまくって売りまくって捨てまくっていかないと成り立たないという、**意味不明の消費社会の中で、物をなかなか捨てないってのは大事なメッセージ**でもある。おそらく世にはびこる人相の悪い財界のジジイたちは、この世からリサイクルショップなんか消えてほしいと思ってるに違いないが、残念ながらそうは問屋が卸さない。**よし、反乱だ反乱だ！　やいやい、物を大事にするぞ、コノヤロー!!**

……さあ、そんなわけで！　向き不向きはあるのでヤミクモにはオススメはできないけど、リサイクルショップを始めるのは超オススメだ。そこまで本腰を入れたくない人も、何か別の店の一角にリサイクルコーナーを作ってもいいし、こりゃ、やるしかないね!!

リサイクルショップの急増作戦

さて、ココまで明かしてしまった以上、せっかくなのでリサイクル屋の応用編として、どうやって店を増やしたかも書いてしまおう。いまリサイクルショップ素人の乱5号店からは、阿佐ヶ谷店と野方店が独立して、独立採算の店として成り立ってる。

さらに高円寺南口に支店を出したこともあったし、西荻窪店をやってたこともあった。ま、俗にいう「暖簾(のれん)分け」ってやつだ。

一から店を始めるのもいいけど、せっかく店がなんとか成り立っているのなら、そこから店を増やす方が、どっちかというと楽。ちなみにこれから紹介する店の増やし方は、全くもうからないどころか労力だけはかかるので、チェーン展開でひともうけを狙う人には意味ないので、読むだけムダかもしれない。ただ、面白い場所や自力でできる場所を増やしたい人には使える技だ！

さて、まず店を増やすといっても、全然別の場所に店長も別でオープンするんだったら、結局一からやるのと同じ。ってことで、もともとある店の近くに支店を作り、徐々にうまく回して行って最終的には分離独立するやりかたがオススメ。ヤバそうだったらすぐ支店を解約して元に戻せばいいからリスクが少なくてすむ。

それに、独立する人にとってもそうだ。バイト代をコツコツためて、頑張って一挙に店舗、倉庫、軽トラ、従業員をそろえてスタートするのはさすがに大勝負だ。仮に出店費用をある程度本店が負担してあげるとしても、恐ろしいことには変わりない。買取依頼が来なかったり、サッパリ売れなかったりしたら一瞬でパーだ。これじゃ困る。

そこで、やはり商売の基本中の基本だけど、**一番大事なのはお客さん**。ちょっと品揃えが悪かったり、知名度が低かったりしてもお客さんさえちゃんと付いてくれていれば、辛うじて潰れないレベルは維持できるはずだ。逆に言えば、どんなにすばらしい立地で完璧な商品を並べたところで、お客さんを粗末に扱ったら一瞬で潰れてしまう。ということで、暖簾分けのときも新店舗にお客さんが付くまでを、みんなの力でやって行けばいい。

具体的に言うと、まずは販売だけをやる支店を構えてみる。リサイクルショップというのは、基本的に在庫をためないようにする闘い。この消費社会のご時世、もう勘弁してくれってほどみんな物を手放すので、ちょっと油断すると倉庫が満杯になってニッチもサッチもいかなくなり、また例の青い服の人たちがやって来かねない。つまり、とりあえず売るものだけはある。で、本店からどんどん商品を補充していって、ひたすら売る。この時点では、支店の家賃と光熱費と雑費と人件費だけ売り上げればいいので、意外と目標としては楽。

最初は赤字の可能性もあるけど、ここは客商売。道行く人と仲良くしていれば、ちゃんとお客さんが付いてくるので、ここまで来たらもう順調。とりあえず家賃、光熱費、人件費、雑費が賄えるようになって来たら、次のステップへ。人を1人増やし、軽トラを用意して出張買取に動ける態勢にしてみる。こうなって来ると、モノが動いて来るので、商品に活気が出て来て少し売上があがる（はず）。で、折をみて小さい倉庫でも借りて商品を保管できるようにする。この段階になると、基本的にはモノも金もその支店だけで回るので、もうすでに**擬似的な独立店舗**。店の帳簿も本店から分離して、練習がてらその店長が帳簿を付けて独立の準備段階に入ってくる。最初に5号店から独立した阿佐ヶ谷の「浦野商店」（※閉店）店主の望月昰氏（通称もっちゃん）などは、この時点で早くも調子に乗り始め、飲み屋あたりで「オレ、店持ってるんだよ。ま、何か困ったらオレの店に来てよ～」などと、女の子に声をかけ始める始末だった！　なるほど、こういう利点もあるんだな……。

あ、あと、余談だけど、この時点で**古物商許可の追加申請**が要る。店頭買取をやる場合は「営業所」として警察署に登録しなきゃいけない。面倒だけどこれはやっといた方がいい。そう、前にも書いたけど、我々リサイクルショップは、盗んだものを金に換える場所ではないかと、常に睨みをきかされているのだ……。う～ん、そう書いてたら、だんだん腹立って来た！　クソっ！

さてさて。ここからは独立して店を出すための助走期間。ココは肝心なのでちょっとマジメに書いとこう。要はうまく回るようになったら独立。だが、独立の前にすることがある。お金、お金。出店にかかった費用を支店の力で稼ぎだして本店に戻して、これで完璧。一方的にお金を出して「独立させてあげる」みたいな感じになると、あまりよくない。旧本店の店主が偉そうにしたり見返りを求めたりするかもしれないし、暖簾分けしてもらった方も本店に足を向けて寝られなくなる。理想は自立後に対等な関係で同盟が結べるような感じになるのがベストだ。

ということで、まずは助走期間が始まる時に**出店にかかった費用を計算**する。これは、支店の物件取得にかかった費用とか、内装費とか、軽トラ代とか倉庫を借りたときのお金とか、備品を買った金額などの総額。次に、毎月の支店の締めの時に「あと○○万円で初期費用完済」みたいな感じで計算していく。で、支店の収支がその月が黒字だったらどんどん貯金していき、赤字だったらその貯金から使う。そうしてその「あと○○万円」が減っていって、**見事ゼロ**になったら、その支店は晴れて自分の力で出店費用を稼ぎだしたことになるので、出店費用を本店に戻して堂々と**独立宣言**だ。これで、晴れて本店に足を向けて寝られるようになる。ちなみに、前述のもっちゃんなどは、支店の番頭時代は24時間態勢で中腰&揉み手&弱り顔スタイルだったのに、独立直後に態度が豹変し、うちの店へやって来るなり「いや〜、この棚の陳列はこうした方がいいですよ、松本サン」とか「まあ、お互い頑張りましょう」などとエラそうなことを言い始めた！　最初は「なにを、この！」などとふと思ったが、そういう上下関係っぽいものがいけないんだった。ここはひとつ、首を絞めたり、背中に「バカ」っていうシールをコッソリ貼ったり、弁当を取って走って逃げたりしたくなる気持ちをグッとこらえて、「おお。まあ、そうだね」などと軽くかわしておこう。実は対等な独立関係というのは自由度が最大で、独立した店にとっては一番大事なことなのだ。

一方、本店にとっては、労力もかかるし若干マイナスに思えるけど、支店を作る初期費用は全部返ってくるわけだし、仲間の店が増えるわけだから実はいい話なのだ。お互いお客さんを回したり、商品を融通し合ったり、大仕事を共同でやったりと、近くに姉妹店があるといろいろ便利だし、商売上もいい話なのだ。

巷には暖簾分けする店はたくさんある。でも、コツコツ準備して思い切って自己資金で独立したものの、大失敗してパーになって一家心中してしまったり、逆に一から十まで本店に面倒見てもらって独立したばっかりに謎のフランチャイズ契約を結ばされて、売上の何十％という植民地のような店になって金を搾り取られて一家心中したりすることもある。こりゃ、どっちもいやだ！　これは、基本に利益を追求しまくる「金もうけ」があるからこうなりがちなのだ。それに対して、この本を読んでしまっている我々は、とんでもない場所や面白い場所を増やすことが目的なので、同じ「金もうけ」でも大違いだ。ここはひとつ、ちゃんとお互い足を向けて寝る関係を作った**独立法が大事**なのだ。

さあ、そんなわけで、とんでもないリサイクルショップ作りに成功した人は、巷にどんどん増殖していってみよう‼

※新型コロナの後、人の動きが急速に活発になってきたおかげで、今リサイクル屋が超不足してる状態。絶妙にチャンスなので当時よりさらにオススメだ！

イベントスペース

「素人の乱12号店」の作り方

前の項でリサイクルショップの作り方をちょっと紹介した。率直な感想として「おい、結構大変そうじゃねえか！」って感じじゃないだろうか⁉　う〜ん、確かに言われてみればそうかもしれない。接客さえ苦じゃなければ誰でも始められるし、できた後は物資が集まるセンターになるので場所作り的にはやたらと便利になる。でも、一応専門的な仕事にもなるし、パッと始めてパッとやめるような感じでもない。それに、何人かでやらなきゃいけない仕事でもあるので、それだけの人数が食べて行くためにも、まあまあ本腰入れてやらなきゃいけない事業でもある。

では、もうちょっと安易に始めちゃえるようなスペースも紹介しておこう‼　そう、展望も何もなく、完全に勢いとノリだけで作ってしまった場所が、謎のイベントスペース「素人の乱12号店」だ。

ドイツに桃源郷を見た！

事の発端は、なんと地球の裏側＝ドイツ！　２００７年に、ドキュメンタリー映画『素人の乱』（中村友紀監督、２００７年）の上映イベントでドイツをツアーで回ったことがある。この時、わけの分からないやつらが騒ぎを起こしている映画ってことで、上映場所も勝手なやつらの作った場所でやろうってことになっていて、ドイツ各地の面白い場所で上映をして回った。

その中の一回、ハンブルクでやったときも、やはり謎のスペースでイベントが行われた。で、その会場に到着してみると、カギが開いてない！　イベントを企画しているドイツ人の友達も「ありゃ、誰が持ってるんだカギ！」などといろんな友達に電話し始め、大騒ぎに。聞けば、このスペースは誰かのものではなく仲間みんなで運営している場所だという。なるほど、前に紹介した新宿のビルの屋上の新山川荘みたいなものかな？　場所は違っても似たようなことやってるんだね〜。

ようやくカギが到着してみると、これがまたやたらといい場所。中は打ちっぱなしのようなコンクリむき出しの内装の所だけど、天井も高くガラーンとして広い場所で、スピーカーやアンプなど音響設備も並んでおり、隅の方にはイスが積んである。奥の小さい部屋にはキッチン。その脇から入る半地下のスペースにはスクリーンとか三脚などの機材が置かれてる。おお、なんだなんだ。ココ何でもできるじゃねえか！　うらやましい!!　新山川荘どころの騒ぎじゃなかった！

さらに、よく見てみるとそのスペースの一角になぜかバーカウンターがあり、その脇の業務用冷蔵庫には大量のビールが冷やしてある。これがこのスペースの運営の重要ポイント。この場所には特に専属スタッフがいるわけでもなく、ここで給料をもらってる人もいない。イベントをやりたい人がココの共同運営者（10人だか15人だかいるらしい）からカギを借り、この場所を開けて自由に使えるんだが、そのかわりこのバーカウンターを担当する。で、イベントが行われると、まずビールが売れまくるので、その上がりで家賃や光熱費を払って運営されているという。

う〜ん、なるほどー！　これはシンプルな考え方!!　普通に考えちゃうと、劇場でもライブハウスでも映画館でも、街にあるイベントスペースは、ドリンクからチケットの管理、機材の調整、掃除まで、至れり尽くせりでやってくれる代わりに、そこのスタッフには当然賃金が発生し、その分ハコ代が高かったりチケットのノルマがあったりして、なかなかイベントをやるにも大変だったりする。大きいイベントをやる時にはありがたいシステムかもしれないが、気軽なイベントはこういうところではなかなかやりにく

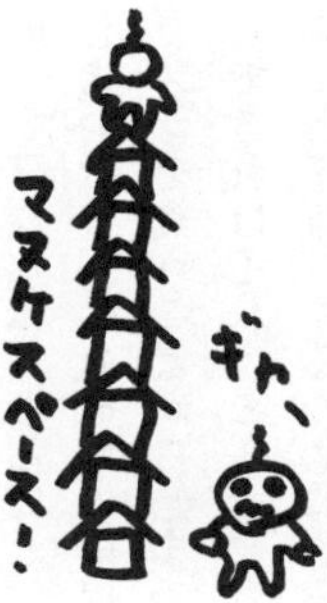

ぎゃ、

マヌケスペース！

い。……なるほどなるほど。いざイベントスペースを作るって時に、人件費で考えてしまったり、そもそもの前提が、自分がそこの経営者となってそのイベントスペースでメシを食うことから始まっていたりしてしまいがちだ。もちろん食えたり食わせたりできればそれにこしたことはないけど、場所は食うために作るんじゃなくて、面白いことを維持するために作るものだ。そう考えたら、このハンブルクの場所のように、「みんなで自分たちの遊び場を共同で持つ」って考えたら、かなり単純明快だし、意外と金もかからないもんだ。小学生の頃、近所の茂みなどに**秘密基地**を作った経験のある人は多いと思うが、いまから考えてみると、発想はあれと大して変わらない。ってより、やってること同じだ。ましてや、こっちは大の大人がやってるんだから、ランドセルを背負ったチビッコたちなんかぐうの音も出ないレベルのことができてもおかしくない。諸君！　大人が本気で遊んだらどんな大変なことが起こるか知らしめてやろうではないか‼　やいやい、小学生の諸君、「大人ってつまんねーよなー」などと言ってられるのも今のうちだぞ。ワッハッハ！　どうだまいったか！……あれ？なんで子どもに対抗してるんだっけ？

　このツアー中のほかの場所でも後々になってヨーロッパのほかの地域に行った時も、こんな場所はたくさんあった。今から思うと、向こうではなんてことないやり方だったんだろうが、あの時は、初めてそんなものに出くわしたので、とりあえず羨ましくてしょうがなかった。

さらに！　そのドイツツアーが終わって日本に帰って来た後、今度は札幌に行って『素人の乱』の上映会があった。このときの会場がATTICというところで、いろいろと多目的に使えるミニシアターのようなスペース。ここはドイツのような完全無防備の秘密基地スタイルというより、もうちょっとしっかりと運営されている場所だったが、こっちはドイツ帰りでいろいろ見て来てイベントスペースを羨ましがりまくっているので、この多目的に自由に使えそうな空間を見た瞬間に「ずるいずるい！　ウラヤマシイ!!!　高円寺にそんなところないよ！」と、頭にピキーンと来てしまった！

その札幌からの帰り、たまたま飛行機が一緒になったのがyoyoさん。彼女は世界中をウロウロしながら、面白そうなことを嗅ぎつけながら遊んで生きている、完全にわけのわからない人物。そんなyoyoさんと「ドイツの場所がやべえんだよ！　あれはずるい。札幌もずるい。全部ずるい」って話をしてたら話が止まるわけがない。飛行機に乗って降りるまでの間に「高円寺に帰ったらすぐやろう」ってことになってしまった!!

近所にガラクタ置き場を発見

こういう一度勢いづいたことは、一瞬でも躊躇したら負け。ポンポーンと畳み掛けたもん勝ち。どうせ失敗したって「参りました。もうしません」って大損して降参すりゃいいし、それもいい経験なので大したことではない。さあ、やろうやろう。早く早く!!

大急ぎで高円寺に帰って来て真っ先に目についたのが、ちょうど素人の乱のある北中通り商店街の空き物件!! 雑居ビルの2階にある事務所物件で、広さは13～14坪ほど。このビルは昔学校だったらしく、いかにも教室のような作りになっているのがイベントスペースとしてはいい。完全にだだっ広いだけでガランとした感じなので、その時々によっていろいろ使い分けられそうな感じでいい。ここなら上映会やっても展示やってもいいし、ミーティングにも使えるし、いろんなことに使えそうだ。まあまあいいね!

物件を探す時、普通はひたすら不動産屋を回って大量の物件を見てみるのが基本中の基本。家探しもそうだが、間違ってもネットなんかで探してはいけない。もちろんたまにはネットにもいい物件もあったりするが、それはまぐれ。そもそも、いい物件はみんなが欲しがるので、不動産屋もわざわざ手数料を取られるネットに流すはずがなく、ちゃんと自分でさばくはずだ。さらに、ちょっとあやしい訳あり物件なんかも密かに持ってることもあるので、やはり自分の足で回るのがいい。で、ひたすら数を見て、その中からピンと来るものに絞っていくのがいい。

さて、今回の場合は、一から始める物件探しではなく、既に自分たちで店をやってるエリアに新しい場所を増やしていく話だから、自分の店から近いという立地は超重要！　ってことで、いきなり物件はこの雑居ビル2階に定まりつつあった。まあ、そういうことで、早速！　この本の重要な本題＝**具体的にどうやって場所を作っていくかの紹介に移ろう！**

まず、不動産屋に出てるここの家賃は10万円。まあ、ちょっと高い。ちなみにこの北中通り商店街の1階の路面店の家賃の相場は、1坪あたり1万円台半ば。そう考えたら2階の奥まった部屋で1坪あたりで1万円を切るぐらいというのは、そこまで安いという感でもない……。さて、そこで目をつけたのがその物件の中に、まだガラクタが散乱してること。さすが元学校、ボロい作業台やら黒板、壊れた印刷機なんかも転がっている。そこで、ここは完全にこっちの得意分野。ダテにリサイクル屋やってるわけじゃないので、不用品の処分はお手の物だ。大家さんに連絡を取る時、「もう全部このままで大丈夫！　**うち全部片付けますよ！」って条件を出して、そのかわり家賃下げてくれないかを交渉!!**　この技を使うためにも、もたつくことは場所作りの最大の敵。パッパと進めよう。そう、もし放っといたら大家さんが自分で片付けちゃったり、挙げ句の果てには中をきれいにリフォームするなんていう余計なことをやり出すかもしれない。そんなことになったらもう目も当てられない。値下げどころか不動産屋と結託してコッソリ値上げとかしかねない。

で、早速こっちでガラクタの山を全部片付ける条件を出してみると、大家さんはなんと「う〜ん、じゃ7万円でどう？　そのかわり片付け本当に頼むよ⁉」。おい！　3万円も下がるのか!!!　これは予想外だ、すごい!!　この大家さん、よっぽど片付けが面倒くさかったと見える。まあ、水道代なども含んだ共益費がプラス1万円かかるので、実質8万円ってところか。よっしゃ〜、なんとか成り立ちそうな予感！　決めた！　借りた借りた！

片付けも極力お金をかけないように心がけたい。まずは、使えそうなものや面白いものはせっかくなので取っておく。次は再生可能な物を集め、古紙や空き缶などは町内会の資源回収にでも出し、鉄類は集めて鉄クズ屋さんに持っていく。たくさん出せば、町内会の資金にもなるので、近所のおばちゃんたちから感謝されるし、鉄クズ屋さんでは買い取ってくれる時もある。そして、細かいものはまとめて一般ゴミに出せばいいけど、大量の場合は事業用ゴミと思われて回収してくれない時もあるので、コンビニで事業用ゴミのシールを買ってきて貼っておけば安心だ。これは数百円で済む。

さあ、そうするとでかいものだけが残る。まず、**機械系**のものは、機械や電化製品類（家電やパソコン類、音響機器など）の処分場があるので、そこに自分で持ち込もう。呼ぶよりも持ち込んだ方が安く処分できるので、量が多ければレンタカーでも借りて持って行こう。問題は木材系の家具など。田舎なら庭で焚き火でもやって燃やしちゃってもいいけど、都会ならそうはいかない。それに、最近はダイオキシンだの何だのといろいろうるさくなってるので、あまり大量に燃やすのもどうも気がひける。面倒でなければ、細かく切って可燃ごみで出してしまうか、役所に電話して粗大ゴミで出してしまおう。ちなみに、裏ワザとしては銭湯が燃料として引き取ってくれることもある。ただ、最近は銭湯自体が減っている上に、木材を切り刻んで薪燃料とするのは手間もかかり効率が悪いので、引き取ってくれるところはあまりない。うまく近所の銭湯のオヤジなんかと仲良くなった時にでも、ちょっと聞いといておけば、「おお、いいよ～、引き取ってあげるよ～」なんてことになるかもしれない。ただ、銭湯経営者なんて、今どき老夫婦とかも多いので、もし時間に余裕があったら薪割りなんかも手伝ってあげたらいい。

これで、片付けは全部できたはず。結局、ほとんどお金をかけずにできた。あ、間違っても大変そうだからと言って、最初からポストに入ってる回収業者なんかに頼まないように。片付けはめちゃくちゃ高いはず。だいたい自分でできるはずなので、できるところまで自分でやって、ニッチもサッチもいかなくなったときだけ処分業者を呼ぶようにしよう。あと、もう一つ。うちの場合はリサイクルショップがあるので、軽トラもあるからいつでも運べるし、売れるものは店で売ってしまうこともできるので、ヘタしたら差し引きゼロぐらい。それに、いざ場所を作る時も、家具類や什器、備品などもいくらでも手に入るし、作業をする時の工具などもだいたいある。リサイクルショップをセットでやったり、仲間につけておいたりしたら非常に便利だと思う。

最強にダサい名前「エンジョイ北中ホール（仮）」に

そしていよいよ開店準備！　やっぱりどんな店も、この瞬間が一番楽しい。「さあ、どんな場所にしようか」と、いろいろ考えながら場所を作るし、そうなってくるとヒマな友達とかも、何かが始まるらしいと、野次馬のようにゾロゾロ集まってきて手伝ってくれたりすることもある。人が集まってくると、やたらペンキ塗りが得意なやつ、大工仕事の得意な人、電気工事ができるやつなどなど、いろんな特技を持った人が出てくるので、意外となんとかなるもんだ。どうにもならなければ地元の業者さんなんかにやってもらえば、何かと仲良くなったりして、それはそれでいい。

さあ、そしてついにオープン！　この店、高円寺にリサイクルショップをひらいてから12店目のオープンなので、とりあえず素人の乱12号店。ちなみにこの数字は引っ越したら数字が増えたり、期間限定の店もカウントしたりするから、完全にハッタリ。で、早くも12号店目を数えるわけだが、その頃になると独自の名前もつけるようになっていた。ということで、そのイベントスペースも名前をつけることになった！

「○○劇場」とかいいんじゃない？　いや、「××ホール」は？　やっぱり「△△空間」でしょ。……などと、いろいろ案が出る。ちなみに、この発足当初、yoyoさんと自分の2人での共同運営。初期費用や内装費や工事費などの総費用も折半で負担したこともあり、五分五分の発言権なので、これがまた厄介。で、お互いなかなか譲らず、一向に名前が決まらない。そこでついに業を煮やしたyoyoさんが、ヤケになって「もう『エンジョイ北中ホール』でいいよ！」と、わざと最強にダサい名前を宣言。こっちも、チキショー、そんなダサい名前でいつまでも呼べるもんなら呼んでみろ、と思い、「もういいよ、じゃあそれで！」とあえて承諾!!!　そして、すぐにオープニングパーティーを行ったり、各種のイベントが入ってきたりして、いまさら改名するタイミングも失い、おかげで、いまだに「素人の乱12号店・エンジョイ北中ホール

（仮）」という名称のままだ。ただ人間、慣れというのは恐ろしいもので、あまり気にならなくなってくる。それどころか、たまに12号店で老人が集う集まりがあるときに、「すみません、エンジョイ北中ホールというのは、どちらにありますか？」と、シワシワのおばあさんに道を尋ねられたりすると、なんだか公民館みたいで、妙にしっくりきたりもする。

まあともかく、五分の共同運営というのはなかなかいろんな予測不能の事態が起こるので、注意もしてもらいたいし、逆に何が起こるかわからないところは面白い。ただ、yoyoさんも自分も異常に飽きっぽいため、しばらくして、そこでたまたま展示をやってた大倉さんという女の子が「ヒマだから管理者やってもいいですよ〜」というので、即バトンタッチ。さらに、その大倉さんが結婚して子供ができて移住したこともあり、こんどは大工仕事や工事から機械・電脳技術まで様々な職人スキルを持ちつつ、それをひたすら無駄なことにつぎ込むのが生き甲斐というとんでもない男＝上岡さんが登場し、3代目の12号店、いや、エンジョイ北中ホールのホール長に。そんな感じで、徐々に引き継がれながら意外となんとか存続している。

ドリンク代だけじゃなくハコ貸しも

さて、ここの運営もドイツで発見した謎のスペース同様、基本、利用者のカンパで成り立ってるような感じ。缶ビールやソフトドリンクを置いてあるので、その売り上げもあるし、単純に場所代として利用者からカンパをもらったり。ただ、ドイツで見たときに「これこれ！　これと同じことやろう！」と思ったけど、日本で実際やってみると違う点もあった。まず、最近は日本人もそこまで酒を飲まないということ。ドイツ人は本当にビールを飲みまくるので、そのイベントスペースでもみんな死んじゃうんじゃないかってぐらい飲む。余裕で10本以上飲んで顔色ひとつ変わらないやつだって必ずいる。さらにドイツはビール自体も安いので仕入れ値も安く済む。具体的には瓶ビール1本50円ぐらいで仕入れて、それを２００円程度で売ってる。単純計算でも30人集まるイベントで1人３本ビール飲んでも1回で1万３５００円は利益。ドイツは日本より家賃が安いので、全然成り立ちそうな感じ。ドイツではどこへ行ってもビールによって成り立っているスペースが大量にあった。う〜ん、さすがビールの国ドイツって感じ。一方、日本はビールを仕入れたって1本２００円ぐらいするので、売値は３００〜５００円ぐらい。そして、飲み会ならたくさん飲む人もいるけど、イベントの時はワンドリンクで終わりって人もすごく多い。ま、たしかに売値も高くなっちゃうので、そんなにたくさん飲まないのもわからないでもない。ということで、日本ではビールによって成り立つスペースというのはなかなか難しい。かといってお茶やジュースを大量に飲む人もいないし、ワンカップを大量に飲む人によって成り立ってるスペースってのも、なんだかヤバイことになりそうだ。と、いうことで、ドリンク代だけじゃなくて、**イベントの入場カンパや1日単位で丸ごと貸しちゃうハコ貸し**のような感じで運営している。とりあえず、そんな感じでうまくやりくりしている上岡さんはたいしたものだ。ただ、なんとか継続して回していると、いろんな人がどんどん使うようになってきて、今では期間限定の店や語学教室、簡単な音楽のイベント、謎の芸術家の展示、トークショーや映画祭などなど、常にいろんなことをやっているこの界隈にはなくてはならない存在になっている。いろんな企画をやっていると人脈も広がりまたイベントの幅も広がり、それが運営にもなっていく。う〜ん、なるほど〜、マヌケな場所でも長くやるとなんとかなってきちゃうもんなんだね〜。

12号店2号店の誕生

ついでにちょっとおまけ。このエンジョイ北中ホールこと12号店がオープンしたのが2008年の年明け。実はその頃、同じ階にもう一つの貸事務所スペースがあった。一時、不動産屋が入ったりしてたんだけど、あまりにもビルがボロいってこともあって、早々に退去。この空間はもったいない。

2011年の東日本大震災と原発事故の直後で、高円寺の町で反原発デモを何度か主催したことがあった。そんなときに現れたのが、零細IT企業の社長で、昭和のイカサマ勝負師のような雰囲気の男、何森（いずもり）さん。この人、「俺は、右翼だとか左翼だとかよくわかんねえけど、アッタマ来ちゃうんだよな〜、この世の中！　なんでも協力するよ、デモとか！」と、威勢よく登場！　その後、一緒にデモの主催をやってみたり、ITとは縁もゆかりもない原始人みたいな「素人の乱」界隈と飲み友達になったりしてテンションも上がりまくっており、毎日「おれ、なんでもやっちゃうよ！」と超ご機嫌。で、みんなに「イズモリさん、あそこの空き物件借りた方がいいよ！」とか言われてるうちに、売り言葉に買い言葉、勢いで本当に借りてしまった!!!　しかも、12号店より広い20坪ほどあるスペースで、イズモリさんとしても使い道がない。そのままみんなに「イズモリさん、あそこどんな場所にするの？」と聞かれまくって、答えに窮して「イ、イ、イベントスペースだよ！」と苦し紛れに返事！　そして「男に二言はない！」などと昔の謎の精神論みたいなことを唱えがちな性格も祟って、本来自分の持っていたITの事務所をたたんで、12号店＝エンジョイ北中ホールの隣にIT事務所兼イベントスペースという完全に謎のスペースをオープン！　すると、商店街の会長や街の長老から、素人の乱界隈のやつら、近所の人まで「おー、いい場所ができたね〜」と、例によって野次馬みたいに毎日集まって来て手伝い始める。周囲では、「12号店に2号店が出来たらしいぞ」などと噂が広まり、人は「12号店2号店」と呼び始める。そして、「おまえら、いつでも好きに使っていいぞ〜！」と、昭和の感じの親分肌のイズモリ氏。すると「本当ですか⁉ すげえ！」と、無邪気に喜び始める近所の原始人たち。楽器の演奏に来る人、お茶会や飲み会のために使いに来る人、そして映画の上映会などが始まり70〜80人の超満員になったり、いよいよ大変なことになってきて、みんなも大喜び!!!! しかし、イズモリさんも男の中の男。明らかに肩身の狭いポツンと置かれた事務机で緻密なプログラミングをしながら「おお、いいね〜。なんでもやっちゃってよ〜」と、脂汗をかきながら豪語。すぐに人気のスペースになり、常にあふれ返る人の山！ 挙げ句の果てには高円寺の音楽パレードの出発地にまでなり、商店会長も「うるさすぎる〜!!!」と、怒鳴り込んでくるほどの活気。

しかし、祇園精舎の鐘の声、諸行無常の響きあり。イズモリさん、突如「この店、もうかんねえじゃねえか！」と言い出し、事務所機能はすぐ近くの小さい物件に移転。ちょうどその時、イズモリさんや素人の乱界隈とも中のいい友達で、イベントスペースをやりたいという奥野くんという人が後を継ぎ、トーク系ライブハウスの「Pundit'」という自分のスペースをオープンした。もちろん、イズモリさんも姿を消したわけじゃなく、この「Pundit'」の立ち上げを手伝ったり、普通にお客さんとしてもこの辺をウロウロして遊んでいる。

そう、スペースがあり人が集まると、アイディアも出てくるし、何か別のこともやりたくなってくる。別のことが始まると、また人も増える。そんなふうにいろんな連鎖反応が起こり、どんどん次の展開に進んでいくのだ。この謎の展開に身をまかせるようにいろいろやっていくのも、バカなスペースの醍醐味のひとつだ。

飲食店

「なんとかBAR」の作り方

商店街に激震！　居酒屋「松島」が廃業

その昔、北中通り商店街の近くに「松島」という小料理屋さんがあった。おばちゃんが1人でやってる、7～8坪（15～16畳ぐらい）の小さいお店で、軒先には赤ちょうちん、店内には小上がりとカラオケのセット。常連客も、近所の人や町内会や商店街の長老たちなど、完全に老人のサロンのようなところ。で、この松島にも、商店街の重鎮たちに「最近の若え奴らは付き合いってモノを知らねえんだよな。おい、たまにはついて来い！」とか言って、何度かムリヤリ連れて行かれたりもしていた。そんなある時、松島のママが突如「実は、もう来月いっぱいでこのお店やめちゃおうと思ってるんだけど、誰かやらないかしら」という。一応聞いてみると家賃は7万円。建物がボロすぎるため礼金や保証金もほとんどないに等しいいんじゃないかという。で、1階店舗だし、居抜き（厨房設備やカウンターなど全部付きってこと）で借りられるので、初期費用もほとんどかからなさそう。それにこちとら天下のガラクタ屋、いや、リサイクルショップ。本気でモノを集めようと思えば何でも手に入る。場所も素人の乱の店がある所からすぐっていう好条件。う〜ん、これはなかなかいい話のような気がするな〜。

ってことで、「はい、俺やります！」と、その場で即決!!!　すると松島ママも「あら、ほんと？　じゃ、やってよ」とノリがいい。周りにいた長老たちもみんな「おおっ、いいねぇ。やった方がいいよ！」とやたらけしかけて来る。こうなって来ると、もう乗りかかった船。ここで「ちょっと考えてみます」とか中途半端なこと言ってその場のテンションを下げるのも景気が悪いので、「いや〜、やりますよ。大家さんに言っといてくださいよー」と思いつきで宣言！　そこで、「いや、さすが松本さん。行動が早いね〜」と、こういう時だけ持ち上げる長老たち。こういう時の、なぜかトントン拍子に進んでしまう謎のスピード感はいろんな物事が始まる予兆！　いや、これはもうどんどん進むしかない！

ただ、問題は誰がやるんだってこと。よくよく考えたら飲み屋の経営のことなんか全く知らない。ましてや自分はリサイクル屋なので、毎日飲み屋のマスターなんかできっこない。これはヤバイ!!!!

ちなみに、この「やりますよ！」と、超無責任に宣言した時の周りのノリも結構キケン。

老人たち「そうだよ、こんなクソババアがやってたって、誰も来やしねえよ」

ママ「ちょっと、それ言い過ぎなんじゃないの？」

老人「こいつ（俺のこと）らんとこ若い人いっぱいいるでしょ。若い女の子カウンターに入れてさ。いいね〜。そしたら、俺なんか毎日来ちゃうからね！」

さらにオッサンたち、「いいねー、若い子とカラオケ歌っちゃおう」と勝手に盛り上がり始め、「あら、よかったわねぇ」とママ。完全に昭和のオーラを出しまくる会話！……ヤバいヤバい、このままだと謎の店をやらされることになりそうだ！　ちがうちがう!!　そういう店をやりたいわけじゃない!!!

ここで重要になって来るのが**無視力（＝シカト力）**。「女の子とカラオケ！　いいですね〜。なに歌うんですか？」と話を合わせながら、次のタイミングで「（カラオケの機械が置いてあるあたりを指して）でも、このあたりの空間が広くなったらいいですよね！」と、さりげなく完全に却下。意外とこのままスルーできたりするんだが、たまに手強いオッサンあたりに「いいね、通りやすくなるしな！……ええっ？　それじゃカラオケはどうすんの！」と気づかれる時もある。そんなときは**伝家の宝刀＝話題そらし作戦**だ。例えばこんな感じ。「でも、意外と騒音とかの苦情くるんじゃないですか、この辺？」→「そうなんだよ、あっちのおばちゃんが文句言うんだよなぁ！」

↓「そうなんですねー。でも、あの人、最近見ませんね。調子でも悪いんですかね」↓「いやいや、元気だよ。6年前に腰やったけど、いまはピンピンしてるよ。昨日も歩いてなんだかんだ言ってやがったからね〜」↓「へ〜、そういえば俺も最近なんか腰痛いんですよ」……と、徐々に話題を変えて行く、**飲み屋ならではの話術**で切り抜けよう。ここでやってはいけないことは嘘をつくこと。「カラオケやりましょうね！」と約束して、機材を撤去したりすると、「おぃ、おめぇ、どうも話が違うじゃあねぇか」と突如江戸っ子の言葉に変わって怒られるかもしれない。戦争を経験してる80歳クラスのおじいさんが怒ったら本当に怖いので、気をつけよう。というか、嘘をついて物事を進めようとしても必ずいつか失敗する。そんな時、我々ぺーぺーには、とりあえずウヤムヤにして切り抜けるという、**玉虫色力**が必要なのだ。そう、時代は玉虫色から始まる（↑なんだそれ！）。

消防署との戦い

さあ、そんなことで突如始まった飲み屋話。やめるとなったらママもそこは商人。パッパと段取りを付けてきて速い速い。あっという間に引き渡しの日を決めてくる。しかし、ここで怯（ひる）んではどうしようもない。スピードにはスピードで対抗して、こうなったら準備はなるべく早めに片付けるしかない。

まずは認可を得なきゃ何も始められないので、世界最高に面倒な手続きから！　しかしこっちは天下の古道具屋。飲食店の知識はゼロ。まず、飲食店をやるにはどうすればいいかってところから始めなければならない。で、よく調べてみると、どうやら消防署と保健所の許可がいるらしい。さらに、それぞれ「防火管理者」と「食品衛生責任者」っていう資格が必要らしい。なんだそりゃ。こんな戦後のバラックに毛が生えたようなボロ屋で、設備も全部ポンコツの薄汚い居酒屋に許可なんか出るのか、おい⁉

ま、そう言っててもしょうがないので、まずは消防署の方からとりかかろう。「**防火管理者**」っていうのは名前はもっともらしいが、要するに火事に気をつけようと心得てる人のこと。これは消防署に行って**一日講習**を受ければ大丈夫。「コンセントにホコリがたまってたら火を噴きますよ」などと実演とかやってくれるから、理科の実験みたいで意外と楽しい。よし、これは楽勝だ！

ところが！　当然、資格だけじゃダメで、実際の店舗を消防署の人に見てもらってOKをもらわないといけなくて、これがなかなか手ごわい。そもそも、このボロ居酒屋なんて、火を出せば3分以内に全焼しそうな物件！　とりあえず日にちを決めて来てもらうんだけど、消防署の人にはケチョンケチョンに言われる。しかも5〜6人以上で来るので、完全に家宅捜索を受けて捕まる寸前の犯人の気持ちになる。「こっちの逃げ道が塞がったらみんな煙で死んじゃうよ」とか「あ〜、ここに火がついたらもうおしまいだね」とか「うわー、この物件はひどい」など、縁起でもないことばかり言われて怒られる。ただ、これ嫌がらせで言ってるんじゃなくて、消防士さんの経験で言ってるだけなので、ここは逆らわずにちゃんと言うことを聞こう。検査が終わると、ここに消火器を置く、ここを掃除するなどの注意書きをくれるので、その通りにちゃんとやって、また後日見に来てもらって、ＯＫがでたら晴れて防火関係はクリア!!!!おめでとう〜！

保健所との戦い

さあ、で、お次は保健所。これがまた強敵！　これも消防署と同じように現場を見てもらってＯＫをもらうんだけど、意外と項目が多い。まず、厨房とは別にトイレ用の手洗い場が必要とか、厨房の床は水洗いできなきゃいけないとか、厨房にお客さんが入らないように境目に扉をつけるとか、やたらと点検項目がたくさんある。今回借りた物件は前から営業してたところをもう一度改めて許可をもらうという段取りなので、基本的な構造に関しては大丈夫だった。ただ、もし今まで飲食店じゃなかった物件をうかつに借りてしまって、それから飲み屋を始めようなんてことになったら、構造から作り変えなきゃいけない場合も多いので、何百万円という恐るべき費用がかかってしまうかもしれないので気をつけよう！

また、流し台のサイズが決まってるので、ちゃんと飲食店用のを探さないといけない。正規に新品を買うとやたら高いんだけど、これは鉄クズ屋さんとか解体屋さんに聞いて安く売ってもらってもいい。手洗い場にはハンドソープを固定しとかなきゃいけないっていう決まりもあるけど、コンビニで売ってるハンドソープをうまく針金やネジで止めるだけでも大丈夫。それなりに自力でやって安く上げる手はいくらでもあるので、全体的な構造さえクリアしておけば、細かい点は安く上げていけるはずだ。

さて、とは言っても戦後にできたような物件なので、これまた例によってケチョンケチョン。「そのうち絶対ネズミ入ってきますよ」とか「食中毒を出したらどうするんですか」とかまた縁起でもないことばかり。これもとりあえず、ひたすら言うことを聞いて各ポイントをクリアしていこう！

そして、またまた謎の資格「**食品衛生責任者**」を取りに行く。これは何かというと、要するに、店が汚くならないように心がける人のこと。消防署の時と同じように、資格といっても講習を受ければいいので、保健所で教えてもらった会場に行って半日ほど授業を受ければいい。別に寝ててもＯＫだけど、本当に食中毒なんか出したら大変だから、ちゃんと聞いといても損はないと思う。

これで、晴れて飲食店がオープンできるわけだけど、一応おまけでもうひとつ。夜の12時以降もお酒を出して営業する場合は風営法の範囲内になるので、そこで決まってる**「深夜酒類提供飲食店営業」**の許可を取らなきゃいけない。これは資格ではなく届け出。近所の警察署で書類を書くんだけど、そのときに、あれやっちゃダメ、これはいかん、などといろいろ言われるので、それに耐えればOK‼　これまた意外と細かくて、お客さんに歌ったり踊ったり遊ばせたらダメとか、キャバクラみたいにテーブルで接客したらダメとかいろいろある。とはいっても、なんだかグレーゾーンみたいなものばかりなので、何を言ってるんだかよくわからないけど、要は警察にとっては「俺たちの裁量だからな」と言いたいような感じ。……そうそう、ちょっと前、お客さんにダンスをさせたとかいってクラブが摘発されまくった時があったけど、これもその風営法での届け出の件の一種の事件だった。この辺、もう法律も何もあったもんじゃなくて、言ってしまえば警察の気分次第ってところ。ま、この辺は営業しながらいろいろ加減を調節すればいいので、とりあえず許可を取っちゃうのがいい。

と、まあ、こんな感じで一応の手続きは終わり。

とりあえず、消防署&保健所↓深夜酒類提供飲食店営業の順番に行けばいい。ここ、一番めんどくさいところなので、頑張ってくれ〜!!!

※認可が出たと言っても油断してはならない。開業数年後には地下のガス管が腐食してガス漏れを起こし、あと一歩のところでドリフのように大爆発して丸焦げになるところだったし、その数年後には地下の下水管が詰まって便所が逆流して大惨事になるなど、常に死と隣り合わせであることを覚悟しておこう。

絶対潰れない「なんとかBAR」システムが完成！

さて、七面倒くさい手続きが一通り終わったら、今度は実際の営業だ。これは自分の好きなようにやればいいので、勝手にすればいいんだが、今回の例で考えると、問題はまだ山積している！ 松島のおばちゃんの売り言葉に買い言葉でやると言ったのはいいけど、よくよく考えたら自分はリサイクルショップの素人の乱5号店にフル出動してなきゃいけないから、飲み屋なんかやってる場合じゃない!!! 「飲み屋借りたよ～」なんてうかつに言ったら、リサイクルショップで働いてるやつらにも「リサイクルショップはどうするの!?」と、怒られそうだ。しかも、今さらやっぱり店やらないなんて言い出したら、ものすごいスピードで本領を発揮して引き継ぎに動き出してる松島のおばちゃんにも怒られる！ これは観念して、自分で店番するしかないのか!?

いや、しかしちょっとまて！　酒を飲みに行くのは好きだけど、酔っ払いの相手するのなんか苦手だし、料理もロクにできないし、大して興味もない。……おい、全然向いてないじゃねえか!!　う〜ん、しまった。墓穴掘った。このままだと毎月ポケットマネーで7万円払わないといけなくなる。もはや万事休す。もう、首を吊るしかない!!!!

だが、ちょっと待て。**何事も、一人でできないときはみんなでやる。これは基本中の基本**だった。それに、無謀に謎の物件を借りた直後ってのは異常にテンションが上がってるので、会う人会う人に「いや〜、ノリで飲み屋借りちゃったんだよ〜！　店番しない？　いや、やるしかないでしょ、これ！　大パニック必至だよ！」とか、勢いで言いまくってると、これがまた意外と反応がいい。みんな「うわ〜、楽しそう！　店番やらせて！」という。ただ、みんな本業として毎日店に入るなんて無謀な人はまずいない。たいてい「でも仕事あるし毎日は無理かなー。月に1〜2回とかだったらやってみたい！」という。会う人会う人みんな、ものすごい人数の人がそんな感じ。

いや、よくよく考えたら、自分自身も月に1〜2回がせいぜいだ。

あれ、でもちょっと待てよ？　全員で月に2回やったら1カ月埋まるんじゃない？　隔週で入る人が14人いれば4週間埋まってしまう！　よし、決まり決まり！　それで行こう!!

ということで、お次はこれがうまく回っていくための金の計算だ！（**↑最重要**）

もし、ここで飲み屋を本業として生計を立てようと思うと結構大変だけど、もうけを出すというより成り立てばいいということなら、なんとかなりそうだ。とりあえず、すべての経費を払えれば潰れないので、最低限そこを確保したい。まず、家賃が7万円で、その他の雑費や水道・光熱費などを足すと最低10万円ちょっとは必要だ。あとは、設備が壊れるかもしれないし、契約更新や引っ越したりすることがあるかもしれないので、若干の積立ができれば理想だ。ということで、14人が2回ずつやって月に28日オープンするとして、1日の場所代4000円だと1カ月で11万2000円。おお、いいね！　で、さすがに平日と週末ではお客さんの入りも違うから、金曜と土曜だけ1000円足して5000円に。これでトータル12万円が集まることになる。おお、行けますね〜!!

次は実際の運営面。こういう大人数で一緒に場所作りをするときは、だんだんメチャクチャになって1〜2年ぐらいで崩壊するのがほとんど。それじゃ、おもしろくない。たいてい、散らかす人も出てくるし、自分の店と勘違いして勝手なことし始める人も出てくるはず。そのうち発言力のありそうな人がだんだん幅を利かせてきて、新しい人がやりづらくなってきて同じメンバーだけになってきて、最終的にコアメンバーたちも興味が失せてきて終了というのが、典型的なパターン。こうやって無数の面白い場所がなくなってきてるはずなので、なんとかそれは避けたい。

ということで、ひねり出した荒技が、**何もない店作戦!!!!** これしかない。とりあえず、店には何もなく、当番で入る人が食材から酒まで全て持ってきて、終わったら全て持って帰るというシステム。あるのは客席と厨房と備品だけ。店内の飾りなんかも全部持ってきて勝手にやっていいけど、終わるときは全部持って帰る。調味料や食器など本当に必要最低限のものだけは共通の備品として置いといて、あとは何もなし。私物を置いていくのもダメ。

たぶん、こういうみんなでやる店をやるときの長続きの最大の秘訣は、どれだけ高い自由度を維持するかだ。街ではよく一日店主の日替わりバーがあるけど、そのほとんどは雇われ店主で、そうなるとどうしてもオーナーに気を遣ったりしちゃうし、完璧に自由にはできない。場所代もそうで、売上の何％を店に納めるというやり方もあるけど、これだと逆にオーナーの取り分も店主の頑張りによって変わってくるので、どんなにいいオーナーだとしても、やっぱりやらせてもらう側としては気にしてしまう。そこを4000～5000円という定額制にすると、どんなに売り上げようが誰も来まいが同じなので、やる側も非常に楽でいい。ぼったくってもいいし、原価販売してもいいし、何時に開けようが構わない。ほとんど自分の店のようにできるし、オーナー側としても、お客さんが来ようが来まいが全然関係ない。この時点で利害関係が一切消し飛ぶので、完全な共同運営の感じになれる。そう、14人さえ決まっていれば、**永久に潰れないシステム**だ。

あ、一応補足だけど、ただそうはいってもビールぐらいは冷たいのが飲みたいので、瓶ビールだけは共同で仕入れて店に置いてある。その日の店長はそのビールを売ったら、売った本数分の原価を店に収める。そう、お金のシステムはこれで全部。超単純なので、これも長続きする秘訣かもしれない。

ここまで日替わり感が強くなってくると、もう店主はなんでもできるので、メニューや値段も毎日違うし、照明の明るさや雰囲気なんかも毎日違う。料理がすごく充実してる時もあれば、つまみはそこそこでひたすら酒の種類が豊富な時もある。独自ののれんや看板を持ってくる人もいるし、店内の装飾をやたら凝る人もいる。お客さんも、久々に入る店主に会いに来る場合が多いので、毎日客層も違う。やたら若い子ばかりだったり、年齢層高めで渋い感じだったり、外国人ばかりで日本語が通じなかったり。オシャレな人ばかりでビビってたら、翌日はインテリばかりで会話のほとんどが理解できなかったり、ある時はバンドマンの打ち上げ会場みたいになってたら、別の日は高円寺で店をやってる人が集まってたり……。いいねー、毎日通っててもいろんな人に会える。それに、曜日を間違えて来る人もいれば、偶然入ってくる人もいるし、違うジャンルの人たちがいろんな偶然でどんどん知り合っていく。そう、お客さんの層が厚くなってくるのは、お店にとってもいいことだし、街にとってもいい。知り合いが異常に増えるので、街を歩いていてもやたら挨拶をしまくる感じになってくる。地域まで活性化してしまう。

さらには、その14人のレギュラーメンバーが、そのまた知り合いに一日店主をやってもらったりもする（その場合は、本来の店主が責任者として付くのが原則）。システムが超簡単なので、本当に誰でもできる。そうそう、ここまでくるともうほとんど別の店みたいだ。……ということで、名前の付けようがないので、「なんとかＢＡＲ」という名前に。

お向かいの横○さんの総攻撃に耐える！

さあ、絶対に潰れない運営システムと、人脈が無限に広がる重要スポット。勢いで無計画に借りたわりには超うまくいってるじゃないか!!……と思うのもつかの間。人が集まる場所をやる場合にどうしても通らなきゃいけない問題として、近隣との関係というのがある。特にオープン直後はたくさん問題が出る。なんとかＢＡＲもそうで、まず絶対に騒音の苦情は入るし、ここに自転車止めたらダメだとか、店の外にたむろするな、ゴミの捨て方がどうのこうの……。「面倒くせえな、チキショー！」と思うけど、やはり街で場所を作るときには近所との関係はそこそこうまくやっといたほうがいいので、妥協できるところは妥協しておこう。それに、各種の苦情は時間が経てばだいたい落ち着いてくるので、最初の半年ぐらいはそのライン引きの調整期間だと思って、ちょっとは努力しておくのがいい。なんとかBARも、うるさいポイントなどを聞き、音の漏れそうな箇所の補修工事をしたり、夏に窓を全開にしないようにエアコンを交換したり、しょっちゅう文句言ってくる人に携帯番号を教えておいたり、自転車置き場を決めたり、いろいろと近所と話し合いながら折り合いをつけている。そうして、半年ぐらいで、だいたい限界点がわかり、落ち着いてくる。そう、これが本来の街の自治の基本中の基本。面倒くさいけど、場所作りの上で、ここは乗り越えなければならない任務の一つだ。

……ところが!!!! どこにでも強烈なキャラクターの人はいるもんで、開店後数カ月で他の人たちからは一切苦情がなくなったが、1件だけ残った。理不尽なほど文句を言ってくる一家がいて、これがまたヤバイ。確かにこっちもお客さんが多くてうるさかったこともあるので、100%こっちが正しいとは言わないけど、この一家の攻撃力はすごい。完全に気分次第なのか、お客さんが2~3人しかいなく超静かな時も「うるさすぎる」と警察を呼んだりする。すごい技としては、夏にエアコンの排水(数秒に一滴ぐらい室外のホースから水が出るやつね)が気になると言い出して、知らない間に排水ホースに栓をしちゃって、おかげで水が逆流してエアコンが壊れ、暑いから窓を開けたら今度は「うるさい」と警察に苦情を入れたりもした。おおー、これは高度なテクニックだ！　すごい!!　いや、感心してる場合じゃない!!　何かあるたびに「チキショー、あの野郎ぶっ殺してやる～！」と思うかもしれないけど、そこはグッとこらえて殺すのはやめよう。そう、もしかしたら知らない間に怒らせてることがあるのかもしれないし、適度に話し合いつつ、適度にかわしつつ、うまくやっていこう。確かに、知り合いの飲食店とかに聞いてもやたら文句言ってくる人というのはどこにでもいるみたい。世の中いろんな人がいるから、もう飲食店にはそれも込みってぐらいに思っといたほうがいいかもしれない。

坂田氏の子分作戦（巨大な石を運ぶ）

苦情の話のついでなので、重要な作戦も紹介しておこう！　妙なクレーマーのような人が出現すると、警察だけじゃなくて大家さんとか不動産屋などにも電話して、あることないこと言いまくる場合もある。こっちが悪ければしょうがないが、勝手に悪者にされたんじゃたまらない。ということで、大家さんや不動産屋さんとも信頼関係を作っておくのがいい。

ある時、例の神経質な人が大家さん（なんとかBARの場合、不動産屋が大家さん）に電話しまくったため、大家さんは「うち面倒くさいの嫌だから、こんな苦情言われるようだったら契約も考えますよ」とのこと。ヤバイ!!!　それだけは勘弁して～。

ということで、早速作戦開始!!!

幸いにもうちはリサイクルショップ。リサイクル屋と不動産屋というのは相性がいい。不動産屋さんからの依頼で、部屋の残置物を買い取ったり片付けたりすることはよくあるのだ。で、うちの場合は大家さんを不動産屋さんが兼ねてて、その賃貸担当者の坂田さんという人（基本的にいつもこの人とやり取りをする）がまた、できるビジネスマンなのかもしれないけど、どこかマヌケ感も漂い、何か親近感を覚えるいいキャラクター。その坂田さんと話してる時「いやー、片付けとかで何か困ってることあったらいつでも言ってくださいよ～」と、ゴマをすると、坂田さんすかさず「そうそう、今度退去するマッサージ屋さんが処理に困ってるからちょっと手伝ってよ」という。よし、任せとけ!! すぐに現場へ急行すると、坂田さんとマッサージ屋の店長さんが困っている。普通にうちも商売になるので、買い取れるものや無料で持っていっていいものもある。ま、ここはなんとかBARの存続もかかってることだし、多少難しいものも頑張ってOKしちゃう。ただ、どうしてもいらないものもあるので、その辺は「処分業者さんを呼んだほうがいいですよ」と勘弁してもらう。「そうか～、ま、無理なものはしょうがないよね～。それでも十分助かったよ、今回はありがとうね」という。そして「ただ、これだけは持っていってもらえると本当は助かるんだけどな～」と、ある方向を見つめる坂田さん。嫌な予感がして、そちらを見ると、なんと岩盤浴の業務用巨大ベッド。ほぼ石でできている。ギャー、これは手強そう!!　ちょっと触ってみるけど、重すぎてビクともしない。しかも、エレベーターなしの階段2階。そして、「本当はこれをお願いしたくて呼んだみたいなもんなんだけどな～、ま、仕方ないか」と、弱気につぶやく坂田さん。こんちきしょ～、やるよ、やるよ、やりゃあいいんでしょ⁉　死んでも知らないよ⁉……ということで、急遽高円寺のヒマ人の助っ人を探す。うまく力のあるガタイのいい人でも見つかればいいけど、そううまくいくわけがない。当時、素人の乱の古着屋をやっていてヒマでしょうがなかった山下陽光氏や、「アナログラジオ素人の乱」をやっていて、普段は適当にバイトをしつつフラフラ街をウロついているケイタ君が「手伝うよ！」と名乗りを上げてくる。そして、田舎から出てきたばかりのパンクロッカーの村上くん。なんだ、こいつらか！　無理無理無理！　こんな石、レスラーみたいなやつじゃないと無理！　俺たちでこんなでかい石持ち上げたら一瞬で潰れてみんな死んじゃうよ！……ただ、そこは平日の昼間。そう簡単に人は見つからない。そして、ちょっぴり悲しそうな坂田さんの顔。チキショー！　もうどうにでもなりやがれ!!

「せ～のっ！」と、ひ弱な4人で巨大な石を持ち上げ、なんとか動かす！　階段なんかもう死ぬ寸前！　もうなんでこんなことやってるんだかわからなくなってきたが、とりあえずクソ力を出し、少しずつ移動させ、かろうじて外に運び出す！　この謎の巨大な長方形の石を４人で運んでる姿、もう完全に古代の奴隷と同じ光景だ。うーん、ピラミッドとか作ってた人たち、毎日こんなことやってたのか。大変だったんだろうな〜。

この努力の甲斐あって、坂田さんの機嫌もすっかり良くなり、「なんとかＢＡＲ」の契約もなんとか守られた。それどころか、完全にこっちの味方になってきて、その後はやたらと守ってくれるようになった。

そう、場所を維持する時、そのスペースを危うすくる様々な存在に気を使いつつやることも重要なのだ。

秘密作戦「警察からの電話には出ない」

さて、もう一つ忘れてはならないのが警察だ。警察というのは、やはり国家権力を行使できるので、強大な強制力を持っている。かつては周囲からも恐れられる鬼軍曹のような存在だった。しかし!! 日本もひと昔前のようにメチャクチャなものが許された時代から、徐々に窮屈な世の中になってきている。そのため、社会全体が窮屈社会、密告社会、通報社会化が進んできて、「自分には何も関係ないけどちょっとした間違いも許さない」という、完全に謎の人たちが急増中だ。だが実は、この窮屈な一億総正義漢社会で一番大変な目に遭ってるのは警察、特に下っ端の方のお巡りさんたちなのだ！　で、この通報社会の人たち、すぐカチンとくるのはいいが、たいてい自分では何もせずに警察に言うので、近年、110番の件数も急増中だという。でも、警察としたら、通報されて何もしなかったら、後で問題になったりしても困るし、それが仕事だから行かなきゃいけない。本当に些細なことでバンバン通報されるもんだから、これは悲惨な仕事だ。完全に町の便利屋さんみたいなポジションになってきて、毎回「そんなことでいちいち呼ばないで、自分たちで解決してくださいよ」と思っているに違いない。もうそのうち、「うちのネットが繋がらないんですけど」とか「近所の八百屋が定休日じゃないのに閉まってる」とかまで通報が入る世の中になりそうだ。これは大変だ。

そう、飲み屋などをやっていて、通報されて来る警官もだいたいこんな感じだ。権力を横暴に行使しまくってる偉そうな警察なんかは頭に来るんだけど、こういうお巡りさんにはいつも同情する。通報されたら行かなきゃいけないし、行ったら一応「通報入ったんで」と言わなきゃいけない。たくさん通報が入っても法律に触れてなければどうしようもない。でもジャンジャン通報が入って何度も現場に行ってると、今度は数字と報告書しか見てない上司から「通報件数がこれだけあるのに、なぜ通報が減らないんだ。なんとかしろ」と命じられる。で、間に挟まれて弱り果てる現場の警官。ある時なんか、例によって通報で来た警官が「自分たち、もうどうすればいいんですかねえ?」と聞いてきたこともある! なんだそりゃ! そんな弱り切った警官なんて世界中、日本しかいないよ! あわれな商売だなー。警官にならなくてよかった! で、そんな感じなので、警察の対応も難しい。明らかにこっちに非があって通報された時は、素直に「すいません、気をつけます~」と、反省すればいいが、そうでない時が厄介。言うことを聞きすぎると、なんでもかんでも通報したもん勝ちになるし、「こっちは何も悪くないでしょ、ケーサツもくだらねえ仕事やってんじゃねえよ」みたいなことを言ったら、おまわりさん、胃潰瘍になったり、仕事が終わった後「俺に言われたってしらねえよ、ちきしょう」とヤケ酒を飲んでしまったりするかもしれない。

ここで、最終手段が「電話に出ない」作戦!!! 厄介な通報者と頭の固い上司の間に挟まれて胃潰瘍寸前のおまわりさんを救うのは我々しかいない! 全部突っぱねると警察もムキになるし、かといって面倒くさいからって全部こっちが悪かったことにして謝ったりしてたら、本当にこっちが悪者みたいになっちゃう。ということで、警察署からの電話には3回に1回ぐらい出るようにしよう。「曇りの日だけ出る」とか決めてもいいし、電話の近くにサイコロを置いといて、電話がきたらサイコロを振って3か6が出たら電話に出る、とかでもいい。出なきゃ出ないで、警官も上司に対して「『なんとかBAR』のやつら、なかなか電話出ないんですよ~」と言えて、その場をしのげる。そう、みんなが「面倒くせえなあ」と思ってることはゆっくりやればいいのだ。時には話し合いをしたり、時には相手の話を聞いて「なるほど～」と、のんびりした日々を過ごしていこう。これが一番いい。

※開業後、なんとかＢＡＲの通報件数はうなぎ上りで、ついには警察署から偉い人が来て「松本さ～ん、通報件数、今年も杉並署で1位ですよ。勘弁してくださいよ～。あとゲストハウスは7位ですよ」と途方に暮れて言って来た。が、石の上にも3年。慣れとは恐ろしいもので、その後はみるみる通報がなくなり現在は平穏な状態。やはり社会はグラデーション的に変わっていくことを確信。

全世界なんとかＢＡＲ構想

さて、この単なる偶然から始まった「なんとかＢＡＲ」だけど、たくさんの人が関わることによって、気づいたら人と人を繋ぐ超重要なスポットになってしまった。しかも、商売でやってないところがまた面白い場所になる秘訣の一つ。それに、1カ月にかかる経費を30等分して一日店主が負担するというシステムなら、お客さんが多かろうと少なかろうと店は絶対に潰れないし、もうかりもしない。どう転んでもほぼトントンになるという恐るべきシステム。利益が出ないと、雇う雇われるという関係も生まれないし、「誰かのために働いてやってる」みたいな感覚も生まれないので、みんなが対等に話ができるようになる。しかも、本気でやれば店長は少しの小遣いぐらい稼げるし、なにより次から次へと知らない人と友達になれるという最大のメリットがある。こうなってくると、みんなにとってもなくてはならない存在になってくるので、渋々ボランティアで場所を維持するという感覚も一切なく回っていく。

そんな難攻不落のマヌケスポット「なんとかＢＡＲ」は、実はどこでもできるのだ。東京は家賃が高いから14人のメンバーで毎日開けないといけないけど、地方だったらもっと家賃が安いので、週末だけ開けてもいいし、最低限の月の経費を賄うのはすごく楽になるはずだ。それを仕事にすると考えると大変だけど、みんなで寄ってたかってバカな場所を作るというのは実は超簡単。

もし、世界のいたるところに「なんとかＢＡＲ」のような店があったらどうなるか。これはやばい！　世界中に友達が簡単にできてしまう‼　うまく連絡さえつけば、「なんとかＢＡＲ」の店長をやって次の街への旅費を稼ぎ、「なんとかＢＡＲ」を渡り歩いてユーラシア大陸横断とかできたらやばい！　しかもその渡り歩いた経路には全部大バカな友達ができている。こりゃ大変だ！

さあ、みなさんもそんなバカげた世界を目指して、この絶対潰れない開かれたたまり場「なんとかＢＡＲ」を作ってみよう！

ゲストハウス

「マヌケ宿泊所」の作り方

モデルは中国奥地のヒドイ宿

これまでリサイクルショップを開き、イベントスペースや、日替わり店主のＢＡＲをオープンしたり、それと並行して、友達もそれぞれ古着屋や雑貨屋など、自分の店をオープン。そのおかげで、日本各地や世界各地から何かで聞きつけて遊びに来てくれる人がどんどん増えてきた。で、遊びに来てくれるのは嬉しいんだけど、何かのついでにちょっとだけ寄ってくれる人が多く、こっちも忙しいタイミングだったりすると、ロクに話もできない時も多々ある。それに、昼間だけちょっと来たり、軽く飲んで帰ったりするぐらいでは、絶対にこの高円寺の商店街でやっている謎のバカスペースがどんな感じになっているのかよくわからないと思う。ということで、もう少しじゅっくりと滞在して、高円寺の街の雰囲気を知ったり、素人の乱界隈の人たちともう少し交流を深めることができるような場所があったらいいんじゃないかってことになった。それに、それまでは仲のいい友達は自分の家にどんどん泊めてあげるようにしていたんだけど、さすがに人数に限界もある。ということで、ゲストハウスを作るしかないってことになった。やはり、自分のスペースを作った時に長期滞在のよそ者がいるというのは非常に重要なことだ。

さあ、そんな時に偶然空いてたのが、これまでも紹介してきた素人の乱12号店の入っているビル。今度はここの4階と5階が空いていて、貸しに出しているという。この立地はリサイクルショップの素人の乱5号店となんとかBARの中間にあって、申し分のないところ。そんなところがちょうどうまく空いていて、もう借りるしかないという感じ！　で、そこそこ広いスペースだったので、ゲストハウスに最適！　よし、早速始めよう!!!　で、そんな時にちょうどヒマしてたのが、これまた12号店のページで紹介したイズモリさん。「ここにゲストハウスがあったら絶対面白い。これはやるしかないでしょ〜」という話になると、このイズモリさん、大きく出ることに生き様を感じるような謎の男なので、躊躇なく「よし、やろう！」と、勝負師感全開で即答！

で、さてゲストハウスをやろうということになったんだが、宿泊所の経営など誰もやったことない。うーん、これは困った。ちなみに自分自身、大学生の頃、よく海外に貧乏旅行で行っていたが、その時はよく現地人向けのボロい旅館なんかに泊まっていた。バックパッカー向けのゲストハウスなどにも泊まったことはあるけど、そういうところは日本人や欧米人ばっかりで集まってたりしてたので、全然面白くない。せっかく海外に行ったのになんだかすごく特殊な場所にいるみたいで嫌だった。ということで、そんな場所はやりたくない。それに、最近は日本にもゲストハウスは増えているけど、妙にオシャレな感じのところばかりで、いけ好かない。なんだかガイジンが喜びそうなニセ和風なインテリアで、明らかにおかしなテンションで接客してきたり、なんだかニセモノくさい感じ。そんなところは嫌だ‼　もっとヒドい場所が作りたい！

と、そこで思い出したのが、中国を旅行中によく使っていた、「招待所」「旅社」などと呼ばれていた中国人向けのクソ安い旅館。ここはやばい。当時の中国は（今もそう）、規則ではボロ宿には外人は泊めてくれなかった。なので、結構断られることもあったけど、場所によっては泊めてくれるところもあった。

で、こういうところのスタッフの対応が半端なく悪い。受付の時点から、日本語は当然、英語すらまず通じない。だいたいおばちゃんかオッサン、子供なんかが受付にいてテレビを見てたりゲームしてたりするんだけど、言葉がちゃんと通じない時点で超機嫌が悪くなり、面倒くさそうな顔をする。この時点で追い返される時もあるんだけど、まあなんとか渋々対応してくれることも。お金を払ってもお釣りを投げ返して来るわ、部屋に案内されても、ハイここに入れって感じで指か顎(あご)で促されて終わり。そしてスタッフは足早にテレビかゲームに戻る。いいね～、このサービス精神ゼロの感じ、最高！　ここで「中国人は態度が悪い！」と思いがちなんだけど、それは大きな間違い。接客の文化がこれなだけで、悪い人たちなわけじゃない。普通に話しかけたりして、世間話をしたりすると、すぐに笑顔で接してくるし、すごく優しくなる。何日も滞在してると本当にいろんな世話をしてくれたり、やたら親切だ。こうなってくると、初対面の時や表面的には優しくても、実際には壁を作って世話をあまりしない人が多い日本の都会文化なんかが、ちょっと恥ずかしくなってくるぐらい。そして、その宿の中身ももちろん内装に高級感があるわけでもなく、外観もボロい外壁にペンキで「旅社」と書いてるだけ。いいね～、飾りっ気ゼロ！……そうだ！　これだ、これだ！　こんなゲストハウス、いや、旅社がやりたい～!!　と、そんなイメージがコンセプトになり、名称も近年流行のおしゃれゲストハウスとは真逆の「マヌケ宿泊所(MANUKE GUESTHOUSE)」に決定！　どうだ、これでグウの音も出まい!!

恐怖！　火消し職人＝消防署の襲来

さて、問題の手続き面。どうやらベッドがあればいいというわけではないらしく、これがまた飲食店級に面倒くさい。やはり消防署と保健所の2大巨頭がまた出てくる。ということで、順を追ってちょっと紹介してみよう。

まずは**消防署**。これは、とりあえずたくさんの人が滞在して、ましてや泊まっているということで、火事になって死んじゃったりしないようにってこと。細かい点では、燃えないカーテンをつけることとか、いろいろ燃えにくい材質を使うようにとの指示がたくさんある。ただ、これはなんとか対応できると思うので、大規模に内装工事をする場合は、大金を使って資材を買う前に消防署に相談してみるといいかもしれない。旅社レベルなら、そんなにものすごい内装工事をするわけでもないだろうから、気にすることはないかもしれない。

ま、**防火資材**に関してはなんとかクリアするとして、最初に問題になってくるのは、**避難経路**。これは建物自体の構造によるので、もう後からどうのこうのと言うわけにはいかないんだけど、これは絶対だ。まず、火事でビル内に追い詰められた時に使う非常階段や避難ばしごなどの確認。今回のビルには非常用縄ばしごが付いていたけど、使った瞬間に切れて即死しそうなものだったので、まずこれを新しいものに交換。あとは、今回のようなビルの場合は避難経路が2カ所ないとダメだということ。要するに表の入口が塞がっても裏口から逃げられたりってこと。これはなんとか構造上大丈夫だったのでクリア。

最後の問題は**防火装置**。これがヤバい。別に天井に付ける報知器があればいいっていう単純なものじゃない。あの、よくビルやマンションなんかにある、突然ジリリリリリ〜と鳴り出し、みんなパジャマ姿で歯磨きしながらとか、パンツ一丁に裸足とかで家から飛び出してきて、ベルの止め方が分からなくててんやわんやになったりしてて、結局どっかの住人がサンマを焼いて防災装置が動いちゃったっていう感じの、あの装置。これはもうビルや構造によってだいぶ装置が変わってくるみたいだけど、このビルの場合はなんと100万円弱。これは痛い!! 交渉次第では大家さんがやってくれる場合もあるけど、これはゲストハウスや劇場、ライブハウスなど、外部から人がたくさん来る場所じゃなければ特に必要のない装置なので、こっちが急にゲストハウスをやると言い出したこともあり、大家さんも渋る。で、実はこの時、そこまでの設備が必要だとは知らなかったこともあり、もう内装等を終わらせて、徐々に試験的に知り合いなどに案内して宿泊者を招き始めていた段階。いや〜、これは今さら後戻りするわけにはいかない。ということで、泣く泣く資金を集めて業者さんを呼び、工事を決行。

あ、そうそう。ちなみにこういう時の業者さんの見積もりって本当に違うから気をつけたほうがいい。今回も200万円ぐらいのところから100万円を切るところまで様々。使う資材が違ったり、省けるところを省いてくれたりで値段も大きく変わってくるので、数社に見積もりをお願いするのは必須だ。あと、見積もり後も「いや～、もうちょっと安くなったりしないですかね～」などと交渉する手もあるし、実際いろいろこちらで手伝って安くしてもらえることもあると思うけど、最安値の見積もりを出してくれる業者さんというのは、超良心的なところが多いので、中小零細同士、あまり過酷な値切りはせずに、うまいところで折り合いをつけて発注しよう。

さて、ここまで来たら、あとはわりと対応可能なことばかりで、消火器はここにも設置してとか、防火管理者を置いてとか、いろいろと注文が入ってくるので、その都度対応していけばいい。それに、消防署というのは火消し職人としての目線からあれこれ言ってくるだけなので、つまらない役所みたいに法令に1ミリでも触れたら即アウトみたいなことは言わない。だいたい「じゃ、ここの部分はこうしましょう」みたいに向こうからも案を出してくれるので、いろいろ相談しながらやっていこう。

世紀の便所作戦——バケツ大便におびえる保健所

さて保健所!!!!　こちらは飲食店と同じで、たくさんの人が生活するので不衛生になって奇病が発生したり大パニックにならないようにっていう理屈で、いろいろな規則ができている。その基本となるのは旅館業法。最近は、法的な認可を取らずにネットで募集したお客さんを自宅に泊めるという民泊が流行っているけど、なんだかグレーゾーンっぽいし、お上の顔色を窺いながら営業するのもなんだか落ち着かないので、頑張って旅館業法上の認可を取ろうということになった。まず、いろいろ事前に調べてみると、**トイレがやたら大量に必要**とのこと。まあ確かに朝の混雑時にトイレが足りないと困るのはわかるけど、そんなたくさん必要なの？　ちなみに、たいていの法律って戦後間もない、社会が大パニックの頃に制定されたものがほとんど。なので、たぶんトイレトイレってうるさいのも、トイレが埋まってた時に、その辺で立ち小便しちゃったり、バケツで大便しちゃったり、っていうめちゃくちゃな感じを想定してるに違いない。たぶん法律を書いた人の頭の中では、「トイレが少ない＝ウンコまみれ」となってるはずだ。うちの例で言うと、同じビルの他の階のトイレも、目の前の商店街のコンビニのトイレ、ちょっと裏に入れば公園のトイレも使える。「絶対バケツでウンコはしませんよ！」と言っても、ダメなものはダメ。チッ、しょうがない。と、旅館業法を見てみると……、「昭和23（1948）年施行」。ほらー、チキショー!!　古い法律なんか全部潰れちまえ、バーカバーカ！　わかったよ、わかったよ、大量のトイレが欲しいんでしょ。作ればいいんでしょ、作れば!!

　さて、一般のゲストハウスは「簡易宿泊所」というカテゴリーになる場合が多いんだけど、それ以外にもいろんなランクがあって、厳しさも変わってくるので、どれほど大量のトイレが必要なのかは保健所の指示を仰ぐのがいい。ちなみに、うちのゲストハウスの場合、トイレを2カ所増やさなければいけないとのこと。これがまたとんでもない。まずは普通に内装業者さんに見積もりを依頼したところ、なんと1カ所100万円近い！　高すぎる！　ま、それもそのはず、よく考えたらトイレっていったって、部屋を一つ作るのと同じだから、便器と上下水道だけじゃなくて、壁からドアから換気窓やらトイレ内の内装だってある。それに水道管だってどっかから引いてこないといけない。慌てて他の業者数社に見てもらっても50万円は下らない。う〜ん、これは参った。万事休すか!!!　と、弱り果てた頃、偶然うちのリサイクルショップで最近よく買い物をしてくれる人がすぐ近所で居酒屋をやってるというので、そこに飲みに行ってみた。帰り際にその大将からもらった名刺に、小さい字で「内装、リフォーム、電気工事、水道工事も承ります」と書いてある。なんと！　これはもしや!!　ということで、数日後またそこへ飲みに行き、「いや〜、実はいま大量のトイレで困ってるんですよ」と相談すると、「せっかくなので協力しましょう！　一度見積もりに行きますよ」という。おお、なんか光明が見えてきたか!?　で、その居酒屋の大将と相談しながらことを進めると、壁もドアも自分で作り、便器もネットで注文し、水道工事だけお願いすればいくらでも安くできるという。なるほど、それはいい！　ということで、材料費と工事費を全部合わせても、なんと10万円強という破格の値段でトイレ2カ所が完成!!!　いや〜、なんとかなるもんですねー。ちなみに、その時の恩があるので、いまでもゲストハウスのお客さんを連れてたまにその居酒屋さんに行くことがある。そうそう、こういう持ちつ持たれつは、商店街みたいな街には重要なこと。

そしてもう一つ保健所の問題は、**風呂**。これも必要数がないとダメで、うまい具合に足りない（シャワーはある）。チキショー！　風呂はトイレと違って大掛かりすぎる！　やっぱり万事休すか!!!　と、思ったが、旅館業法によると２００ｍ以内に銭湯がある場合はＯＫとのこと。おお、そんな裏技が！　で、詳細な住宅地図で近所の銭湯との距離を測ってみると、すごい！　ちょうど２００ｍ！　いや、厳密には１９９ｍぐらい。おおー、すごい。銭湯のことを想定してるなんて、さすが昭和の古き良き時代にできた法律、味があっていいね〜。

で、あとはまた例によってあれこれと、小言の多い厳格なお父さんお母さんの注文を聞いてる感じで、うまく相談しつつこなしていこう。ただ、この保健所の許可なんだけど、東京で言えば台東区のようにゲストハウスが集中してるようなところでは、もう型が出来ていてどんどん認可も進んでいくんだけど、うちの杉並区のようにゲストハウスがないところは大変。申請に行った時点で「ええ？　簡易宿泊所？　そんなの申請してきた人いないよ。もう、浅草でやったらいいじゃん！」みたいな感じで、超めんどくさがって受け付けてくれない。そもそも事例がないから担当自体がないとのこと。とは言っても、申請に行くのが先述の謎の勝負師のような勢い勝負の男＝イズモリさんだから、向こうも「わかったよ、わかったよ」と、受け付けざるをえない。ただ、先例が皆無に等しいだけに、保健所はなかなか難航して時間がかかる。しかし、こっちはもう物件を借りてしまい、家賃がどんどん発生していくので、あんまりのんびりもしていられない。まずは試験的に知り合いに声をかけるとちらほら泊まりに来る。そのうちその友達の友達なんかもフラっと泊まりに来たりする。保健所の人も焦り始め「ちょっと、まだ許可出るまでは正式に営業はしないでよね！　知らない人が泊まりに来て布団を提供したら宿泊所ってことになっちゃうからね」などと、いろいろ忠告してくる。毎日のように保健所に通うイズモリさんの勢いもあるのか、この頃になると保健所の人もなんだか親身になってきてるらしく、いろいろ相談に乗ってくれる。保健所としても、さすがはお役所仕事で、違法状態になるのは嫌うので、いろいろとアドバイスをくれる。例えば、名称に関してもまだ最終的にクリアできてない点があるうちは堂々と宿泊所は名乗れない。ただ、ゲストハウスって名前なら文句は言えないとのこと。あとは、さっき言ったように寝具を貸しちゃうと、泊める目的で場所を貸すことになるのでアウト。また、宣伝するときには「1泊いくら」というとダメだけど「1日いくら」なら大丈夫とのこと。ま、貸しスペースや貸し会議室と同じ扱いで、その借りた人が勝手に寝ちゃってるっていう建前になる。要は一歩間違えば脱法シェアハウスみたいな感じで、なんだかスレスレの感じ。ただ、もちろん保健所の人が合法違法の線引きを教えてくれるのは、当然、試験営業から本営業に移行する時、認可を取るために進めていく上で出てくる話。まあ、そのグレーゾーンのままやっていく手もあるのかもしれないけど、田舎や超小規模のゲストハウスならいざ知らず、都内で派手にやろうとするときは、あまりグレーゾーンのまま突破するのはオススメしない。いくら役所が面倒くさがったとしても、しぶとく相談しに行き続けて、なんとか前に進んでいくのがいい。

まあ、そんな感じで、消防署やら保健所やらのいろんなハードルをクリアするには結構な時間を要する上に、後々もいろいろ注文が付く場合もあるので、これはもう長いお付き合いだと思って観念するしかない。

大パニック！　世界のマヌケが遭遇

さて！　いざ本格営業に入ってくると、これがまたヤバイ！　次から次へといろんな面白い人がゲストハウスにやってくる。最初のうちは、直接の知り合いか、その人に聞いてきたという人。基本的に、バックパッカー用のゲストハウス検索サイトなどには一切広告を載せてない。その代わり、国内や海外の知り合いの大バカが集まるような場所で、「このくだらない世の中の奴隷にならずに、勝手にバカなことやっちゃうよ」っていうノリの信頼の置けるところ（カフェやバー、ライブハウス、アートスペース、雑貨屋などなど）にひたすらフライヤーを置いている。そのせいもあって、「お金払うんだからこれだけのサービスはちょうだい」という消費者っぽい人はあまり来ない。そう、自分たちの手で場所を作ることに理解のあるような人たちがどんどん来るので、世界各地で面白いことをやってる人たちの交流の場になってきている。世界から来ているお客さんも、お互い微妙に共有の情報があったりと、すごくいい感じ。これはゲストハウスに居合わせた人たちでいろんな新しい交流が生まれそうな予感!!　いやー、いいね！　しかも、高円寺の人にとってもいい。世界各地から謎のアーティストや、変な店をやってる人、ヤバイミュージシャンなどなどが続々と現れてしばらくその辺を飲み歩いたりしてるのでどんどん仲良くなる。もちろん、何かやってる人とかすごい人だけじゃなく、普通の旅行者なんかもチラホラと泊まりに来るのがまたいい。時には就職活動で東京に出てきた人がいたり、浮気がバレてカミさんに家を追い出されてしょんぼりしてる男が来たり、かなりバラエティーに富んでいる。さらに、それがまたゲストハウスのリビングで仲良くなっていくのが最高に面白い。就職活動で出てきた女子大生と南米のヒッピーのオッサンがリビングで話してたり、彼女に家を追い出されて居場所がなくて泊まりに来た人が、国籍不明のバンドマンに相談に乗ってもらってたり、いよいよ面白いことになっているところを多々目撃する。ただ、こちらスタッフ側はヤバい。遠路はるばるやって来るやつがたくさんいるので、「ギャー！　久しぶり〜!!!」という人が連日やって来る。あるいは初対面でも、「○○の××さんに聞いてきたよ！」なんて人が来るもんだから、こっちも超嬉しいので「よし、じゃあ今日は飲もう!!」ってことになる。で、逆にしばらく滞在していて帰る間際の「今日が最後の夜」って人も連日のようにいる。しかも、この辺の人たち、完全に旅行の最初や最後などの特殊なテンションなので、「今日はとことん飲むしかない！」みたいな感じ。実はこっちは完全に日常生活中なんだけど、向こうがそういうテンションだし、久々に会ったり、しばらく会えないかもしれない人を目の前にしたら、日常なんて吹き飛んでしまい「よし！　今日は飲もう!!!」という気分になる。うーん、これ最高に楽しいけど、実に恐ろしい場所だ!!

ゲストハウスにも順調に人がやってくると、いよいよ世界中に友達ができてくる。そうすると、世界中のマヌケな友達の界隈のイベント情報なんかも舞い込んできたり、ダイレクトに「今度のイベント遊びに来いよ！」と、連絡も来るようになる。そうすると、誘われたのになかなか腰が重くていけないと思われるのも癪だ、と言う負けず嫌い根性が浮上してきて、「OK、行く行く！」と、迂闊に返事しちゃう。で、本当に行くと「おー、こいつ本当に来た！　バカだ‼」と、向こうも大喜び！　そして、散々遊びまわって帰るんだけど、その頃にはまたその地域に友達が大量に増えている。そうすると、今度はそういう人たちやそのまた友達とかが、ゲストハウスに来てくれたりするし、新しく知ったスペースにフライヤーを置いてくれたりもする。なんだか、自腹切って無意味に遊びに行ってるんだけど、それがまた自然とお客さんが増えることにもなったり、いろんなものが循環してる感じ。いや〜、面白いねー、これ。

ちなみに、しばらく滞在してるお客さんは、「なんとかBAR」にも通い始めるし、リサイクルショップで買い物をしてくれる時もある。あるいは、なんとかBARで終電を逃しそうな人がゲストハウスを予約していったり、いろいろとその界隈の繋がりも生きてくることも多い。そう、多少面倒な点も多いけど、やり始めると本当に面白いことがどんどん起こるゲストハウス。これは超オススメなので、皆さんも是非やってみてもらいたい。

※マヌケ宿泊所は、2021年コロナ禍後まもなく倒産。ただ、それまでに世界中から泊まりに来てくれた人たちが続々と支援してくれて、2023年コロナ収束とともに復活に

成功。ありがてえ〜

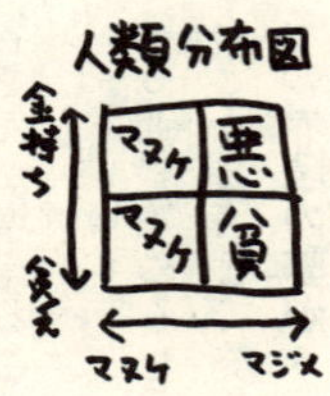

第3章

世界にはびこるバカセンター研究

TKA4（2023年撮影）

この章では、各地でいろんなとんでもないスペースを作ってる例を紹介してみたい。大バカなやつらが世界中の至る所で勝手なことをやってるのを知れば知るほど、「なんだ、じゃ、自分はこれをやってみよう！」という知恵がどんどん湧いてくる。それに実際に訪問して、友達になったらもっと面白いことになるし、今後自分が開いたスペースにもどんどん遊びに来てくれるはずだ！

ということで、交流しやすいように極力その場所のあたりをウロウロしている人の名前もあえて書くようにしたし、実際気軽に行けるように、海外の例は近場のアジア圏を中心に紹介してみた。実際訪問してみれば、他にもたくさん面白い場所を教えてもらえるはずだし、ともかく、とんでもない大バカスペースはどこにでもあるということを思い知ってみよう!!（それぞれの店の連絡先は、巻末リストを参照）

露天商作戦！簡易バカセンターの作り方

まずは原点に戻って、リスクの少ない手軽な感じの簡易バカセンターから紹介していきたい。

路上でヤクザに追いかけられてみよう

そもそも、なんでバカセンターが必要かというと、街の管理が行き届きすぎて、お上が作った文化か、金もうけに直結する文化ばかりがあふれかえり、なんだかバカバカしくなってきたからだ。特に、石原慎太郎が東京都知事になった頃から、「街を浄化する」というモウロク老人の妄想みたいな計画が進み、街がどんどん小ぎれいになっていく一方で、どんどんつまらなくなって来た……。

と、いうことで、1章にも少し書いたが、2000年前後から始めたのが「貧乏人大反乱集団」というむやみに物騒なネーミングの騒乱企画。たまに人をたくさん集めて、駅前広場で勝手に飲み会イベントをやって混乱状態を作ってみたり、音楽を流したりとムチャクチャやって警察に怒られまくったりしてたんだけど、実は日常活動としてやってたのは路上でTシャツを売ること。「貯金ゼロ！」「首相官邸に火をつけよう！　悪いのはやつらだ！」「金持ちかかってこい」みたいな、これまたやたら物騒だけどマヌケなイラスト入りのTシャツを作って、毎日のように街に出て売り歩いていた。ついでに、当時作っていた、不穏なやつらのための情報誌『貧乏人新聞』をそばに置き、突如出店！　これ、もう十分立派な店。

いつも夜の8時頃から適当に商売道具を持って街に繰り出す。場所はもう適当。なるべく違うところに行くようにしており、新宿、池袋、下北沢、中野、高円寺、三軒茶屋、高田馬場、原宿など、とりあえずいろいろなところに行った。1人で行ったり、ヒマな友達を誘って行ったりして、店を開いたら、あとはもう缶ビールでも飲んでゆっくりしてればいい。多くの通行人が通る中、何かピンと来た人が「おお～、わけのわからないもの売ってますね～」なんていって話しかけてくる。で、もちろん買ってくれたら嬉しいんだけど、それより友達になるのが面白い。話が盛り上がるとたいてい「じゃ、一緒に飲みましょうよ～」となり、通行人も店番に加わり、謎の露店は続く。で、その店番が増えれば増えるほど盛り上がってくるので、加わる人も増えてくる。ただ、重要なのは店番をおろそかにしないこと。商品に背を向けて盛り上がってると、その瞬間にその場は閉じた空間になってしまい、通行人も話しかけづらくなる。これじゃ面白くない。そう、店というのは新しい人と知り合う窓口として機能するものだ。

街がどんどん「浄化」されていき、街頭がただの廊下みたいになっていっても、こうして謎の場所を構えてみると、一瞬で人が見えてくる。そんな感じが面白すぎて完全に味をしめて、毎日のように街に出ていると、気づいたら東京中に知り合いがいるんじゃないかってぐらいになって来る。しかも「金持ちコンチクショー」的なノリのヤバイやつら。う~ん、これはすごい!!!

もうここまできたら、これはもう**立派な簡易バカセンター**だ。いやー、なんだなんだ、結構簡単だねー。街に勝手なものを広げてゆっくりしてるだけ。で、どんな商品を並べるかによってピンと来る人も違うので、できる友達も変わってくる。

じゃ、どんなところに店を出すのかってのも結構重要になってくる。当然誰も歩いてないところで店を出してても、全然人が来ない。それどころかあまり薄暗いところでポツンとやってて、逆に強盗に遭ったり、お化けだと思われても嫌だ。かといって、すごく人通りの多い通路のようなところでも話しかけにくいし、そもそも通行の邪魔にもなったりして良くない。駅前の広場や待ち合わせスポットの脇など、適度に人がたまりやすい感じのところを選ぶのがいいと思う。

また、路上で勝手に何かやる時はいろいろと面白いことがある。まずはヤクザ。やっぱりなんだかんだ言って遭遇することは多い。せっかくなので一例を。

渋谷の駅前で露店を出してると、向こうの方から怪しい2人組がやってくる。**1人はスキンヘッドの太った男で、白いスーツにヘビ革の靴**を履いている。そしてもう**1人は横山やすし風のやせ型の男で、角刈り頭に細長いメガネにちょび髭でガニ股**で歩いてくる。おい!!!　こんな典型的な昭和のヤクザ感出してるやつら、初めて見たよ！　見た目からして「俺たちヤクザ」って言ってる感じで最高にいい。で、こっちへ来るなり横山のヤッサンの方が目の前でウンコ座りで座り、「**おい、ニイちゃん!!　ケツ持ちいんのか！**」と、至近距離で無用にでかい声で言ってくる。要はショバ代払ってるかってこと。

イラスト＝フルカワクニコ

とりあえず「いや〜、なんのことですかねー」などととぼけるが、ヤッサンひるまず「おまえら、ココで商売してりゃ家賃もかからなくていいじゃねえか。俺らが面倒見てやっから安心してボロもうけすりゃ、お互いいいだろ?」という。う~ん、いいね、完全に昭和の世界。むしろ感動して、こういう人たちをなくして国営ヤクザ(警察)だけになってもつまらないと、ショバ代を払いたくもなって来るけど、そこはちょっと待った。当時、渋谷駅前にはたくさんの物売りがいて、1人が払ったらみんな払わなきゃいけなくなるってことで、頑張って払わないようにしてるとのことだった。こっちは毎日渋谷にいるわけでもなく都内を渡り歩いてるだけだから、渋谷のみんなに迷惑をかけてもいけない。ということで、「渋谷はめったに来ないんですよ……」などとごまかし、なんとか粘る。最後にはヤッサン、「よっしゃ、わかった! 今回は見逃してやるけど、次見かけたらキッチリ頂くよ。もうニイちゃんの顔も覚えたからな。ま、商売も頑張れよ」と、パッと立ち上がり、また別の露店の方へガニ股で向かう。こういう経験も、街の中の密かな攻防戦の様子が見えて面白い。初めて行く街で、他にも露店を出してる人がいる場合は、かならず「その辺で店出しても大丈夫ですかね~」と、一声かけてちょっと情報を得てから店を出すように心得よう。

「吉祥寺のヤクザは露店に厳しい」というのも当時は有名で、ある時店を出してると、中東系の外国人数人が現れ**「ココデ、ミセダス、ダメナンダヨ」**と言ってくる。最初

は秩序好きな人かと思い、外国人にしては珍しいなと思いつつ、「大丈夫、大丈夫。警察でも来たらやめりゃいいでしょ」と言うと、**「ダカラ、イマ、オレガ、ヤメロイッテル。イマスグカエレ。ケーサツ、コナイ」**という。なんだか凄み方がすごいので、早々に退散した。でも、一本道を変えて別の場所でやってたらそっちは大丈夫だった。後にこれまた路上で知り合った、その手の情報筋に聞いてみたところ、やっぱりその筋のやつらだったっぽい。う〜ん、いろいろいて面白いね〜。

いまはヤクザの勢力が衰えたり、警察がうるさくなってきたりと、いろいろあるけど、皆さんもぜひ、露店を出してみてもらいたい。最も手軽にできるバカセンターだ。

※その後、警察のヤクザ狩りはさらに進み、公然と露店にショバ代を集めに来るがその場を守ってくれるっていうヤクザはいなくなった。そのかわりすぐ警察が来るようになったり、おせっかい住民の通報もまかり通るようになり、露店はなかなかやりにくいことに。昭和のヤクザ、戻って来てくれ〜。

香港マヌケ屋台で競争社会から離脱！

一方、ちゃんと許可を取る屋台もある。日本ではだいぶ減ってきた上に新規参入が難しいので大変だと思うけど、海外はまだ屋台天国のところがたくさんある。最近聞いた話なんだけど、香港の屋台が意外と安い。場所や屋台によって値段もまちまちだ

香港屋台

けど、うまく安いのを見つけると、なんと月3万円程度で屋台が持てる。このシステムは日本ともそっくりで、屋台の新規許可はかなり大変で、一般的にはすでに営業権を持ってる屋台主から営業権を借りる（もしくは買う）やり方。最初に保証金のようなものを3カ月分ほど払い、あとは月の家賃を払う。で、もちろん屋台も付いてくる。これはすごい。ちなみに香港の屋台のいいところは、24時間その場所に置いておけるということ。好きな時間に営業してもいい。しかも香港は南国なので、冬でもあまり寒くなく、野外営業と言ってもそんなに問題じゃない。雨の日は休みで、晴れた日に営業するという生活スタイルもなかなか楽しそうだ。で、何を隠そう、最近香港人の友達が実際にこの屋台を借りて謎の店を始めてしまったのだ！　うらやましい、楽しそう!!!　遊びに行ってみると、これがまたのんびりしたもんでいい。

　香港の家賃相場は東京の約2倍。めちゃくちゃ高い。そんな中でこの破格の屋台だから、なおさらのんびりした感じになるんだろう。どこから仕入れてきたのか謎の雑貨を売っており、**値段は「自由価格」**。自分で値段をつけてくれってこと。そして、横で友達の絵描きの人が似顔絵を描いている。これまた**カンパ制**。

香港は弱肉強食の超競争社会の上に、中国政府からのいろんな統制も押し寄せてくるという二重圧力のすごい社会。そんななかでマヌケな感じの屋台でのんびりやってるってのもすごく楽しそうだ!!!　ヤクザに追いかけられることもないし、いいねー。ま、当然やってみるといろんな苦労はあるはずだけど、この日本では滅びかけている屋台文化のなかでマヌケなバカセンターを作るのも面白いかもしれない!!

※2019年の香港の大きなデモとコロナを通して、香港政府の規制も強くなり、香港でも屋台の営業はどんどん厳しくなる一方だとのこと。一方、日本では最近は許可の比較的楽なキッチンカー方式で路上で突如店をやる人が増えている。

とりあえず、今回は原点に返って初歩的なマヌケの集まる場所を紹介してみた。路上で手軽に始められるような簡易バカセンター、みなさんもこれはぜひ始めてみるしかない!

どこにでも出現するバカセンター

能盛興工廠（閉鎖）＝元・町工場の台南ゲストハウス

いま、香港の屋台を紹介したように、海外にも金持ち中心社会とは一線を画した謎のスペース、バカセンターは無数にある。まずは、台湾南部の町、台南にある「能盛興工廠」という場所を紹介してみよう。

ここは、わかりやすく言えばいろんなことができるゲストハウス。その名の通り、町工場を改装してゲストハウスにしてしまったところ。最初は汚い町工場って感じのところだったんだけど、どんどん改装工事を始めて、瞬時にすごいことに。2階建プラス屋根裏部屋の工場の各所には畳敷きの宿泊スペースがある。そして、さらに屋上をどんどん増築していて、新しくできた最上階に個室タイプの部屋が。その上、3階だか4階だかわからないようなところ（増改築を繰り返しているので、もはやどこが何階だかよくわからない）には、テーブルや椅子が置いてあり、くつろげるテラスのよ

うな場所がある。この建物、元々は二つの工場を無理やり一体化させたものなので、構造が謎のことになっており、部屋の窓を開けてみるとそのまま隣の部屋になっていたりして、もう4次元空間のような感じ。いや〜、建物だけ見てもすでに楽しそうなところ。

そして中には、カフェのスペース、木工や鉄工、ギャラリースペースなど、いろいろな作業やイベントができる場所があり、何かをしに来る人が次々に訪れるという充実ぶり。いやー、これは本気っぷりがすごい！　で、この設備やら、内装やら、すごく大掛かりに作ってるけど、もちろんどっかのスポンサーが付いてたり、商売がうまくてボロもうけしたりしてるわけではない。ここの中心人物の郁宜（ユイ）がまたやたらと活発な人で、次々と行動しまくる。うまく交渉して安く借りたり、残置物の重機や鉄クズ（鉄工所だったので大量にあった）を売りまくって現金にしたり、足りない部分はみんなでバイトして貯めて、自力でオープンに漕ぎつけたという。う〜ん、すごい執念だ！　ちなみに、ここは7〜8人で共同運営という形をとっており、それぞれ、木工所、ゲストハウス、カフェなどがチームを作り、基本的には独立した形で運営されているという。

で、一度こんな感じの何でもできるようなスペースができてしまうと、あとはとんでもないやつらが集まってくるのがまたいい。のんびりした台湾にも日本と同様、どんどん、無駄まみれの消費社会やら、何でもかんでも禁止されるような窮屈な社会が着々と忍び寄ってきていることもあり、そういう「金もうけ中心のバカバカしい社会なんかやってらんねーよ」っていう連中が続々とこういう場所に集まってくる。特に台南はわりとゆっくりした場所だから、「台北が最近窮屈すぎてヤバイ！」ってやつが逃げて遊びにきたりもする。この界隈で仲良くなった阿庚（アークン）というオッサンなんか本当にすごい。スクラップ工場から化けて出たようなボロボロの車を街で乗り回し、林の前で突然停まったと思ったら「この木の実は食える！」と言い出したり、**海を通りかかったら突然車から降りて海に飛び込み、魚を3匹手で捕まえてきて「今日の晩ごはんはこれにしよう」と言い出すような最強の男。**住宅ローンにヒーヒー言って、焼き鳥屋でニュースを見ながら政治家の悪口を言いつつも、寝て起きたらまた奴隷のように文句ひとつ言わず働き続ける日本のショボいオッサンとはだいぶ格が違う。あ、ちなみにこの阿庚氏、台南の港にほったらかしにされていた船の構造物を一晩にして全面改装し、ケロッとして3年前から自分のものだったような顔をして居座っている。この間遊びに行った時も、この船に招いてくれて、海藻を採って食べたりしてノンキなもんだった。う〜ん、すごい！　レベルが高すぎる!!!!

※泣く子も黙る能盛興工廠も、残念ながら2018年に閉業。そして、それから間もなく最強のオッサン阿庚もこの世を去る。もはやこれまでかと思われたが、能盛興のメンバーたちはいまだ台南を拠点に活動してる模様。近々また面白いことをやりだすに違いない！

高円寺・TKA4 NEW ＝マグレで出現したDIY地獄の宮殿

もうひとつ紹介したいのが、東京・東高円寺にある「TKA4」というスペース。ここがまたヤバイ場所所で、取り壊し寸前の古い都営団地の一階部分という面白い立地にある。目の前に環七という幹線道路が通ってて、裏手が大きい公園になっている上、取り壊し目前なので一階部分には他の店舗もほとんどない。さらには2階以上の住居スペースも立ち退きでほぼ誰も住んでない。おかげで、どれだけ音を出しても騒音で苦情が来たことがないとのことで、特に防音してないんだけど、爆音でパンクのライブイベントをやったりもしてる。これ、都心の近くでは超レアなスペースだ。唯一、上の方の階におばちゃんが住んでるんだけど、すごく愛想のいい人でTKA4の人たちと仲良くやっており、音のでかいイベントをやる時はおばちゃんに声かけとけばなんとか許されるとのこと。う〜ん、すごい!!

このスペースを運営してるのは、まずアーティストのイチカちゃんと盗賊風の男ダイゾーくん。この二人を中心として、数名のメンバーとともに共同で運営している。イベント収益やカンパなどで運営費を補って、足りない部分をメンバーで出し合って負担するという方式でやっているが、みんな金を持ってるわけではないので、大変だけどなんとかなってる感じだという。特にこのダイゾーくんはヨーロッパのとんでもないやつらとのつながりも深いこともあって、完全にヨーロッパのスクワット（空き家を勝手に占領した自治スペース）のような雰囲気。しかもヨーロッパを中心に続々と不穏な友達が遊びに来てるので、それも面白い。日本にはこういう感じのところは少ないので、興味ある人にはおすすめだ。

取り壊し寸前なら、立ち退きですぐ無くなっちゃうんじゃないかと心配になるけど、聞いたらこれがまたそうでもないらしい。入居する住宅や店舗部分は賃貸や分譲が入り乱れててややこしいことになってるので、東京都も一括で追い出すわけにはいかなくて、とりあえずそのまま放っとかれてる状態とのこと。すごい！　この隙をうまく使ってのスペースオープンとは、そんな手があったのか〜。ただ、その状態だから特にリフォームされるわけでもなく完全にボロボロの年季入りまくりの様子。その上、ダイゾーくんの風貌が完全に北斗の拳の雑魚キャラで「ひゃっは〜」とモヒカンでバイクに乗って砂漠の向こうから現れて、飢えたおじいさんを轢いて水を取り上げるような感じの風体なので、TKA4の悪の巣窟感がヤバイ！　いやー、いいね。さあ、みんなで現代に生き残る地獄の宮殿に行ってみよう！　あ、実際はみんないい人たちなのでご安心を。

楽勝でオープンできるサラリーマン3人衆バカセンター

と、ここまで読んで「無理、無理、無理、無理！　そんなのブッチギリの人生やってる人とか、サバイバル力半端ない人とかができることでしょ？　普通の人はそこまで踏み切る勇気なんてないよ！」と、思っているアナタ、キミ。無理だと思うからできないだけで、これがまた意外と簡単にできちゃう。

とある九州の地方都市。さびれかかった問屋街のような一角に、どうやって成り立ってるのかわからないけど最近できた若いやつらがやってる飲み屋があった。しかし、店をやってる人たちは完全にストレスゼロのような顔をして、ケロッとして明るい。よくよく聞いてみると、20代の会社員3人が共同で店を借りて、仕事のない週末だけオープンしてるという。

「いや〜、休みの日に飲みに行ったりして1軒2000〜3000円は使っちゃうでしょ？　で、何軒かハシゴすればもう一気に1万円ぐらい行っちゃう。ただでさえ給料安いのに、休みの日にまで金が消えたらたまらないですからね。それだったら自分らで場所借りちゃおうかなと思って」ってことで、店を借りることにしたという。で、さびれかけたエリアだから、家賃はなんとたったの3万円。仲間が3人だから、**1人月1万円！**　しかも、平日はほとんど開けずにたまに気が向いた時に来るぐらい。基本週末だけやってるというから、すごく気楽にやれる。う～ん、うまい!!!　で、友達も来るわけだし、さすがに売上ゼロってことはないので、もうタダで自分の遊び場ができちゃう感じ。会社員なんか向いてないよと思いつつも、脱サラして自分で開店や起業するってのも、これまたスキルを問われたりしてハードルが高い。ところが、**このやり方だったら、別にそんな頑張らなくても簡単に自分のやりたいことができるような場所が作れる。**うまくいかなかったりつまらなかったらやめちゃえばいいし、ノリにのってきたら、そのまま会社を辞めて、この自分の場所一本でやっていくこともできる。いずれにせよ、場所作りってのは、イチかバチかみたいな大勝負方式だけではなく、**グラデーション的に徐々に移行**もできるものなのだ。ま、とにかく、こんな例もあるように、まずは気軽に作っちゃうことが大事だ。

ということで、ちょっと隙を見せたら金を巻き上げられそうになったりする、ストレスまみれのボッタクリ社会。そんなものに巻き込まれることなく、政治家や金持ち連中はもうほっといて、世代も国境も越えた謎のバカセンターを大量に渡り歩いてしまおう！

潰れそうで潰れたマヌケな場所 冒険篇

大バカな奴らが集まっていろんなものが生まれる拠点スペース（バカセンター）は、作るのは簡単だけど維持する方が100倍ぐらい大変。ということで、次はどういうふうに場所を維持していくのかってことに焦点を当てながら、いくつか紹介してみたい。

直走咖啡（台北）（閉店）→半路咖啡（パンルーカフェ）＝東アジアエース級バカスペース

まず紹介するのが、台湾の「直走咖啡」。これは東アジア圏でのエース級のバカなスペースで、名前からわかるようにカフェ。台北市内の師大という若者の集まるエリアにこの直走咖啡はあった。飲み屋やライブハウス、若者向けの店もたくさんあり、やたら賑わってるところ。そういう街なので夜も遅く、この直走珈琲も夜になるとバー営業になり、深夜まで賑わう。

この店は台湾の地下文化の中では非常に重要な場所！　昼は爽やかに大学生が来て

勉強していたりもするけど、その傍ら、謎の芸術家やミュージシャンなどもわらわらと集まってくる。そう、芸術と音楽ときたら、もう生まれてくるのは反骨精神しかない。ってこともあって、この店からいろんな大バカな社会運動が発生している。もちろん台湾にも真面目に取り組む社会運動はたくさんあるけど、こういう**マヌケな奴らが巻き起こす社会運動**というのがまたやたらと面白い。２０１１年以降の台湾の反原発デモでも、デモのゴール地点の**台湾電力本社ビルに、鉄腕アトムに変装したやつがみんなに担がれて突入**してて、すごいバカな光景なのに、異常に盛り上がっていた。また、デモをやる時も、真面目な活動家たちにブツブツ文句を言われながら、サウンドデモを決行！　これはデモの先導カーの上をステージにして、缶ビールをばら撒きながら、パンクバンドやテクノのＤＪが乗って街を爆音の渦に叩き込むというスタイル。う〜ん、いいね！　そうそう、そもそも高円寺で２０１１年に原発反対運動をやったときに、真っ先に「なんか面白いデモやってるらしいね！　詳しく教えろ」と、連絡してきたのもこの直走珈琲の人たちだった。とりあえず嗅覚が鋭い。

　もちろん、デモばかりやってるわけではなく、この人たちにとってむしろデモはおまけ。この直走珈琲でもいろんなイベントをやりまくっており、映画の上映会やトークイベントなどの穏便なものもある。でも、**地下室を使ったパンクやノイズ、テクノなどのライブやＤＪイベントが**始まったかと思ったら**立派な学者さんがやってきて学**

習会が始まったり、**カラオケ大会**が始まったり、とりあえず思いつくイベントは全部やってる感じ。さらには、どこから現れたのか謎のイギリス人やフランス人、南アフリカ人、日本では絶対いないような日本人などもウロウロし始めたり、勝手に作ったものを売り始めたりと、なんだかすごいことに!! 次から次へと知り合いもできるし、うん、これはいい場所だ！

この直走咖啡、２００９年に開店。この前年の08年に警察の暴力に反対する野草苺運動というのがあり、この時の中正紀念堂前で起こった座り込みが発端。ずっと抗議行動だけやってるとだんだん疲れてくるし、同じことにも飽きてくる。それに、抗議ばかりでは人が集まってもなかなか交流ができなかったりもする。そして、この運動が収束するころ一部のマヌケなやつらが「やっぱりみんなが遊べて交流できる場所が必要だ」ってことになったという。そこで、仲間を募り、安い物件を探しまわり、家賃約10万円のところをなんとか借りた。ただ、飲食店じゃないところを借りたので、改装費やら初期費用などに結局２００～３００万円近くかかったという。そう、確かに内装とかすごくキレイでいいお店だった。これもやっぱり仲間の力。お金を出せる人が出し、最初の半年ぐらいはみんな給料なしで働き、徐々にその借金も返しつつ給料も増えていって、だんだんうまくいってきて、成り立っていったという。う～ん、これ大成功な例だね。普通、急にはそんなにお金は集まらないし、開業すぐに大失敗したら大事（おおごと）だ。直走咖啡には何度も遊びに行って、この界隈のやつらともすごく仲良くなった。この場所の成功は、商才があったからでも運が良かったからでもなく、**本当にみんなで力を合わせて作ったからうまくいった**ような気がする。日本ではどんどん人間関係が希薄になっていく中、台湾の、みんなで頑張ってる感じ、学ぶところがあるねー。ともかく、そんなとんでもないアジトを作ってしまったので、みんな大喜びで、やたら集まってきて賑わいまくる！　店のいいところはいろんな人が集まるということ。今まで遭遇したことがないいろんなジャンルの人たちが混ざって遊びまくり、交友関係がとんでもなく拡大する。

……ところが！　そんなにうまい話があるわけはない。場所はやっぱり作ってからが大変だ。

まず立地が微妙で、直走咖啡は若者の集まる賑わってるエリアから一本路地を入った住宅街にあった。昼はカフェとしてたくさんの若者がどんどん集まってきて、夜になるとお酒も出るので、大宴会が始まり、地下室ではライブイベントなどが始まり、騒音問題が続出！　しかも、台湾のやつらのノリがまためちゃくちゃ景気がいい。こうなってくると、近隣住民の堪忍袋の緒もついに切れ、その建物の大家さんに陳情。これはヤバイと、直走咖啡の人たちもすぐに、仲間の中で選りすぐりの人当たりのいいやつを選んで近隣住民への挨拶回りをしたり、騒音対策をしたものの、時すでに遅

直走咖啡（2009~2012年）

半路咖啡（2014年開店）

2022年撮影

し。面倒くさいことを嫌う大家さんに、まんまと契約更新を断られ、伝説のスポット、直走咖啡は約3年間の営業をもって2012年の春に終了～!! 残念～!!

いい場所には面白い人がどんどん集まってくるので、そのスペースを運営している人からしたら、できるだけ来る人を野放しにしてあげたい。一方で場所を維持するためにいろいろ抑えなきゃいけないところはあるけど、抑えすぎるとなんだか窮屈になって来る。それに、面白いやつらっていうのは常識外れな奴が多いので、そいつらにルールを守れというのはそもそも無理な話だ。となって来ると、やっぱり**場所を運営する人が微妙な加減で維持する手腕を発揮**するしかない。う～ん、これはいろいろと問われてくるね～。

ちなみにこの直走咖啡の中心人物の楊子瑄（ヤン・ズーシエン）たちが、いろんな人脈を使いまくり、2年後の2014年に「半路咖啡（バンルーカフェ）」をオープンして、現在に至る。ここも似たような雰囲気でいい所だから、ぜひ行ってみてほしい。

※高円寺同様、ここも海外や遠方からの来客が続出し、自然な流れとしてゲストハウスをすぐ近くに開業の予定。すでに準備に入ってるので、これからはここに泊まれば安泰だ。

グラウンドゼロ（大阪）（閉店）＝大バカスペース作りの過激派

やりたいことを全開でやるのと、控えめに長続きさせる努力とのバランスって話だけど、ここはひとつ**全開でやらかしまくった、とんでもない場所**を紹介してみよう。

大阪は難波の味園ビルという、新宿ゴールデン街がビルになったようなところに、「グラウンドゼロ」というＢＡＲがあった。ずいぶん前に大阪に遊びに行ったとき、友達に「とんでもない場所でいいイベントがあるから行きましょうよ」と誘われたので、行ってみたのがキッカケ。すでにその味園ビル自体が昭和感を全開。１階がキャバレーで、２階以上はスナックやＢＡＲがひしめき合い、最上階にはサウナという完璧なパターン。で、その小さい飲み屋がひしめく建物内の路地を入っていくと「グラウンドゼロ」が出現。扉を開くなり完全に意味のわからない世界。まあまあ広いほぼ正方形の店内のど真ん中に巨大な六角形のカウンターがあり、店員がまん中にいる。お客さんはもう壁に沿ってその六角形カウンターを囲んで飲んでる感じで、頑張れば30～40人は入るかな？　見たこともないようなレイアウト。そのカウンター内にはドラムセットやサウンドシステムが組んであり、スナック街ではありえないぐらいの爆音を出しながら連日、狂乱のライブを行っている。で、その演奏がまたビックリするぐらいうるさい。連日のようにライブイベントをやりまくり、やたら人も集まってきて、毎日大騒ぎ。う～ん、やりたいことを全部やるとこうなるのか、という、まさに狂乱のＢＡＲ！

ちなみに、ここの店主のオッチーさんという人がまた飛ばしていて、**生き方自体が**

ロックンロールな人で、むやみに反抗心が旺盛。若い頃も、昭和天皇が死んで平成に代替わりする瞬間に、原宿のホコ天でいきなり反天皇ライブを勝手にやって警察から追い回されたりするほどで、すごいテンションの高さ。優秀な奴隷みたいな人のもとに集まる人はつまらない人が多いけど、反逆心を秘めてる人のもとに集まる人たちってのは、これまた何かしでかそうとしてる人が多くて面白い。ということで、このグラウンドゼロで知り合う人がまた面白いので、この辺をウロウロしてるだけで、とんでもない人脈ができてしまうという所だった。

ライブハウスでもないし、山の中の一軒家でも地下室でもない**雑居ビルの一室で、これだけ轟音を響かせ、とんでもない奴らが死ぬほど集まってくる**……。当然、こんな店が長続きするはずがない。これはうるさすぎると、近隣からの苦情も殺到。これはやばいと、なんとか防音も試みるけど、焼け石に水。ほとんど効果がない。でも、やりたいことをセーブするつもりはゼロ。こうなってくると、さっきの直走咖啡と同じお決まりのコースで、各テナントから大家さん（ビルのオーナー）のところに「勘弁してくれ！」との陳情が続出し、オーナーからも「これじゃ、契約の更新はできないよ」ということに！　大ピンチ！

窮地に追い込まれたオッチーさん、オーナーのオッサンがすごいビートルズ好きだという情報を聞きつけ、**苦肉の策で好きでも何でもないビートルズ**の“Let It Be”や

"Strawberry Fields Forever"などを、これまたありえないぐらいの**爆音で流しまくる**という作戦に出た！　オーナーの耳に届き「お、こんな感じならいいね〜」というのを狙ったものの、なかなかうまくいかず、近隣の店からも「なんだなんだ、ついにあの店主おかしくなったぞ！」などと怪しまれ、見事に起死回生のビートルズ作戦も大失敗!!

こうして、オープンから約1年という短期間で、伝説のバカセンター「グラウンドゼロ」は幕を閉じたのだった。いや〜、しかし、いきなりトップギアで突き進んでも1年ももったというのは、なかなか我々に勇気を与えてくれた。それに、全開で進み、ものすごく濃い日々だったので、穏便に店をやる10年分ぐらいの内容があったと思う。**これはこれで一つのやり方**だ。

世界各地にマヌケなやつらの集まるバカセンターが大量に増殖することは大事だ。しかし、実は作ることよりも**維持するのが意外と大変**だ。めちゃくちゃやってすぐ潰れてももったいないし、続けることだけを考えて全然つまらないことをやり続けてもしょうがない。直走咖啡やグラウンドゼロは、結果的になくなってしまったが、別に失敗なわけではない。この店のおかげで**人生狂いまくって面白いことになってる人**も無数にいるし、ヤバい人同士が出会ってしまったりもしている。自分自身、台湾の面白い人たちと仲良くなるきっかけになったのも直走珈琲だし、大阪の重要人物たちと知り合ったのもグラウンドゼロのおかげだ。そう、**バカセンターは作った時点で既に成功**なのだ。ただ、どうやったら危機におちいるかという先例だけ頭の中に入れておけば、今後の参考になるに違いない。よし、潰れるより早いスピードで変な場所を作りまくってしまおう！　ザマーミロ！

※店主のオッチーさん、現在は伊豆で整体院を開いている。くわばらくわばら。

潰れそうで潰れないバカセンター

サザエさん篇

自主文化創造のDIY空間「バカセンター」について書いてきてるわけだが、要は作るよりも維持することが意外と大変なのだ。前項では最終的にはまんまと潰れてしまったが、強力なインパクトと後に続くものを残した2店舗を紹介した。じゃ、バカセンターは遅かれ早かれ倒産する運命にあるのかと不安な気持ちにもなってくる。確かに、大資本のチェーン店と違って、金もうけは二の次で面白いことをやろうとしてる場所ばっかりだから、よくよく考えたら存続してる方が奇跡なのかもしれない……。

しかし、喜べ諸君!!!　彗星の如く現れて巨大な花火を打ち上げまくり、そのまままた彗星の如く消えていく一発勝負のようなスペースがある一方で、笑点やサザエさんのようにしぶとく生き永らえつつ地味にすごい存在感を出しまくる場所だってあるのだ。この項ではそんな場所を紹介してみよう。

イレギュラー・リズム・アサイラム（新宿御苑）＝アナーキーな地域案内所

まずは、新宿にあるインフォショップ「Irregular Rhythm Asylum（IRA）」という謎の店。ちなみにインフォショップってのは直訳すると情報屋。一般の商業的なところでは流通してないような自主制作の本や雑誌、CD、雑貨、Tシャツなどを扱ったり、あまり商業的ではない手作りのイベントやプロジェクトの情報が集まったりするようなところ。ま、アングラな地域案内所みたいなものだと思ってもらってもいい。

そんなIRAをやってるのが、店長の成田氏。彼は東京下町のドブ川と町工場の隙間のようなところで育ち、音楽好きからライブハウスなどにも通ううち、自分たちの手で物事を作るというDIY文化に触れ、国内外のCDやグッズなどを仕入れてイベントで物販とかやってるうちに店を開くようになったという。成田氏、見た目はどうも幸薄(さち)そうな雰囲気で、なんだか蟹工船とかに出てきてマグロ漁船でコキ使われてそうな感じ。で、たまに会った時に「こんなイベントやろうよ！」と声をかけても、たいてい「それはいいねぇ」と楽しそうにして、興味ない時はそのまま完全スルーするし、やる時は気づいたらどんどん企画を進め始める。あるいは、「こんな面白いところがあったから絶対行ったほうがいいよ！」と誘うと、十中八九「いいねぇ、行ってみたいなぁ」という反応なんだけど、十中八九行かない。でも、気が向いた時にまぐれで行ったりもする。ま、どういうおじいさんになるか容易に想像ができる感じ。

さて、お店の方は基本委託販売。委託販売というのはだいたい売値の70～80%を納品者に返すので、店の収入は20～30%。そして場所は新宿の外れの雑居ビルで、知り合いの事務所を間借りして始まったこともあり、絶対見つけられないぐらいわかりにくいところにある。偶然ふらっと立ち寄って衝動買いしちゃうようなお客さんは皆無。それどころか、海外から来た全身黒い服を着た一文無しのアナーキストとかがソファで寝そべりながら「もはや、戦うしかない」みたいなことを言ってたりする。これは、もうかるわけがない（ただ、こういう一見役立たず風の来訪者が意外といろんな物や技術や情報などをもたらすのでこれはこれで結構いい）。こんな感じなので、成田氏、わけのわからない来訪者のトークをうまくかわしながら、店番しながらできるデザインの仕事などをやったりもしつつ、店を切り盛りしている。

ただ、この店、前項で紹介した直走咖啡やグラウンドゼロみたいに大混乱で大パニックのイベントとか派手にやってるわけじゃないけど、ちゃんと筋が通ってるし、いろいろと着実にやってるだけあって、いろんな人から信頼されている。多くの人が訪ねてくるし、店内で小さいイベントをやることも多い。委託販売を通して海外などともコンタクトを取っていることもあり、遠くから訪ねてくる人も多い。成田氏はいつも「もう死んじゃうよ〜」と言いながらも、こういう人たちに支えられて、2004年のオープンから続いている。わかりにくい立地で、全くもうからなそうな商売でも、ちゃんと自分のやり方でやっていれば、成立してしまうのだ。

模索舎（新宿御苑）＝専門書店で腰を抜かしてみよう

もう一つ、潰れそうで潰れない店の殿堂入りを果たしている店を紹介しよう。知る人ぞ知る「模索舎」という謎の書店だ。ここもかなりヤバイことになっている。新宿の片隅にあるんだけど、外見がまたやたらと怪しい。古い木造風の作りの店構えで、表にも無造作に置かれた無数のチラシ。なんと表現したらいいかよくわからないけど、ま、**わかりやすく言うと妖怪屋敷**みたいな感じ。勇気を振り絞って模索舎の店内に入ると、これがまたもっと怪しい。完全に1970年代ぐらいにタイムスリップしたような雰囲気で（もちろんレトロポップとかオシャレな感じじゃなく、学生運動の秘密アジトみたいなそっちの方ね）、年季の入った書棚に本が大量に陳列されている。今、なんでもキレイになっている世の中で、こんな空間があるというだけでも価値がある。

で、この書店、何を隠そう自主流通本をメインに扱うという変わった本屋。日本の本の流通システムを考えると結局は売れそうな本ばかりが世に出てきて、くだらないけど万人ウケする手に取りやすいものが残る。その結果、本が単なる消費物になっちゃいがち。で、模索舎はこれに対抗して作られた本屋。しかも何と、もう40年以上も続いているという！　なるほど、そりゃ70年代の雰囲気出してるはずだ。

そんなこともあり、売れ筋からはじかれた自主流通本にこそ意味のある面白い物があるんじゃないかってことで、自費出版の本やらミニコミなどが大量に置いてある。創業当初の時代の影響もあり、政治的な左翼系から新右翼系の新聞や書籍も置いてある。なんだか最近の論調としては、政治や社会の問題にしても、人から文句言われたくないあまりやたらとお行儀よく言いたがる節がある。「こういう○○問題はありますけど、一方で△△ということもありますから、これは難しい問題ですねえ」などという、結局何なんだコノヤロー、って物言いが多い世の中。そんな中、模索舎の書棚はヤバイ。すぐ「粉砕せよ!!!!」とか言い出し、一切迷いがなく断言しまくり。ま、その内容に関しては、結構とんでもないのも多々あるので、ちゃんと各自で考えて読んでもらいたいけど、ともかく**アクション映画みたいなキップのよさ**は確かだ。職場で疲弊しまくった挙句に飲みに連れて行かれ、上司から常識と下積みの話を2時間ぐらい聞かされて、最後に一人で模索舎に流れ着いて「破壊せよ!!」って感じに浸るのも面白いかもしれない。で、ここって政治系の場所かと思いきや、実はそうでもない。別の書棚には謎のカルト宗教の何言ってるかわからない本が置いてあったり、メチャクチャな音楽やってるやつのＣＤが置いてあったり、本人もわけわかってないような前衛芸術の自作本が置いてあったりもする。あ、もちろんぶっ飛んでるものだけあるわけでもなく、絶対世に出しても売れないけど、ちゃんとしたことを書いてる本なんかも置いてあるし、いろいろある。とにかく、**「こんなやつがいるのか！」**っていうような驚きがあるのでいい。目の当たりにする物事の振り幅は広ければ広いほどいい。特に、普段はいつも家でテレビを見て、ネットで情報を集め、読む本はもっぱら電子書籍、みたいな人には是非模索舎に**腰を抜かしに行ってみるのがオススメだ。**

さてさて、じゃあこんな100％もうからなそうな店をどうやって運営しているんだろうか……。聞いてみると、共同運営方式でやってるという。その時々のスタッフが運営メンバーで、ミーティングをしていろいろ決めて運営しているとのこと。40年以上やってるというので、どんな老人スタッフがやってるのかと思うかもしれないが、当時の人なんかいなくて、スタッフもどんどん入れ替わってる。確かに、自分が模索舎に初めて行ったのは大学生の時だけど、それ以来、店員さんはもちろん、店を切り盛りしている人もどんどん入れ替わっており、誰の店だかよくわからない。以前、模索舎の初期メンバーに会ったことがあるんだけど「模索舎？　今もあるみたいだねえ」みたいな感じだった。いいね、適当で！　この辺が模索舎の長続きの秘訣かもしれない。意外と「○○さんの店」みたいな感じになっちゃうと、その人が飽きたり死んだりしたら、急速にフェードアウトしてしまうことも多い。やってる人の魅力で人が集まるスペースがある一方で、模索舎は完全に「自主流通本という文化を守る」という意義を大事にする場所だ。そうである以上、スタッフがどんどん替わろうが構わないんだろう。

ちなみに、いま現在スタッフをしている人たちがまた、なんだか島流しに遭って佐渡で金を掘っているような風貌でいい感じだ。この人たちは基本的に愛想が悪くて、明らかに接客に向いてない感じなんだけど、歴代の模索舎スタッフの中では結構長くやってる方だ。でも、やたら愛想がよくて必要もないものを買わされちゃう感じよりはこっちの方が潔くていい。そう、やっぱりここの大事なところはポリシーを守っているところ。それに、こんな本屋日本中探したってなかなかない（昔は少しはあったらしいけど、ほとんど潰れた）ので、必要としている人はいる。たとえるとマニアックな自主映画ばかりやってる映画館とか、インディーズバンドがメインのライブハウスみたいなもの。うん、こりゃ重要だ。

そんなところなので、これまで何度も経営難から倒産の危機を迎えてきた。しかし！　そんな時は、自主文化を愛するマニアックな顧客層や模索舎ファンたちが立ち上がり、救済イベントが行われたりカンパが集まったりして、**寄ってたかって危機をなんとか乗り切らせ、また蜘蛛の子を散らすように去っていく**。これはすごい。いや〜、愛されてるね。……で、大変なのはスタッフの方。倒産を免れたもんだから、また黙々と山積みされた伝票を整理しつつ倒産目前の店番をする日々が続くことになる。

店側にもちゃんとした確信があり、それなりの意義があるとなったら、お客さんがそう簡単に潰させてくれない。なるほど、こういう場所作りの仕方ってのもあるんだなと、ここはここでまた勉強になる。店に入った瞬間の空気感で「なるほど！　こういうことか！」と悟るはずなので、皆さんも是非様子を見に行ってもらいたい。

さあ、みなさんどうだろうか。今回紹介した二つのスペース。バカセンターと呼ぶにはあまりに筋が通っていてしっかりやっているように感じるけど、ここはあえてバカセンターと呼びたい。

なるほど、こういう維持の仕方ってのもあるんだね～。独自の謎の価値観をバーンとぶちかまして、それこそ採算度外視で店を開けまくってたら、それなりに信頼されたり必要としてる人たちが集まってきたりするものかもしれない。あ、ただ、その独自のポリシーがどれだけ面白がられるかというのは、またそれぞれなので要注意だ。別に特殊であればいいというカルト競争をやってるわけじゃないので、そこは誤解のないように。

いやいやー、これを読んでいる人の中にも、今にもバカセンターを作ろうと落ち着かなくなってる人もいると思う。はやる気持ちもわかるが、突発的にやるテンション高すぎるスペースだけがバカセンターではないので、オープンした後にもいろいろと試行錯誤で変化させながらとんでもない場所を作ってみるしかない!!

参考にならないバカセンター

さて次は、行ってみると、「おお、これはすごい！　うらやましい!!」と思うけど、日本での場所作りの時には一切参考にならない所を紹介してみよう！

人の土地を奪ってみよう

ヨーロッパにはスクワットと呼ばれるバカセンターが大量にある。ま、要するに空いてる建物を勝手にぶん取ったようなところ。小さい小屋のようなところからビル丸ごとの大きさまで、いろいろ。強そうなものでは本当に城みたいなところもある。以前、ドイツのベルリンのクロイツベルクにあるKöpi（クーピー）という巨大スクワットに行ってみると、突如、入り口に自由の女神の首がある。いきなりこわい。で、中には何やら黒い服を着た強そうな若いやつらがむやみにウロウロしているし、バカでかい黒い犬もいっぱいいて、不穏な空気しかない。しかも、建物の中にはライブハウスが2カ所、映画館、BAR、インフォショップ、ネオナチと戦うために修行を積む

トレーニングジムなどなど、なんでもある。ビルの上の階には人の住む部屋もたくさんある。

で、ここのライブイベントに行って遊んでた時、ウロウロしていた黒い服のやつらが、突如覆面をし始め、みんな入り口から道路の方へ走って出て行く。なんだなんだとついていくと、向こうから走ってくるパトカーに向かってみんなで石を投げまくる！　これは危ない！　警察もたまらずそのまま逃走！　すごい！　なんなんだ、これは⁉　ただ、その投げた石の一つが、その辺を通っていたおばちゃんの自転車に当たったらしく、おばちゃんも「こらー！　危ないでしょ！」と、我が子を叱るように一喝！　で、黒い服の人たちも「あ！　す、すいません……」と謝る。意外と弱い！で、もちろん、こういうやんちゃなやつらがいる一方で、このスクワットを地道に運営している人なんかは「みんなは週末に来て騒いで帰ればいいけど、いろいろ騒ぎが起きるとこっちは後で大変なんだから、まったく〜」と、愚痴をこぼしていたりする。う〜ん、その辺は世界共通だね。

基本的にこういうところは、そのぶん取ったやつらの手によって自主管理運営されている。そして、場所の守り方もまちまちで、実力でぶん取ったままの状態で、警察が来ようが棍棒と投石で追い返しちゃうところもあれば、大家さんや市役所と交渉しつつギリギリで場所を維持するところもある。実力行使や交渉で居座ることを認めさせる感じなので、家賃はゼロか、あっても微々たるもの。

場所を作る時の流れはだいたいこうだ。まず最初は、深夜などに大勢の仲間でドアや窓を壊して空き家に押し入り、大パーティーや集会などを開催し、でかい旗でも掲げて占領を宣言！　そして大抵は警官が押し寄せてくるんだけど、この最初の攻防戦でなんとか押し返し膠着状態に。そうすると役所としても警察としても政治家としても、事を荒立てて、それに呼応してあちこちで妙な蜂起が連発すると困るから、「まあまあまあ、話し合いましょうよ」みたいな感じになってくる。そんな感じで長期戦に入って行き、長ければ数年、数十年とスクワットは続いていく。そして、その占領の理屈としては、「使ってない場所が空いてるんだから、俺たちに使わせろ」→「ま、**それも一理ある。じゃあ仕方ねえ（大家さん）**」。この流れ。

そう、行政や大家さんと、こう話が決着するところが日本と決定的に違う。やっぱり、ヨーロッパって土地や所有に対する考え方が少し違うのかもしれない。なるほど、これは参考にならない！

フランス占領屋敷

さて、次はドイツのお隣フランス。ある時、パリに行ったんだけど、その時は泊まるあてもないし友達もいなくて、さてどうしようかと考えていた。そんな時、どうも仲間のにおいのする本屋にたどり着き、ここでいろいろ情報を聞くと、どうやらパリの東のはずれに新しいスクワットができたという情報を入手。早速、現地に行ってみると、住宅街の中にある普通の庭付き一戸建ての家。とりあえず自由の女神のさらし首はない。

いきなり現れた謎の外人にもかかわらず温かく受け入れてくれて、中を案内してくれた。中はいたるところ改築工事中。しかも泊まるところも探しているというと、なんと泊まっていってもいいという。おお、やさしい！　ただ、ここはまだ占領開始から1カ月で、始まったばかりだから安全じゃないらしく、いつ追い出されるかわからないとのこと。なので、住んでる人たちも家の感じもすごく爽やかなのに、入口の門だけはものすごく厳重に鎖でロックされており、人が来ても絶対に開けちゃダメだという。おお、なるほど。爽やかに見えるけど緊迫した状態なんだね。

で、聞くと、どうやらフランスでは冬に家のない人を追い出しちゃいけないという決まりがあるとのこと（たぶん寒くて死んじゃうから）。確かにその時は11月頃だった。夏の間に、人が住んでなくて管理もいい加減で、かつ大家さんもほったらかしてる状態の物件を探しまくる。そして、秋が訪れた瞬間に作戦決行。一挙に占領を開始して突貫工事で家の改築工事に着手し、春までの間に見違えるほどいい家に作り変えるんだという。そうして春にいざ「出て行ってくれ」と言われる前に、大家さんが見て「あれ、あのボロい家をこんなにきれいにしてくれるんなら少しの間使ってもらってもいいか」というところに漕ぎつけるんだという。大家さんにとっても、厄介な物件をきれいにしてくれたわけだし、お互いにとっていいことなので交渉成立することも多いという。自由の女神の首なんか言語道断。ドクロとか「金持ち殺せ」みたいな落書きもダメ。全力で快適ないい家に改造する。この時も、詰まって使えないキッチンをシンクごと交換して改造してるし、庭の燃料タンクからは油を使えるようにしてるし、剝げた床も張り替えたり、ボロボロの外壁もきれいに塗装し直してるし、みんなでやたらと楽しそうに毎日作業していた。いいね〜、俺もやってみたい！

ただ、問題は日本では絶対に通用しない作戦。日本だったらいくら朽ち果てて使ってなくても絶対「そこはうちの所有物だからダメ」で終わりだ。それどころか必要以上に怒り出しそう。チッ、まったく。自転車とかボールペンとかトイレだったら自分の所有物でも使ってなかったら貸すのに、家だとダメなんだもんな〜、まったく（これを読んだ物件所有者の皆さん、占領者が来た時は、相手次第では寛容にお願いしま〜す）。

法政大学学生会館（閉鎖）＝自主講座からライブハウスまで

ええい、こんちきしょう〜。ヨーロッパにばっかりぶっ飛んだところがあるじゃねえか、こんちきしょうー……、と、思ったら、あったあった、日本にもとんでもないところが。そう、泣く子も黙る法政大学学生会館。残念ながら2004年になくなってしまい、いま歴史から消されようとしているが、ここはすごいところだった。**地上8階地下2階、収容人員400人級の大ホールから食堂に売店まで揃っている、全2棟の超巨大施設。**しかもこれがまた今の価値観の大学施設とは全く別物で、施設の運営から各種イベントの管理まで**全て学生の自主管理**で、ヨーロッパなどのスクワットとほぼ同じような状態。昼だろうと夜だろうと人で賑わってるし、大変なことになっていた。

完成は1973年で、完全に全共闘運動の遺産のような建造物。当時は**「大学解体」**とか言って、「そもそも大学っていう国家に組み込まれたシステム自体がロクでもないじゃねーか！」って考えが主流だったので、その「大学」をぶち壊したあとどうするかっていう組織になっている。**既存の大学を壊して、自分らで新しい概念の真の大学を作る気満々!!** 単なるサークル活動の場所だけじゃなく、**文化活動全般を扱う部署**から**福利厚生の部署**、**授業を開催する部署**まであった。もちろん大学側はノータッチ。おかげで当時は、学生会館を中心に法政大学が動いていると言っても過言じゃないぐらい。学生主催で、**謎の芸術家の個展**やらどっかの**研究者の講座**があったりするし、**週末にはライブ**が行われるので完全にライブハウスと同じ状態になる。時には**芝居のテント公演**が開催され、劇団のチビッコが走り回ってたり、昼には洗濯物が干してあったりした。もちろん、観客や参加者は学生だけじゃなく、広く学外から一般客が大量にやってくるので、「学生の建物」みたいな閉じた空間じゃなく、完全に開放された場所だった。超ハイレベルな文化センターみたいなもの。さらに、この建物の設計者がまたヤバい。河原一郎という建築家で、ちゃんと学生側の意見を理解してくれて、知らない人同士が自然と交流していくような人の流れを考えて、ちゃんと自主管理運営に適した設計にしてあるという。

ちなみにここ、完成目前に、テンションの高い学生たちが実力で攻め入って占領し、そのままいろいろ交渉しつつ運営を続けたので、完全にスクワットと同じ状態。う〜ん、これ70年代初頭のとんでもないテンションの高さがあったからこそできた奇跡みたいな場所だったんだろうね〜。

ただ、これまた問題で、いま同じことをやろうとしてもそれは相当難しい。この巨大さになってくると、よっぽどの組織力と、権力を持ってるやつらに「うん」と言わせる騒乱力が必要だ。いや、そこまでのことをやった当時の人たちはほんと大したもんだ。ただ、あの世代のやつらはちょっと褒めるとすぐ調子に乗って何時間も語り始めて面倒なことになるので、心の中では敬意を払いつつ、面と向かっては「ジジイ、ババア、コノヤロー。早く死ぬかバカセンター作り手伝うかどっちかにしろ」とでも言っておこう。

あ、あと当時はすぐでかい物を狙いにいく傾向があったけど、特に今の時代、小さい謎のスペースを無数に作っていく方がいいと思う。潰れても潰れてもどんどん新しいバカセンターができて、全国津々浦々、いったいどこにどんな場所があるかわからなくなるぐらい増えたら最高に面白いし、実はそれが一番強い。よし、ともあれ当時の心意気だけは評価して、今後のマヌケなスペースに活かしていこう。

驚愕の謎のタワーを発見

最後にもうひとつ。この前にもちょっとだけ紹介したことがある台湾の謎の元芸術家で阿庚という人物がいる。そう、既に紹介した台南の能盛興工廠に来たりもする人だ。このオッサン、定住が苦手で、いろんなところに行っては住む場所を作っちゃう癖がある。ある時、誰かが河岸に突然、竹と縄で何かを建て始め、少しずつ高くなってきて、みるみる高い建物になってしまい、ゆうに5、6階建てのビルは超える謎のタワーとなってきた。すると、近所の人たちも「この辺は台風とか高波も多いんだから、うちの方に倒れたらどうする！」とかビビり始めるが、そこに出入りしていた阿庚は気にせずに、ご機嫌で高いところでパンツ一丁で昼寝したりしていたが、ある時突然「飽きた」と言い始め、「この塔は自然の力で消えていくことになる」とか、わけのわからないことを言い出して、ほったらかしてどこかへ行ってしまった！

このタワー、半裸のオッサンが寝てるだけだから、バカセンターとしては一切機能していない上に、日本で勝手に謎の建造物を建てるのはなかなかハードルが高いけど、あまりにマヌケ過ぎるので今後の参考になるに違いない！

さて、一切参考にならなかったと思う。「これ読んでどうしろってんだよ！」と思うかもしれないが、いろいろ幅を広げておくことは重要だ。この日本社会も不変ではなく徐々に変わっていくものなので、いろんな可能性を頭に入れておいた上で、今できる面白い場所を作っていくのがいい。そして将来、時代が変わってきた空気を感じたらすかさず「いまこそ阿庚だ!!!」とか「自由の女神の首もってこい！」と、臨機応変にバカセンターを改良していこう!!

無限にある謎のスペース

さて、いくつかのパターンのバカセンターを紹介してみたけど、世界は広く、いろんな所にまだまだたくさんある。しかもそれが、いろいろ繋がったり、お互い影響を与え合ったりしている。とりあえず、さらにどんどん紹介していこう。

思考喫茶散策劇場（釜山）（閉店）＝家賃タダ

前作『貧乏人の逆襲！――タダで生きる方法』という本を自分が書いたのが2008年。で、その翌年にはなんと韓国語に翻訳され、向こうで出版された。そのおかげもあって韓国によく行くようになり、そんな時に出会ったのが、釜山のヒヨちゃんという女の子で、もちろん韓国人。ちょうど、何か自分たちのスペースを作りたいと思っていた時に、その本を読んでくれたらしくて、「なんだ、できるじゃん！」と、早速、2011年に友達2～3人でカフェを開いたという。店名は「思考喫茶散策劇場」。で、行ってみるとここがまた超快適なところ。広さは普通の一戸建ての民家のようなサイズ。場所は住宅地の中にちょっと入ったところで、そんなに立地はよくないんだけど、逆にそれがよくて、やたらとゆっくりできる感じ。しかも少し坂を上ったところにあるので、日当たりもいいし、縁側のようなベランダもあるのでこれはもうくつろぐしかない。で、さらにこのヒヨちゃん、お酒も好きだからいろんな種類のお酒も置いてあるし、本来はコーヒーを飲みに来たはずなのに、あまりに快適なスペースなだけに迂闊にビールでも一杯飲んでしまい、余計くつろいでしまう感じ。う〜ん、これは快適すぎて危険なところだ！

で、聞いてみるとなんとここの家賃は日本円にして約1万円！　安い‼　なんでかというと、古い住宅街で再開発予定が近いエリアなので、わざわざお金をかけて建替えたり店を始めたりすることもなく、大家さんもどうしていいかわからないような所。おまけに建物も古くてちょっと水道管が調子悪いなどという難ありの物件。こうなると借り手も見つからないので家賃もクソ安いんだという。最初は普通にその辺の不動産屋に行って探したけど狭かったり高かったりでいいところがない。で、この再開発されそうな所の不動産屋に行ってみたら、いい物件が出てきたという。なるほど〜、うまいこと考えたなー！　問題の水道管も、しばらくは調子悪いままだったけど、大家さんも直してくれないので、自分たちで工事して直してしまった。すると大家さんにも貸しができて、なんだかウヤムヤな感じで後に家賃を払わなくてよくなってきたという！　で、たまに気が向いたときに1カ月分ぐらい払ってみたりして、それでなんとかなってたんだって。すごい！　感心して「そんなので大丈夫なもんなの？」と聞くと「『貧乏人の逆襲！』で習いました」だって！　おおー、実践してくれてありがとう〜!!!……そこまで書いたっけな。

さらに、この店、目の前が区役所。にもかかわらず「営業許可？　いや〜、そういえば取ってないですね」だって。適度にオープンしてる適当な感じだから大丈夫でしょ、とのこと。この、超平和な感じで、ふわーっとインチキなことやってる感じが最高!!　いきなり高円寺の上をいってる！　負けた!!!

さて、うまく見つけたこの物件を友達と共同で借りて、交代で番をして自分たちの場所にしているという。そして、ここで読書会とかアコースティックの簡単なライブとか、語学の勉強会とか、いろんな企画をやったり、みんなで雑誌を作ったりしているという。寝るスペースもあるから、泊まったり泊めたりすることもあるんだけど、みんな別に自分の家があるから基本的にはみんなが自由に使える場所。

開店当初は、どんどんオープンな雰囲気にして頑張って店っぽくしていたら、フラッとお客さんも来てくれるようになった。でも、そうすると今度は特に交流とかもせず、単に消費者として来る人が増えてなんだか仕事みたいになってきて、「いや、やりたいことはこんな感じじゃない」と気づき、頑張るのをやめてほどほどに店を開けるようにしたという。ギリギリ赤字が出ないレベルで快適な空間を維持するのを目指してる感じ。うーん、このバランス感覚がいいね。

ただ、そんな超快適空間の「思考喫茶散策劇場」もやはり再開発が本当に始まり、3年ほどで閉店。残念！

※閉店後も、さすがヒヨちゃんたち、全く動ずることなく他の人の店を間借りしたり、自宅を開放したりして場所を続けていた。その後は一時休止状態が続いていたけど、この本の文庫化にあたって「最近どう？」と聞いてみたら、ここへ来てまさかの再開の準備に取り掛かっているとのこと。諸君、続報を待て‼

德昌里（タッチャンリ）（香港）（移転→現在は食堂「黒い窓」NEW）＝行けばわかる超ヤバイ秘密アジト！

自分の中で世界で一、二を争うぐらい好きな街が香港。なんでかというと、アナーキーなワクワク感が大変なことになっている。超資本主義社会のとんでもない弱肉強食の世の中と、年々強まる中国政府による管理社会化という、世界でも稀な両方面からの厳しさで香港市民はいろいろと超大変。おまけに、人が多すぎる上に面積が狭いから高層ビルだらけ。香港人の誰に聞いても「いや、香港最悪だよ！」というぐらい。

しかし、すごいのが香港人のたくましさ。かつて九龍城(クーロン)と呼ばれるカオスな空間があったことからもわかるように、みんな知恵を絞りまくって街中の至る所に隙を見つけて、いろんな空間を切り拓いてる。普通の商業ビルの一室に突如最強にヤバイ場所があったりする感じ。

そんな香港の不穏なパワーを象徴するのが「徳昌里2號3號舗」というスペースの人たち。ここは香港の九龍地区という、旧市街地（と言っても今でも超繁華街）にある。街並みはもう昔の香港映画に出てきたような、車道にせり出したネオン看板が大量にあったり、とにかくゴチャゴチャした様子。徳昌里はその街の裏通りの地名だけど、それがそのままスペースの名前になってる。行ってみると、不穏な空気しかない。もう、なんと説明したらいいか難しい。言葉にするならば、一昔前の治安が最高に悪かった頃の東京下町の都営団地の鍵が壊れてる空き家に、中学生が集まってタバコ吸ったり酒飲んだりして集まってる感じ。わかんねえな。とにかく10代の少年少女から20代ぐらいが中心で、みんな夜な夜な集まってきて、飲んだり食べたり一服したり音楽聴いたりギター弾いたり、ワイワイやってる。しかも香港の家賃はバカみたいに高いので（東京の2～3倍ぐらい）、狭い部屋に人がひしめいてる。で、話すとみんな反骨精神が超旺盛で「なんでもやってやるぜ～」「金なんて金持ちからぶん捕れればいいんだよ」みたいな感じ。おお、いいね～、このすさんだ都営団地感！　しかも壁には

黒い窓（2022年撮影）

「無政府主義！」みたいな落書きがあるし（漢字だから迫力がある）、本棚にはその手の本が並んでたりするし、聞くといろんな武勇伝もゾロゾロ出てくる（ここではあえて書かない）。こえ〜！

でも、別に彼らはただの不良グループではない。香港で民主化デモなんかがあったらみんなで参加したりもするし、バンドをやってる人も多いから、廃工場など空いてる場所をうまく見つけ出してきてゲリラ的にライブイベントを開催し、ギリギリ警察に捕まる寸前まで続けたりっていう面白いことをたくさんやっている。そして、その徳昌里で外国人風の子供が遊んでると思ったら、移民の子供だという。香港は移民社会で、東南アジアなどからの移民労働者がたくさんいる。で、その移民の子供なんかはなかなか教育もロクに受けられなかったり居場所もなかったりでかわいそうで、そんなチビッコたちの面倒を見てあげたりもしてる。すごい、カッコいい！

そういえば、こいつらに初めて会った時「お前の『貧乏人の逆襲！』読んだよ。いや〜、よかったよ、あれ！」だって。おお、嬉しい、こんなところまで!!!! そう、実はあの本、台湾で中国語版が出版されており、それが香港でも出回っていた。ただ、徳昌里のやつら、その本を読んで当初はリサイクル屋をやってみようと思い、その秘密アジトの1階で中古品を売り始めてみたとのこと。しかし、物を回収してきて分別したり、動作のテストや修理をして、きれいに掃除して、挙句にちゃんと店を開けて売らなきゃいけないから、「おい！　忙しいじゃねえか！　これじゃ仕事と同じだよ」と、一瞬でやめてしまい、ただの溜まり場に変えたという。ちなみに、「日本ではどうやって金持ちから金を奪い返してるんだ？　教えてくれ」などと興味津々。う〜ん、釜山の思考喫茶では女の子たちが静かに落ち着いたカフェ、香港では80年代の廃工場か都営団地みたいな殺伐としたところ……、いや〜、いろんな人に読んでもらって本当に嬉しいね〜。

で、この徳昌里、どうやってこの場所運営してるの？　ってのはすごく気になるところだけど、そこは80年代の都営団地。いろいろ奥が深い。その辺、文章にしちゃったら野暮という感じなので、直接行って聞いてみよう。そう、行けばどう野暮だったのかわかるはずだ！

※その後、徳昌里は隣にあった「蘇波榮　So boring」と結託し、「黒い窓」を2020年に開店した（巻末リスト参照）。

ドゥリバン（ソウル）（移転）＝韓国インディーズ文化の殿堂

韓国ソウルの中心部にホンデという街がある。ここは大学も近いということもあって、若者が多いんだけど、ただ若いだけじゃなくて、インディーズで音楽をやってる人や、若い芸術家、個人で小さいお店をやってる人、映画や写真を撮ってる人などがたくさんいて、そのおかげでライブハウスやギャラリーなどもたくさんあり、なんだか文化の街っていう感じだった。ところが、若者が独自に面白い文化や街を切り拓いてくると、大資本がそれに目をつけて金もうけを始めるのは世界共通のこと。２０００年代後半ぐらいから徐々に大規模な開発も始まり、あっという間にショッピングセンターや大通りなどがどんどんできて、いまでは渋谷みたいな街になってしまい、昔のような面白さはなくなっていく一方。

しかも、そのホンデでいろいろ面白いことをやっているミュージシャンやアーティストたちからしたら、家賃が高くなり、結局自分たちの活動場所もなくなってしまうのでたまったもんじゃない。もちろん表現者だけじゃなくて、その辺で遊んでるやつらにとってもそんな文化がなくなって、どこにでもあるような大都市になっちゃったら全然面白くない。……ってことで、みんな大怒り。当然反対運動なんかも起こり、立ち退きに反対する商店主なんかも出てきた。ただ、韓国の抗議運動って超激しいので有名。デモとかが起こっても警官と衝突して殴り合いになったり、警察も催涙ガスとか打ちまくるし、企業もヤクザとかを雇って民衆を攻撃するし、とんでもない。流血事件やらひどい時は死人が出たりすることだってある。で、ある開発予定地の「ドゥリバン」という店名のカルグクス（韓国のうどん）店店主のオッサンとおばちゃんが「冗談じゃねえ、こうなったらテコでも動かねえ！」と、自分の店に立てこもり始めた。ヤバイ、カッコいい！　で、ホンデのミュージシャンやらアーティストやら学生なんかもよく通ってたような食堂だったから、みんなで応援することに。ただ、このうどん屋夫婦も若いやつらも、オーソドックスに力で闘うのはどうも嫌だった。流血事件とかになってもいやだし、それに結局そういう抗議も韓国政府に力でねじ伏せられちゃうことばかりなので、違うやり方はないかと考えた。そこで考え出されたのがなんと、**毎日大イベントや大パーティーをやって、常に人が集まりまくってる場所にしちゃおう**というすごい作戦！　開発屋が雇った警備員やヤクザ、あるいは警察などが強制的に踏み込ん

ドゥリバン

でくるとしても、やはりあまり大事にはしたくないので、だいたい人のいない時を見計らって攻めて来るはずだ。よーし、じゃあ常に人であふれかえっててめちゃくちゃ楽しんで盛り上がりまくって、踏み込む隙を与えないようにしようという、すごい計画。

説明が長くなったけど、そんなことでできたのがこのドゥリバンという史上最強のスペース。立てこもりだからもちろん家賃もなし。4階建てぐらいの小さいビルなんだけど、上の入居者はもう出てしまったから全階を使って立てこもり。そのホンデ界隈の人たちがとりあえずみんな集まってきて、知恵を絞っていろんな面白いイベントを本当にやり始めた。**巨大なライブイベントだったり、演劇、大パーティー、トークショー**、などなど、よくこんなにイベントできるなってぐらい。ちょうど100日目のイベントと1周年記念イベントの時は参加したんだけど、両方ともライブイベントで、ソウルのインディーズミュージシャンがもう一堂に会してる感じでものすごい出演者。その現場にいる人も「めちゃくちゃ盛り上がってみんなで飲みまくって楽しみまくって敵を倒したら超最高でしょ！」みたいなこと言ってた。いや〜、すげー!!このセンス最高!! で、もちろん連日遊びまくってるのは確かなんだけど、さすがに真面目な面もある。**会議をしたり開発や反対運動に関する講演会や討論会**をやったりすることも。あるいは**実務的な運営**のこともみんなでやっていた。電気やガスから冬のストーブの燃料費などのこともあるし、掃除やゴミのことなど、みんな自分たちの手で運営。これはすごい。自治能力が高すぎる!!!

さて、そんなドゥリバン、これが短期間の話だったら、どちらかというと抗議活動みたいな感じなので、面白い場所を作るというテーマのこの本で紹介しなかったと思うが、なんと、このイベントしまくりの状態で約1年半も存続する。すごい！　で、みんな頑張りまくって本当に1日も空けずにイベントを連発。もうここまできたら立派な自立スペースのひとつだ。しかも毎日イベントをやっていて、みんなでご飯を食べたり飲み会になったりっていうのも毎日のように行われている。そんなところだから、「あそこに行けばなにか面白いことがあるはずだ」と、どんどん人も集まってくる。若者だけで好き放題やってるのかというとそうでもなくて、当のうどん屋のオッサンなんかも超ノリのいい人で歌ったり踊ったり飲みまくったりしてるし、おばちゃんも超いい人で、いろいろ世話してくれたり自慢の料理をみんなと作ったりしてる。面白い場所を作ると言っても、べつに物件を借りるだけじゃなくて、**何かの闘いの場などに突如として作ってしまう**ということもありうるのだ。

そして、1年半後、テキも当初はヤクザを使ったりしてでも強制的に追い出す姿勢だったのが、連日のバカ騒ぎを前にして、こりゃ強制的な鎮圧は無理だと音を上げ、話し合いに応じ始めた。さすがにホンデ地区の開発中止まではいかなかったけど、うどん屋さんも場所を変えて再開できることになったりと、諸々の合意に達し、伝説の場所ドゥリバンは終結。

いや〜、よかったよかった、……と思いたいところだけど複雑な感じで、当のドゥリバンの現場にいた若いやつらも「解決したのはよかったけど、この場所がなくなっちゃうのが超寂しいし、普通に困る」みたいなことをみんな言っていた。確かに、その1年半、いろんなミュージシャンやアーティストたちが出会ったり、遊びに来た若いやつらもそこで芸術や音楽、社会問題に目覚めたり、いい友達ができたりと、ドゥリバンのおかげでソウルのインディーズ文化のシーンが超大きくなったという。いや〜、これはすごい場所だった。ちなみに、このドゥリバンの様子は『PARTY51』というドキュメンタリー映画にもなってて日本語字幕もついてるので興味ある人はぜひ見たら面白いと思う。

AGIT（移転）→Bハウス、Bホール、なゆたカフェ→Ryun、なゆたの台所 NEW（釜山）＝マヌケな街の出現

韓国の釜山にはAGITという名前の、これまた素晴らしいDIYバカ施設があった。立地は釜山大学の近くのエリアにあり、元幼稚園の物件をまるまる借りて自由な

空間を作り出したという、すごいところ。約250坪ほどの敷地で、元幼稚園の建物と、庭も付いている。建物も庭の感じも日本のちょっと大きめの幼稚園と同じ感じなので、まあ想像しやすいと思う。釜山のマヌケなやつらが集まる場所を考えた時、まずここは外せない場所だった。

一応、アートスペースなんだけど、結構なんでもありな感じ。まずアートと一口に言ってもいわゆるアートのみならず、ヤバイグラフィティーや音楽から、意味のわからないものまでかなり幅広いジャンルのものが集まっている。スペースも2階建てのすごく広い建物なので、作業場からギャラリー、ライブや大きな会議や展示などもできる広い部屋、レコーディングスタジオまである。長期で滞在して作品を作ったりできるように宿泊部屋も3部屋あり、外には庭の一角が畑になっていて何かを栽培している。ただ、そのすぐ隣にはグラフィティーの人たちが練習で使っている壁があるので、スプレーの塗料が舞い、農作物が心配になるぐらい。さらに海外ではよくあることだけど、アート系の人たちは社会問題に関心が強いので、突如いろんな社会問題への抗議イベント準備が始まることもある。って感じで、単にアートスペースと言っても、もう本当にいろんな人たちが入り乱れてる感じで面白かった。で、とどめに入口のリビングのようなところには大きなテーブルがあり、ここで多種多様の人がご飯を食べたり、飲みまくったりして交流しまくっている。ジャンルの違うやつらが入り乱れてどんどん仲良くなるから、それぞれの活動の幅もすごく広がる感じがいい。内装もすごく良くて、よくある小洒落たアートスペースみたいに中が真っ白に塗装されてたり、きれいにデザインされた看板やインテリアがあったりという場所とは完全に真逆の雰囲気。屋内も全面グラフィティー（これは超カッコよかった）ですごいことになってるし、謎の作品（あるいは放置された出来損ない）などがいろんなところに転がってる。本当にその名前の通りアジト感が半端じゃない。しかも、建物が元幼稚園なだけに、構造はなんだか可愛らしく、トイレも幼稚園児向けでやたら小さく、ドアも大人の肩ぐらいしかないんだけど、そんな**チビッコトイレから全身タトゥーだらけの人相の悪いBボーイ風の大男なんかが出てくるから、**びっくりする。

さて、そんな夢のようなスペース、どうやって作ったかというと、元をたどるとこのAGITの中心メンバーたちが学生時代にやっていた**チェミナンボクス**（愉快な逆襲）という謎の軍団に始まる。これ、芸術や音楽関連の仲間が集まって、釜山大学正門の広場で突如音楽やアートのイベントを開催したのがキッカケで、学生施設の余ってる隙間に狭い部屋を作り、そこをアジトとして、当初は年に30回ペースというとんでもない量のイベントを打ちまくる。しかも音楽やアートのイベントだけじゃなく、突如謎のパフォーマンスなどもやる。大学がどんどん面白くなくなるのに対抗して、突如正門前に超巨大な塔を建て、そこに**全身白塗りのニセキリスト**になって学生をビビらせたり、図書館の中に突如乱入して「アホになるから勉強するな！」みたいなことを言ってもっとアホなことをやって大ひんしゅくを買ったりと、とりあえず無茶なことをやり始める。と、最初はそんなメチャクチャな感じだったが、いろいろやっているうちにどんどん人の輪は広がり、すぐに学生だけじゃなく学外の人たちとも繋がりが出てくる。そんな流れから、大学から出てもっと幅を広げたことをやりたいと思い始め、AGIT構想が始まったんだという。

そして、2008年に、うまいこと見つけ出したのが、この幼稚園。ここも、よくありがちなパターンで「ゆくゆくは開発してタワーマンションとか建てたいんだけど、今のところメドが立ってない」という感じのところだった。なので家賃も安めで、当初は日本円にして月約8万円とのこと。これは安い!!!　ただ、のちに大家さんも調子に乗ってきて5万円上乗せされて約13万円に。ただ、ここの保証金が約200万円で、さらに内装工事費は300～400万円ぐらいかけたということで、莫大な金を使うことに！　当然、こんな大金いきなり持ってるわけもなく、まずみんなからカンパを集め、足りない部分は知り合いや先輩などの仲間の人脈を使って銀行から借りたりして、なんとか資金を集め、その後は中心メンバー数人でみんなで必死にバイトをして1年余りで大方返してしまったという。う～ん、すごいやる気だ！　バイトして金を捻出するというやり方は地味で大変そうだけど、最初の1年を捨てた気になってみんなでやることができれば、意外とこの規模の場所でも作れてしまうっていうのがすごい。とは言っても、このAGITは別にそんなに金を生む場所ではないので、いつも金は足りなさそうでいろいろと資金繰りに苦労してる感じではあった。ただ、そのおかげであまりに自由でとんでもない空間だったので、あまり辛そうな感じはなく、面白いことやバカなことをやりながら、なんとかなってる感じ。また、釜山市の文化財団などからの補助金もうまく使ったとのこと。これはAGIT自体への補助じゃなくて、各企画ごとに補助金を申請してもらう感じ。ただ、これも補助金を使うといろいろ注文も入るし面倒なことも多いので、極力自前でやるようにはしていたとのこと。

そんな夢の解放区のようなAGITも2013年ごろになると、ついに開発の魔手が押し寄せ、いよいよ大家さんも契約更新を打ち切るということに。で、ここで迫られたのが、引っ越すかその土地を買うか。最初は買おうかと努力したけど、買ったら数千万円はするので、さすがに断念し、AGITはみんなに惜しまれながら閉鎖してしまった。いや〜、残念。

ただ、AGITの底力がすごいのがそれから。普通だったら、最高の場所がなくなったら「あ〜あ、残念」と、しょんぼりするところ、この釜山のマヌケたちは全く懲りなかった。ケロっとした感じで、新しい場所を探し始め、気付いたらAGITのすぐ近くのさびれた市場の周辺の商店街一帯に次々に店舗を借り始める。釜山中心地でもなく少し外れのあたりだし、その上さびれかけた商店街だから家賃はクソ安く、1万円とか2万円とかそんな感じ。

で、AGITがなくなったという報を受けてから少し経って、「新しい場所が増えてきたから遊びに来なよ」と連絡をもらったので、行ってみたところ、これがまたよかった!!!　確かにAGITみたいに1カ所に全てが集まってるわけではないので、「そこに行けばなんでもある夢の解放区」ではなくなったけど、**その辺一帯の町中いろんなところに場所がある。ゲストハウス（Bハウス）があって、カフェ（なゆたカフェ）、ギャラリー、大きいホール（Bホール）**などなど、昔のAGITが散らばった感じ。こうなると、人もそれぞれの場所をやたらと行き来し始めるので、商店街のオッサンやおばちゃんとかチビッコ達とどんどん仲良くなって、みんな「こんにちは～！」と、挨拶しながら歩いてる。うわー、これはいい！　なんだか高円寺でやってる雰囲気ともすごい似てて居心地がいい。大きな場所はなくなったけど、町中が自分たちの居場所みたいで、前より良くなったかもしれない。いや～、釜山のやつらも懲りずにやるな～。ただ、一難去ってまた一難。この市場もだんだん盛り上がってきたということで、徐々に家賃が高くなり始めたという。ちきしょ～、土地持ちのために面白い場所作ってるんじゃないぞコノヤロー、といつも思う。でもまあ、釜山のたくましいやつらのことだから、なんとかすると思うけどね。

※今回文庫化にあたって様子を聞いてみると、またしてもいろんな店がなくなったものの、さらに別の場所が続々オープンしたとのこと。すごい生命力!! その後、ゲストハウスも兼ねたBハウスやなゆたカフェの場所も無くなったけど、新たな場所で、謎のスペース「複合文化空間＋カフェ〝Ryun〟」がオープンし、「ヴィーガンスタジオ〝なゆたの台所〟」もスタートし、大変なことになってるという。やはりこの人たち、すでに釜山ローカル社会に根づいちゃってるので、なにがどう転んでも新しい場所を作り出して生き残る気配しかない。1カ所のスペースを維持する努力も大事だけど、脈々と生き残る術を繰り広げる釜山のやつらから学ぶところはでかい!!

我们家（ウオーメンジア）（武漢）（解散→残党が「复印」NEWを開設）＝工業都市にそびえ立つパンクな実験所

とんでもないやつらの自立スペースっていうのはどこにでもあるので、もちろん中国にもある。そう、中国は武漢という街にあるのが「青年自治実験室・我们家」。「我们家」ってのは中国語で「私たちの家」という意味で、この名前だけ聞いたらやたら爽やかで、真面目な青少年が勉強してそうなイメージだけど、行ってみるとちょっと

復印（武漢）2023年撮影

WUHAN　PRISON（武漢）　2023年撮影

永發茶餐庁（香港）　2022年撮影

いずれも **NEW**
巻末リスト参照

雰囲気が違う、いや、だいぶ違う。まず、武漢という街がまたすごい雰囲気で、中国の中部の大都市なんだけど、有数の工業都市で、巨大な北九州みたいな感じ。ここは2009年に初めて行ったんだけど、この時すでに中国もすごく発展してきてて、北京なんかはもうやたら近代化してて、町もきれいだし全然面白くなかったけど、電車に乗って武漢駅で降りた瞬間に、ドロボーが100人ぐらいたむろしてて、盗んだスマートフォンとか売りつけてきて、ものすごくすさんだ感じ。で、タクシー乗れとかホテルは決まってるかとか、みんな話しかけてくるし、いや〜、武漢の治安の悪そうな雰囲気いいね。そしてこの我们家、その武漢の街のはずれにあって、行ってみるとパンクバンドのやつらがたくさんいる。顔にタトゥー入ってたり、怖い服着てたり、歯がなかったり、やたら大男だったり、大変なことになっていて、「青年自治実験室・私たちの家」っていうイメージとはとりあえずかけ離れたところだ。ま、でもよく考えたらその言葉の通りだね。それにパンクの人たちというのは、自分たちのことは自分たちの手でやるというDIY精神を持っているので、自分で何かをやろうとしてるという仲間意識があれば、ビックリするぐらい優しい。ちなみにこのスペース、別に音楽系の人たちだけの場所ではなく、普通の大学生や若者も遊びに来るし、いろいろ面白い人が集まる場所だ。

この場所、2009年に行った時、できたばっかりの状態で、いろいろと改造したりしていて、なんだか楽しそうだった。ここも釜山のAGITのような感じで、宿泊スペースもあるし、**音楽の練習スタジオ**もあるし、**小さいイベントならできる部屋**もある。庭も結構広くて、夜は**焚き火してバーベキューや飲み会**もできる。なんと、庭には野外ステージのような台まであった。おお、すごい、野外イベントまでやってしまうのか！　と、思って聞いてみると、それを試みて外でライブとかやってみたところ、「うるさすぎる！」と、近所の人に大目玉を食ったとのことで「ここで野外ライブは無理だ」だって。惜しい！

ここができるキッカケはやはり音楽。仲間のあるメンバーが、バンドでヨーロッパツアーに出たところ、向こうには空きビルを占拠して作ったような、スクワットと呼ばれる自分たちのスペースが至る所にあり、そこで泊まったり遊んだりでき、すごく羨ましいと感じ、武漢に帰ってから作ったとのこと。ただ、いろいろと厳しい中国で、ヨーロッパみたいに空きビルを占拠して、反政府の拠点みたいな謎のアジトなんか作れるわけもないので、普通に物件を借りてみんなが自分たちのやりたいことができる場所を作ったという。

※後に主要メンバーが武漢から引っ越したりいろいろあって解散したが、すぐに残党たちが近所に同じような新スペース「復印」をオープン。詳細は巻末リスト参照。

ピカスペース（大阪・新世界）＝現代の奇祭「セルフ祭」が発端

海外の事ばかり紹介してると、「なんだなんだ、そんなに海外は偉いのかよ、こんちきしょー」と思うかもしれないけど、大丈夫大丈夫、日本にもとんでもない大バカ集結スポットはある。日本で一番マヌケな雰囲気が漂う街、大阪は新世界に突如出現したピカスペースもやばい！　ここは通天閣のすぐそばという好立地にもかかわらず異常に寂れてゴーストタウン化してるような商店街「新世界市場」にある謎の店。

大阪の完全にぶっ飛んだアーティストやミュージシャンなどが集まって、商店街を使って開催されるイベント「**セルフ祭**」が事の発端。その奇祭が行われる場所が新世界市場で、なんだかんだと商店街と奇人たちが仲良くなってしまった。で、そこはまたマヌケ感世界一の大阪人たち。「いろいろ手伝いますよ〜！」と、商店街のドブさらいから看板やアーケードの修理までいろいろやりまくってると、商店街のオッサンやおばちゃんたちも「あんたら、なかなかいいねえ」などと気に入られ始め、ついには「じゃ、この空き店舗しばらく使っていいよ」などと、ほとんどタダ同然で店舗物件を入手！　すげ〜、さすが大阪のノリだ！　でも、日本はこういう感じよくあるパターンだね。なんだかお互い情に弱いというか、仲良くなったり見込んだりしたやつには、勢いでやたらと提供しちゃう感じ。どんどん近代化して何でもかんでも合理的になっていくけど、こういうムダにキップのいいところを見せたがる文化は残って欲しいところだね～。

さて、大阪マヌケ奇人たちのパワーはやばい。とりあえず、みんなが遊びに来られるように飲み屋にしようということになり、いざ店を開けるとなったらみんなで寄ってたかって店を作り始める。しかも、強力に大バカなアーティストたちもたくさんいるので、店内の内装もとんでもないことになってきて、**全面ショッキングピンクに鏡餅の柄が無数に並んでる**という、いきなりおかしくなりそうな壁面がベース。それに、ひたすら謎の装飾が施され、もう一体どこにいるんだかわからないような四次元空間のような世界に!!!　しかも名前が「**イマジネーション　ピカスペース**」。なんだそりゃ！　まさにこの謎の空間にぴったりの意味不明な名前！……と、思ったら実はその名前、朽ち果てていた昔の店舗名をそのまま使用してるとのこと。確かに店の前には古びた看板も残っていた。ヤバイ！　恐るべし大阪人のセンス!!!

そして完成後はいろんなイベントをやったりしつつ、人が集まるバカセンターの重要な役割を果たしていく。ただ、ちゃんと営業が始まるとさすがに家賃は少しは発生してるけど、まだまだ格安だという。いやー、すごい。何だか日本（大阪？）独特の人間関係やノリを**全部駆使**してやってのけてしまいとんでもない空間を切り拓いたピカスペース。「窮屈な日本じゃ何もできないよ」と悲観的になってるキミ！　大丈夫、日本にしかできないやり方だってある!!

北朝鮮とウラジオストク（未遭遇）

勝手なやつらの謎のＤＩＹスペースは本当にどこにでもある。「こんな所にはないでしょ」と思うところにもケロっとした感じであったりする。と、いうことで日本の近くのマヌケスペースとコンタクトを取りまくってる昨今、どうしても、ロシアの極東の最果ての地ウラジオストクと北朝鮮が気になってしょうがない。

まず、**ウラジオストク**はロシアなのですごく遠いイメージがあるけど、実は日本からもすごく近い。世界地図を見ればわかる通り、北海道や東北北陸あたりから日本海を挟んだお向かいさんだ。しかも、街の規模は60万都市で、鹿児島市ぐらいの規模と、まあまあ侮れないぐらいの大きい街だ。それに、ロシアの中心は西の方なので、首都のモスクワからしたら辺境の地もいいところで、相手にもされてないし、そもそも昼と夜も逆。で、立地は完全に東アジア圏なので近くには東京、ソウル、北京など大都市がたくさんあって盛り上がってるけど、その辺とはあまり縁がない。テレビを見ても、世界の超有名なミュージシャンや映画スターが東京やソウル、北京などに訪れても、ウラジオストクには絶対来ない。ウラジオストクのやつらはもうイジケるしかなく、「チキショー、俺たち誰からも相手にされてねえ！」と、ウォッカを飲みまくってるに違いない。インディーズ文化だって、交流が生まれればいろいろお互い面白いことになるに違いない！　う～ん、これは仲良くするしかない!!!!

で、ウラジオストクにも何かマヌケな文化圏があるんじゃないかとちょっと調べてみたけど、なかなか見つからない。ウラジオストクに仕事や留学で行ったことのある人に聞きまくったり、北海道や北陸の人たちにウラジオ地下カルチャーと交流がないか聞いてみたりしたけど、なかなかいい手がかりなし。ネットで調べてもうまく見つからない。で、しょうがないから少し幅を広げて、ウラジオストクの社会運動やインディーズ音楽シーンなどもネットで調べてみると……、あったあった。アナーキストみたいな人たちが音楽イベントとかデモとか、やってるみたい。おー、すげ～。なにかマヌケスポットの手がかりでも見つかるかも！　で、Google翻訳を駆使しまくって調べてみると、「極右勢力が襲撃してきて○人殺されました。のちに仕返しに反撃して○人殺しました」みたいなことが！　ギャー、これは本気の戦いだ！　もうちょっとマヌケなバカ軍団とかアホショップとかないの？　いや、でも反体制のやつらがいるってことは、奴隷みたいな生活をしていない生き生きとしたマヌケが絶対にいるはずだ！　よし、引き続き調査だ！

そして、エクストリームスペシャル国家の**北朝鮮**。本来、文化的地理的にはすごく近いはずなのに、完全に未知すぎる。言わずと知れた超管理社会で、超圧力社会、はたから見てると自由などひとかけらもなく、全員が全てを我慢して働いたりしてる印象。ただ、北朝鮮政府は国を支配して管理するために自国民を海外から遮断してる感じ。で、日本を含む西側諸国は北朝鮮を孤立させるために、ひたすら北朝鮮の悪い情報を流しまくって印象操作してる。この**二重のフィルター**を通したらわかるわけない！ しかし、経験上、どんな世界にも大バカなやつらやマヌケ文化圏はある。どんな形かはわからないけど、お上の隙をうまくついてマヌケなことをやっているまだ見ぬ仲間が絶対にいるはずだ！ 会ってみたい！ そうそう、冷戦時代の東ドイツでも西側の文化は禁止で、例えば音楽でもインディーズのロックシーンなどはないと思われたけど、ベルリンの壁が崩壊した瞬間に実は東ドイツの地下音楽シーンなどがたくさんあって、ビルの地下室などでこっそりやってたバンドやイベントなど、いろんなことが突如明らかになって、西のやつらはみんなビックリしたという。それに、いまや欧米の文化が入ってくるのが新しくて面白いなんて発想は、前近代的でカッコ悪い。そう、**実は進んでる文化なんてない**。実は**北朝鮮にこそ完全オリジナルな独自のマヌケDIY文化が育ってるかもしれない!!** いまはまだ接触のしようがないけど、北朝鮮でも国家とはまるで関係ないところで民衆の独自なマヌケインディーズ文化が脈々と作られていると信じて、「なんだ！　おまえらそんな面白いことやってたのか!!!!　それはヤバい！」と、お互い気づく日を待ちたい。

とりあえず、**ウラジオストクと北朝鮮のマヌケ文化情報、だれか何か知ってたら教えてくれ〜!!**

※この本の単行本発売直前、突如ウラジオストク地下文化に精通する謎の人物からコンタクトがあり、いろいろ情報を得る。「今度ウラジオストク行きましょう」ってことになったので、これは行かざるをえない！

POGOTOWN（沖縄）＝沖縄最強スポット

以前、人伝てで沖縄に「チャンネルシックス」と名乗る、とんでもない集団がいると知り、よくよく聞いてみるとこれがまた本当にとんでもない。元々は沖縄のコザ（沖縄市）でバンドなどをやっていた音楽仲間から始まったとのことだけど、だんだんそれが広がって、いろんなことをやり始めた。２００９年頃に初めて会った時は「いや〜、音楽は最近適当で、いろんなことやってます」という。で、本当にとんでもなく大バカな写真集を作ってみたり、BAR SIXという飲み屋を開いて謎のたまり場を作ってみたり、いろいろやっていた。ちなみに初対面の時は、その中心人物の一人のユウくんという人が長野で行われたイベントに来ており、そこで会ったんだけど、何も考えずに片道切符できており、完全に一文無しになって帰れなくなった（バカすぎる!!!!)。で、その後ギリギリ東京まではたどり着いたので、しばらくうちのリサイクルショップでバイトをして、それで沖縄行きの飛行機代を手に入れ、無事沖縄まで帰り着いた。うーん、これはまたヤバイやつが現れた!

で、その後も沖縄ではいろいろとイベントを開催したり、界隈の仲間が店を開いたり、謎の勢力を拡大していたみたいだけど、ある時ついにユウくんたちが「いやー、全部やりたいんですよね~」みたいな意味のわからないことを言い出して、家やらたまり場やら店やらをセットにしたような強力なPOGOTOWN(ポゴタウン)という空間を作ってしまった。その名前から察すると、やはり謎の街を作ろうとしているに違いない。そして、このPOGOTOWNの中に入っている「ムズイズム」という雑貨屋さんをやるマリコちゃんという人がこれまた大物で、各地のいろんな店などと繋がっていて各地の商品がやって来るし、この店のおかげもあって人の行き来も活発な感じ。そして、このコザ一帯は商店街が寂れかけているので空き物件がたくさんあり、すでに仲間の店が5~6店あり、だんだんいい感じになってきたという。うーん、これヤバイ!

高円寺の素人の乱もそうだし、台北や香港、AGITなき後の釜山の人たちもそうだけど、街にたくさん店を出して、一つのコミュニティーを作ろうとしているのは、どこも同じだ！　別に何か考えがあったり、話を合わせたわけでもないのに、なんだか知らないけど**「独自の街を作る」**というところに行きつくところが面白い。しかも、国境を越えてどこでもそんなことをやってる。でも、欧米とかで商店街とかあまり聞かないな。アジア圏の独特な感じ？　ま、いいや。とにかく**居心地のいい町を作る**というのが最近のマヌケ文化圏の主流なのかもしれない。これは面白い！

※現在は、POGOTOWNとは別にNEO POGOTOWNというさらに巨大なスペースを近くに作るなど、飛ぶ鳥を落とす勢い（巻末リスト参照）！　さらに地理的なこともあって台湾のDIY大バカシーンとの繋がりが密接になっている。

さて、おまけにもうひとつ。この界隈の人たちが始めたＤＩＹフェスの**「ODD-LAND」**というのがものすごい！　基本的に野外音楽イベントで、**全て自前でやる一大イベント**。こういうイベントってたいてい大きいスポンサーがついてたりするけど、基本的に全部自分たちでやっている。しかも入場無料。う〜ん、そんなめちゃくちゃな話があるのか！　２０１５年に第1回目を開催して、16年に第2回目。この2回目の時は、台湾の「半路咖啡」界隈のバンド連中が大量に遊びに来るということもあり、自分もこうなったら行くしかないと遊びに行ってきたんだけど、これがまたすごい。大きいと言っても、広いグラウンドあたりでやるのかと思ったが、そんなレベルじゃなくて、巨大な公園の大部分を使ってやるぐらい超でかくて、その会場の中に6カ所もステージがある。お客さんも何千人かは来てそうだし、会場の装飾もすごく手が込んでる。そしてものすごいのが、出演者もみんな自腹同然で来てる上に、お客さんや出演者、出店者などが一緒になってステージ設営から後片付けまで、自分たちでやっている。たぶん、これ超大変な労力をかけてやってると思うけど、なんとかギリギリ成り立ってるという。お金の方も、入場は無料だけどお酒やグッズの売り上げ、出店料などで、なんとかなってるとのこと。うーん、すごい。こんな巨大なDIYイベントって他にあるんだろうか……。また、地域活性化ということもあるので、市役所とかも結構理解があって協力的で、いろいろと手伝ってくれたり便宜を図ってくれたりするらしい。これを、コザの謎のショップ群のやつらが中心となって準備から全部やっている。参りました、沖縄ヤバイ!!!!

大パニック都市・香港内のマヌケ社区

これまでも何度か香港の話に触れてきたと思うけど、意外と香港はすごく面白いことをやってるので、もう少し紹介してみよう。前にも言ったが、香港は超窮屈社会。じゃあ香港人は死ぬしかないのかというとそんなことはない。安心してくれ。

まず、重要スポットのひとつが、「活化廳（ウーファーテン）」（閉鎖）というアートスペース。ここは地域活性化&アートという感じでやっており、若者のアート作品だけじゃなく、昔ながらの香港の街並みを守るために地元の古い職人さんの作ったものを展示したりもする場所。近所の老人も暇つぶしに立ち寄ったりするようなマヌケ感もあって、すごくいい所だった。場所も前に紹介した徳昌里の至近距離で、香港の旧市街地の繁華街「油麻地（ヤウマーテイ）」という所。東京で言えば上野みたいな所かな？　しかし！　香港市から助成金をもらって運営されていたんだけど、自由なことをやり過ぎたこともあり、2015年の秋についに香港市から「そろそろ勘弁してくれ」と言われ、まんまと閉鎖。いや、残念！

ただ、この界隈の人たちの謎のパワーがやばい。気づいたら、徳昌里が、この活化廳のすぐそばにできてるし、またほぼ同じ頃、その徳昌里から徒歩5秒ぐらいのところに日替わりで店長をやっている食堂の「蘇波榮　So Boring」ができて、みんなそこに集まるようになっていた！　あ、このSo Boringも面白いところ。香港の家賃はクソ高いのでめちゃくちゃ狭く、店内はだいたい5坪ぐらいで、半分ぐらいが厨房で占められている。なので、店内に入れるお客さんは2~3人がせいぜい。ただ、その店の軒先が偶然にも広い歩道で、店内の10倍ぐらいのスペースを使ってテーブルとか勝手に並べまくって営業してる（雨天時は営業不能）。そのせいもあって、香港のど真ん中の立地なのになんだか自由な感じがする。ちなみに、このクソ狭い店、月の家賃は日本円にしてなんと約18万円!!!! うーん、日本の倍どころじゃないね。

さらに、油断していたらまたその So Boring から歩いて1分ぐらいのところに、**「碧街18號」**(閉店)という新スペースが誕生していた!!! おい、どうなってるんだ!? すごいすごい! ここは建物の1階2階部分を使った場所で、1階がいろいろな作業スペースやみんなが集まる溜まり場みたいな感じで、2階がゲストハウス。坪面積でだいたい40坪ぐらいかな? ただ、このスペースも超いい所だったんだけど、さすがの高家賃には勝てなくて、2〜3年ほど運営したものの2016年の春に滅亡。あ、気になるお家賃はなんと! 約60万円!!!!! 高い! ちなみに、家賃60万円で、ベッド数5床という絶対にもうからない運営が最高だった。

しかし、七転び八起きとはまさにこのこと。香港のやつらは全くめげることがない。これまではお金に余裕のある仲間が出資したり、カンパを集めたりしてなんとかやってきたけど、これは大変だってことで、次の作戦に出た! そう、前に書いた**香港のマヌケ屋台**だ。今はマイケルというこれまたいい雰囲気を持った兄ちゃんがのんびり屋台をやってるわけだが、行き場を失った活化廳界隈の人とかも続々と更なる屋台を作る計画を進めているという。ちなみにこの屋台も徳昌里や So Boring などの場所から徒歩2〜3分の距離。もう、完全に**独自の社区**(**中国語でコミュニティー+地区みたいな意味**)を作ろうとしている。一応誤解ないように言っとくけど、このいろんな店とか出してる人たち、別に一つのグループでもなんでもない。もちろんみんな知り合いだったり仲間だったりするけど、それぞれのスペースが全部独立して勝手にやってる。場所によってセンスやノリも若干違う。そんな人たちが、この高層ビルと過密人口でゴチャゴチャな巨大都市の隙間でうまく自分たちのエリアを作って、みんな行ったり来たりして、意外とみんなやりたいことを勝手にやってる。いろいろ大変なことも多いだろうけど、なんとかやりくりしてる感じが、香港人のレベルの高さを感じて、もう参りましたって感じ！　香港の人たちと話すと、「日本は家賃も安いし、高いビルもなくて空が見えるし、言論の自由もあるし、羨ましい」だって。ええっ⁉　いろいろと窮屈な日本社会も自由に見えるとは！　香港のみんなも大変なんだな〜。

まあ、とにかく、この油麻地マヌケ社区に限らず他にも香港で勝手なことやってるスペースもたくさんあるし、香港のやつらからは学ぶところが多い。家賃が超高くて一つ一つの場所を作るのが大変でも、一つのエリアにたくさん出店したら、釜山のマヌケ社区同様、自然と近所の人たちとも知り合いになったり仲良くなったりするし、その一帯自体が自分たちの場所のような感じになってくる。う〜ん、人間の都市サバイバル力って実はすごいね〜。

ちょっとおまけ。海外を羨ましいという日本人もよくいるし、他の国のやつらも同じように他所がいいと言ってる。どこの国の人も他所がよく見えて、自分の所の良さや利点はうっかり見落としがちだ。この本で紹介してるような、謎のバカスペースを作るときに最重要ポイントのひとつ家賃システムは、実は日本は少しだけいい所がある。香港、韓国、台湾などなど近隣地域を見ていると、勝手にどんどん家賃を値上げされたり、開発で強制退去させられたりしてすごく苦労してる。しかし、日本には**伝家の宝刀「借地借家法」**という法律があって、借り手がすごく保護されている。例えば、大家さんは一度貸した物件の家賃は正当な理由がない限り値上げはできないし、勝手な建て替えもできないことになっている。海外と比べても、法律上やたら借主の権利が保障されている。こういう点は大いに活用して、うまく場所を維持してもらいたい。香港人はじめ各地の人たちに、「その法律は羨ましい。絶対守ったほうがいいよ、それ」と、すごく言われる。ただ、最近はその借地借家法が若干悪くなっていて、**「定期借家契約」**という期間限定貸しみたいな契約方法が出てきたので、それは**注意しよう**。これで契約してしまうと、海外同様、大家さんの気分次第で家賃を値上げされたり追い出されたりすることもある。

まあともかく、各地のいいところはどんどん真似したり、教えあったりしながらいろいろと我々マヌケな貧乏人も都市を生き抜いていきたい。

※さすがの香港も、2019年のデモ後の鎮圧や、それに続くコロナ禍で、自由度は一挙

に低下。この屋台計画もうまく行かず、いくつかのスペースも閉店するなど、香港人たちいわく「地下文化は冬の時代だよ！」とのこと。ただ、そうは言いつつも、今もうまく隙をついていろんなゲリライベントや場所を維持し続けてる暗躍感がすごく頼もしい。さすが香港！

台南・日本大使館（台南）＝究極の場所を発見

いろんなとんでもない場所を紹介してきたけど、最後にもう一つ謎の場所、台湾南部の街、台南にある「日本大使館」を紹介してみよう。ここは前にも紹介した能盛興工廠という工場を改造したゲストハウスとも繋がりがあるところ。で、同じく台南の阿庚（アークン）という謎の元芸術家の話もしたと思うけど、こんな謎の人たちがウロウロする台南だから、何がどうなるかわからない。すでに土壌がやばいね～。

さて、台南の人たちとも自分は仲がよく、ちょうど2013年頃、わりと頻繁に遊びに行っていて、行く度にすごくお世話になる。毎回毎回泊まるところはもちろん、ご馳走を用意してくれたり、歓迎の飲み会を開いてくれたり、いろんなところに遊びに連れて行ってくれたり、本当に感謝しかない感じ。で、台南だけでなく、これまた仲よかった台北界隈の人たちにもいつも世話になっていたので、これはちょっと日本でももてなさないとなー、と思い、台南で飲んでる時に「よし、いつもお世話になってるから、高円寺に『台湾大使館』を作るよ！　みんなが遊びに来た時はいつでも使っていいよ！」と言ったら、台南のみんなも大喜び！　ちょうどその頃、高円寺でオープンの準備をしていたゲストハウスの一角に空いてるプレハブの小屋があったので、ここを台湾大使館に決定。日本と台湾は国交がないので、この世に台湾大使館というものは存在していない。よし、決まり決まり！　ということで、ただの空き部屋なのでなんの準備もいらない。台湾の友達が来たら泊めてあげたり、飲み会をやったり、もちろん台湾の人以外も歓迎でいろんな海外からの来客をもてなす場所としてオープン！

　で、その写真を台南の人たちに送ったら、台南のやつら「あいつら、こんな短期間で本当に大使館を作った！」と、これまた大喜び。こっちは空き部屋を台湾大使館と名づけただけだからそんなにすごい苦労をしたわけじゃないんだけど、なんだかすごい反応。そこで、台南の人たちも「これはこっちも何かしないと」と、お礼に日本大使館を台湾に作ると宣言。おお、すごい、楽しみ！　その時から阿庚は各地に日本大使館を作るための1カ月間の**台湾一周の行脚の旅**に出る。なんと、そこまでするのか！

　そして1カ月後、「台湾に13カ所日本大使館を作ったから、いつでも遊びに来い。そこは全部お前らのものだ」という。聞けば台湾中に大使館を作ってきたとのこと。

ギャー、なんだそれ!!!　その行動力とネットワークは何なんだ!!!　ヨーロッパでは法の隙をついたり実力行使したりしてスクワットしてみたり、香港では目玉が飛び出るぐらいのバカ高い家賃と戦いながらスペースを築き、大阪ではドブさらいからアーケードの修理までやってマヌケな笑顔とともに場所を獲得、韓国でも常に開発と追い出しのいたちごっこで一進一退の攻防戦、中国も政府に睨まれないようにうまく場所を作ってる。もちろん高円寺だって、余裕のない日本社会の中、いろいろ苦労しながら場所を維持している。それを台湾では1カ月オッサンが歩き回って13カ所って、いったいどういうことだ!?　参りました!!　物件とか家賃とかどうなってるの?　各地に仲間とかスタッフがいるのか?　そんな一気に13カ所っていったいどうやって運営するつもり??　う〜ん、謎は深まる一方。

　それから、1〜2年間、台湾には遊びに行くことは多かったんだけど、台北のやつらの所とか、台南のその能盛興工廠とかには行くものの、うまくタイミングが合わずその日本大使館は行く機会がなかった。時々「そういえば、日本大使館はどう?」と聞くと、「おー、もちろん13カ所あるよ〜。時間ある時に、いつでも行こう!」と言う。うーん、全然健在らしい。しかしその情報は日本には入ってこない。早く行ってみたい!!!!!　と、そんなある時、台南を訪れて阿庚に会うと、「そうだ、その13カ所のひとつ、台南の日本大使館に連れて行ってやる」と言い出す。やった!　ついに!!

「とりあえず車に乗れ」と阿庚師匠のポンコツカーに乗せられ、そのまま車でどんどん郊外の方へ。う〜ん、意外と外れの方にあるんだな〜、大使館。さらにしばらく郊外へ向かって走り、いよいよ何もなくなってきた辺りで「おっ、この辺だ！」と、車を止める阿庚。本当に外れで民家がポツリポツリとあるぐらいで、あとは廃屋とか林になってる感じ。何もないところだな〜。

「あっちの方向だ！」と、案内してくれるが、どんどん林の中に分け入っていく。この時、台南の連中も一緒だったので、十数人でぞろぞろと進む。日本からも江上くんというアジア圏のこういう自力で作ったようなスペースを訪問しまくって写真を撮り研究したりしてる友達も一緒に行ったので、彼も不思議そうに一緒に後をついて林を分け入って行った。そして、ジャングルのようなところを通り、茂みを抜けてちょっと広くなってるところに出たら「よーし着いた」だって。なんだって？　どこ？　何もないよ⁇

ところが、みんな着いた着いたと満足そうで、その辺に落ちてる丸太を集めてきて円を描くように並べ、みんなで輪になって座る。そして火をおこす。タバコを吸い始め酒も回ってくる。で、「ここが日本大使館だよ」だって。おい‼‼　ここか‼　ヤバイ！　これはすごい‼‼　もうここ、誰の土地だかもわからないし、とりあえずおもむろに集まってしまえば、もうそこは立派なスペースの完成。ひゃ〜、参りました！

と、そんなとき「これはすごい！」と完全に恐れ入る江上くんが一言名言「いや〜、日本も『オルタナティブ』とか言っていろいろやってる人もいるけど、結局はどうやってカッコよく資本主義から降りるかの競争ばっかりで、もうそんなの意味ないですよね。この大使館、一番ヤバイですよ」だって。う〜ん、図星すぎる。と、そんな時、誰かが「いいものが手に入ったよ」と、両手にバナナを抱えて持ってくる。そして太鼓を叩き始めるやつもいる。これはすごい！　なるほど、13カ所も場所を作ったというから何事かと思ってたけど、こんなのもありなのか!!　後から聞けば、他の場所もいろいろで、ちゃんとした所もあるみたいだけど、それ以外にも知り合いのスペースの一角を勝手に日本大使館と命名したり、友達の店に「日本の仲間が来たら面倒みてやってくれ」→「いいよ」→「じゃ、ここ日本大使館ね」とか、そういうイカサマみたいなところがたくさんあるっぽい。以前、友達が台湾に行くというので、その大使館一覧表を渡したことがある。その友達、適当に行ってみたところ、いきなりすごく大歓待されたらしい！　おお、やっぱり人が集まればそこはすでに「場所」。日本大使館、立派に機能している!!　しかし、「場所を作る」という概念がすごく軽い人達だから、実際に行ってみるとびっくりする場所だらけなんだと思う。これは楽しみだ！

これまでいろいろ物件を手に入れたりする方法とか考えてきたけど、よくよく考えてみたら、人が集まって**「ここがうちらの場所だ」と言った瞬間にそこは自分たちの自由な場所になる**。う〜ん、こんな簡単なことだったのか！　しかし、数々の邪魔が入るから、いろんな手を使って自分たちの場所を手にしてきた。騒音が響かないように音が漏れないところが必要だし、寒いから部屋が必要だし、雨が邪魔だから屋根もいるし、ドロボーがいるからドアと鍵もいる。そのために家賃が発生していろいろと大変なことが芋づる式に出てくる。もちろん、この日本大使館のような場所を都市部にいきなり作るのはほとんど不可能。これまでいろいろ練ってきたようないろんな作戦を使わないといけない。しかし、忘れてはいけないのは、この大使館のように人や仲間がわらわらと集まって「おお、ここだここだ！」というのが原点中の原点。そう、いくらカッコよかったりオシャレだったり、広かったり無料だったりしても、その中身がなかったらそんなスペースはすぐに潰れてしまう。というか、初めからなかったのと同じようなもんだ。逆に言えば、**仲間（あるいは1人でも）とやりたいことが定まってたらほぼ成功したようなもんだ**。その中身と物件が合わなければいくらでも場所をどんどん移せばいいだけ。

なんだ、簡単じゃねえか！

第4章

謎の場所を渡り歩き、世界の大バカが繫がり始める!!

台南のジャングルの中の日本大使館

至る所に最高に面白いスペースがたくさんあって、その辺をウロウロしてると次々と新しいところにたどり着く。バカセンターって、もうすでに無限にあるんじゃないの？

しかし、これだけたくさんあっても意外と繫がってないところばっかりで、自分自身、各地に行った時、いつも新しい場所を紹介される。で、実際に行ってみるとすごく刺激も受けるし、新しいアイデアもたくさん浮かぶし、何より最高にマヌケな新しい友達にも出会う。ということで、やっぱり未知との遭遇はバカセンターにとっても超重要なこと。最高に面白い場所があっても、そのまま人知れず終わっていってはもったいない！　国内国外を問わず、いろんなところが混じり合ったり、時には共同企画が行われたりしていけば、いよいよ各地がパワーアップしまくって、ものすごいことが始まっていく予感!!!

この章ではバカセンターごちゃまぜ作戦！　人と人、場所と場所がいよいよ混じってきたら、世界はとんでもなく面白いことになるに違いない!!!!!

各地のマヌケ人脈を混ぜてみよう

未知との遭遇作戦‼

世界店番交代作戦

できるだけバカバカしい手段で金を集め、どんどん謎のスペースを開き、次々と他のスペースとの交流を深めまくる。こんな流れはすでに国境をも越えた各地に広がっていて、いよいよ多くのことが始まりそうな予感が半端ない。ついに大バカなやつらによるマヌケ革命は近いのか⁉

しかし！　そう、いいことばかりでもない。少しは難点もある。まあ、自営業になると経営が傾いてきて死にそうになっても誰も助けてくれないので、そのスペースの運営状況を常に気にする必要はある。ただ、これは自営業全般に言えることなので、もうしょうがない。そして、もうひとつ。これが重要なんだが、スペースを運営すると、その場所から離れられなくなること。規模を大きくやってる場合は、一緒に運営しているメンバーと調整してウロウロ遊び歩くこともできるかもしれない。ただ、こういうバカセンターを作る時は、たいてい小規模でやることが多いと思うので、だいたい人は少なく、本当にそこから離れられなくなる。クソみたいな世の中はほっといて、世界のマヌケたちと共に独自の大バカ文化圏を作って行こうとしてるのに、他の面白そうな場所には遊びに行けない。これはバカセンターを作った人みんなが抱える悩みなのだ。

そこで!!! それをなんとかするための**起死回生の作戦**を練ってみよう！ まずは必殺技、店番交代作戦だ!!!

せっかく似たような感じでスペースを運営してるなら、気があった人の場所同士で人が入れ替わったりできないものだろうか。今、東京の高円寺でやっているのは、リサイクルショップやゲストハウス、ＢＡＲなど。これを例えば大阪の友達のスペースと交換するとする。これたらすごく楽だけど、わりと簡単に覚えられる作業なら他業種でも問題ない。うちのリサイクルショップも、荷物の運搬補助などは急遽友達に手伝ってもらうこともあるし、意外とそういう仕事は多い。それに、初対面だったとしても、全く知らない人より、遠くの町でも聞いたことある親近感のある場所から来た人の方が手伝ってもらう時に楽だ。

ということで、**店番交代作戦**。例えば、東京の誰かが大阪に1カ月ほど滞在したいとして、大阪の友達に「誰か1カ月ぐらい東京に来たい人いない？」と聞きまくってみる。すると、結構な確率で「行きたい！」という人が出てくるはずなので、交代する。これがうまくいくと、出かけた人も普通に間を空けずに仕事があるので収入も多少はある。泊まるところも問題だけど、お互いそこそこ信頼関係ができていれば、家を交換してもいい。日本ではちょっと珍しいかもしれないけど、海外などではしばらく家を留守にする時に滞在する人を探して住んでもらうってのはよくある話だ。あるいは、その辺に集まる界隈の人の所に泊めてもらったり、店や関連スペースの一部に滞在させてもらったりしてもいい。まあ、せっかくバカセンターを運営してるんだから、そういう仲間1人2人の宿泊先ぐらいは面倒見られるぐらいの懐の広さは見せたいところだ。

これがうまくいくと、移動の交通費だけなんとかすれば別の町でこれまで通りに生活ができるので、負担も少ない。1カ月分の生活費と家賃を作って旅に出るのとはわけが違い、気軽に移動ができてしまう。そのうえ、そのスペースにとっても外部から新しい人がやって来てしばらくウロチョロし始めるので、活気も出ていい。

さらに、もっと調子に乗って店ごと交代するっていう手もある。カフェやBAR、食堂なんかだったら、スタッフまるごと交代して、店名もその期間だけ交代しても面白い。ただ、たまに「うちの厨房には、指一本触れさせねえ！」っていう江戸っ子気質の店主もいると思うし、雑貨屋など物販店だったら商品の移動が超大変で難しいかもしれないなどいろいろあるから、その辺は適当に調整してやってみてほしい。

さて、店番の交代などを通して、いろいろとマヌケなコミュニティーが拡大してきたら求人情報を出してみよう。専用のサイトを作っても便利かもしれない。そこで、各地のバカなスペースの受け入れ可能人員を出しておいたり、交代の呼びかけをしたりする。例えば**「福岡行き1カ月希望。当方大阪」**などと出しておく。うまく福岡人が見つかれば大阪の人と交代すればいいし、ちょうど同じタイミングで大阪に行きたい東京人と東京に行きたい福岡人を見つけたら、大阪、福岡、東京で、三角形での移動がうまくいく。あるいは、「自分、どこでも行きますよ。初めてのところで生活するの好きなんで」なんていう風来坊気質の人はどこにでもいるので、そういうタイプの人に「すまん、ウラジオストクで欠員が出たから、3カ月ほど行ってくれ！」などと、お願いするっていう手もある。特に、国境まで越え始めたらいよいよ面白いことになってくるに違いない!!　さあ、みんなで店番交代だ!!

世界のマヌケ窓作戦（昭和のラーメン屋作戦）

店番交代作戦で気軽に移動しまくれることになったら本当に楽しそうだが、「ちょっと待て、そんな気軽に知らないところに行けないよ」という人もいるかもしれない。うーん、確かに、全く人見知りせずに、新しい環境でどんどんやっちゃう性格の人にはいいけど、なかなかみんながそんなわけにはいかない。別の仕事もやってて動けない人だっている。それにムリに移動して新しい場所での生活や人間関係に慣れるためにストレスを溜めちゃうんじゃ、何のためのバカセンターだかわかったもんじゃない。というわけで、**移動する前に、自分の街にいながら他の街の人と仲良くなる作戦**をひとつ考えてみよう。

まず、カフェやBARなど、リラックスして会話ができるような場所を仲間うちで持っていればそこを使うのがベスト。事務所や仲間の溜まり場など閉じた空間ではなく、誰が入ってきてもいいオープンな場所がいい。ここに**1m四方以上の巨大なモニター**をつけて、他地域のマヌケスペースとビデオ通話を繋いでおく。これだけならありきたりだが、ここからがポイント。まず気をつけたいのがモニターの場所で、仰ぎ見るような壁面の上の方にモニターを設置するのではなく、ちゃんと**同じ目線にモニター**を置く。よく昭和っぽいボロ食堂やまずそうな古びたラーメン屋なんかで、狭い店内をごまかすように鏡が張り巡らせてあったりする感じ。そうそう、間違って合わせ鏡になっちゃってボロラーメン屋が四次元空間みたいになってるあれだ。普通に窓のように設置してもいいし、壁沿いに一列に並ぶテーブルの目の前にずらっとモニターを並べてもいいね。モニターはでかいほうがよく、金がかけられるなら壁全面にしてもいいぐらいだ。

そして、もう一つ重要なポイントは開店から閉店まで繋いでおくこと。可能なら24時間接続しっぱなしでもいいかもしれない。よく動画中継を使って海外の人と対話するイベントなんかあるけど、ああいう特別感が出たら意味がなくなるので、極力どうでもいい景色がひたすら垂れ流されてる感じがいい。例えば、東京のＢＡＲに設置したとして、その壁の向こうは札幌とか沖縄とか北京などのＢＡＲだったりする。これはやばい。モニターの前にテーブルを置いたら、テーブル席の向こう半分が別の地域ってこと。普通に席について友達とコーヒーや酒を飲んでいると、向こうでもどうでもいいわけのわからないやつがくつろいで飲み食いしてる。別にわざわざ話す必要もない。普通に向こうの日常があるだけ。

ただ、こういう環境が常にあれば、いろいろと面白いことが起こってくる。例えば香港のマヌケスペースと繋がった店

舗が東京にあるとする。普段飲みに行くと、マヌケ窓の向こうによく見かけるやつも出てくるし、モニター越しに偶然隣り合ったテーブルでたまたま話しかけたら友達になるかもしれない。香港人とちょっと打ち合わせがあるなんて時も「じゃ、明日の午後6時にあそこのBARで〜」って画面越しに待ち合わせすることもできる。あるいはイベントか何かで、香港店は満員でめちゃくちゃ盛り上がってるのに、自分の街の方は、しんみりと3人ぐらいで飲んでて向こうが羨ましくなったり。広東語を教えてもらったり、香港旅行で空港に行く前に立ち寄って「そっちの天気どう？　上着持って行った方がいいかな？」なんて聞いたりもできる。そのうち、毎週やってる香港店のイベントに実際に行ってみたくなったり、向こうの定番メニューをどうしても食べたくなったりして、行ってみたくなるはずだ。しまいには、お互いの店で、それぞれベロンベロンに酔っ払って盛り上がり、「おう、お前今からこっち遊びに来いよ」「OK、OK。じゃ明日いくよ」「お、言ったな。じゃあ今チケット買うしかない」って感じで、酔った勢いで意味のわからない移動が始まるかもしれない。この作戦だと、わざわざ招待されて行ったり来たりするような人の交流じゃなく、本当にその辺の人同士が仲良くなるのがいい。また、絶対バカなことが好きなやつが出てきて、東京のそのBARで待ち合わせすると見せかけて意表をついて香港の側から**「おーい、こっちこっち！」**っていう一発ネタのために香港に行ったり、開店時は香港で閉店時は東京という前人未到の快挙にチャレンジしたりできるはずだ。これがもし、釜山と福岡のような至近距離の都市だったら、本当に余裕で行くことができてしまう。うーん、楽しそうだ‼

そう、この**世界のマヌケ窓作戦**を使えば、**よく酔っ払って面白いことになるバカな酒乱、なんでもないけど妙に面白い顔をしてるやつ、着ている服がいつも変なやつ**などなど、なんでもないけど興味深い連中と知り合う可能性があるのだ。海外など各地のバカセンターをウロウロした経験上、超面白いのに貧乏すぎてその街から出られないやつ、他所に興味がないやつ、仕事が忙しすぎて出られないやつなど、無数にいる。最高に面白いやつだけど残念ながら執行猶予中で海外に出られない人などもいるかもしれない。そう、むしろ超ローカルな動かないやつらの方が面白いやつが多いと言っても過言じゃない。動きまくってる人なんて実はまだまだ少数なのだ。ネット中継のイベントのようなミニ偉人みたいな人との交流では全く見えないものがたくさんある。

こうなってくると、繋がっている店舗同士ではもう完全に親近感が湧いてしまう。メニューや内装、常連客の顔もわかるし、普段やイベント時の雰囲気もわかる。閉店後にネズミを追いかけ回しているマスターのコミカルな姿まで知ってしまう。そこまで親近感が湧けば、もう知らない場所にいく緊張感なんてあったもんじゃない。もし、さっきの店番交代作戦でよく知ってる店の募集が出ていれば、みんな一瞬で応募するはずだ。

勝手にパスポートを作ってみよう

世界万能
旅　券
UNIVERSAL
PASSPORT

さて、次は、パスポート量産計画!!!

世界を動く時にまず邪魔くさいのが国境。海外で超面白いバカなやつらを発見して行こうとしても、そのままじゃ通してくれない。そんな時にパスポートを見せた瞬間に、向こう側に行けたりする。どういうことなんだ、あれは？で、パスポートの中身をよく読んでみると「日本国民である本旅券の所持人を通路故障なく旅行させ、かつ、同人に必要な保護扶助を与えられるよう、関係の諸官に要請する」と書いてある。ま、簡単に言うと「こいつ悪いやつじゃないから面倒見てやってくれ」という書類だ。それを国の偉そうなやつら同士で文書をやりとりしてるってことだ。

よし！　そういうことなら、こっちだってできる。バカセンターに集うやつらは、国籍にかかわらず仲間同士だ。こうなったら、こっちもどんどんパスポートを発行しまくるのがいい。……ということで、実は最近すでに勝手に発行しまくってるので、これを紹介してみたい。

まず、一応言っておくけど別に偽造パスポートを作って密入国しようなんて物騒な話じゃない。そうじゃなくて、国家のお墨付きっていう立派なパスポートに対抗して、その辺のわけのわからないやつらが勝手に発行するパスポート。名付けて**「世界万能旅券」**!!

まずコンセプトとして、個人が個人に対して発行するパスポートだ。なので、パスポート冒頭の文言は日本国発行のパスポートを少し変えてこれ↓「私の友達である本旅券の所持人を通路故障なく旅行させ、かつ、同人に必要な保護扶助を与えるよう、関係諸友人達に要請する」。表紙をめくるとこの文言が書いてあり、後のページは全部白紙。そう、国からもらうパスポートと同じだ。ということで、誰が発行したかが非常に重要になってくる。例えば、自分がすごく仲良くなった友達にこの旅券を発行したとする。その時は、この文言の最後にサインをして渡す。そで、このパスポートが効果を発揮するかどう

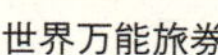

私の友達である本旅券の所持人を通路故障なく旅行させ、かつ、同人に必要な保護扶助を与えるよう、関係諸友人達に要請する。

我茲請各國朋友對持用本護照之我的朋友允予自由通行，并請必要時儘量予以協助及保護。

I request all my friends to allow the bearer, my friend, to pass freely and without hindrance and, in case of need, to afford him or her every possible aid and protection.

나의 친구인 이 여권소지인이 아무 지장 없이 통행할 수 있도록 하여 주시고 필요한 모든 편의 및 보호를 베풀어 주실 것을 친구들에게 요청합니다.

世界万能旅券

かは使う相手次第。大歓待されるかもしれないし、「だれだよ、こいつは」と、全く相手にされないかもしれない。逆に、誰かがこの世界万能旅券を持ってきたとして、そこに書かれている署名次第ではこっちの態度も変わってくる。「おお！　こいつとどこで会ったの？」とめちゃくちゃ盛り上がるかもしれないし、「うわ、こいつの知り合いか〜。これは関わったらヤバそうだ」と逃げ出す時もあるかもしれない。

勝手なビザも発行しまくれ！

さて、本題はここから。単に署名を入れた紹介状だったら名刺と同じで「俺はこいつの知り合いなんだぞ、どうだまいったか」みたいなことになって、面白くもなんともない。そう、本物もニセモノもパスポートの醍醐味は何と言ってもビザ。送り出す側からの**「面倒見てやって」というパスポートに対して、「どうぞどうぞ、遊びに来て〜」というのがビザ。**実際のパスポートに押されるビザは「3カ月の観光ならOK」とか「おまえは1年働いてもよし」ってもの。ここは我々もビザを発行して、いろいろと受け入れていきたい。

ビザの内容はなんでもいい。例えば店をやってる人だったら**「ドリンク1杯無料」**や、**「100円引き」**などなど。個人でも「ごはん一食ごちそうしてあげる」でも「3日泊めてやる」でもいい。そうそう、すごくお世話になった人には「1週間宿泊無料&5回酒おごる」みたいな豪華ビザを発行したこともある。よく遠方の人と友達になって、別れ際に「今度来たら1杯おごるよ！」なんて言われるけど、たいていはお互い忘れてしまう。覚えてても、「あの時おごるって言ったよね？」と、訪ねて行くのは、セコすぎてお互いいい感じがしない。これはもったいない。せっかく何かのキッカケで仲良くなったんだったら、ここはどんどん交流を深めていったほうが絶対にいい。こんな時に、「ビール1杯おごる」と、サラサラっと書いて即席ビザを発行してもらえば、こっちも記憶に残るし、「おー、あの時の！懐かしいね〜！」ってすぐ思い出して、話のキッカケにもなるし、気持ちよく再会できる。極端な話「スマイル無料」ビザだっていいぐらいだ。何かあるのが大事。

こうなってくると、このパスポートを持ってると気分がだいぶ違ってくる。会ったこともない外務大臣や国家機関によって発行されて、見ず知らずの外国の役人に入国を認められるより、仲良くなった友達から発行されて、また別の遠くにいる友達からのビザを持ってるほうが、気分がいいし、なんだか行きたくなってくる。

例えば、このパスポートを持ったままどんどん遠方の友達が増えていくとビザも増えてくる。そんなときに、ふと自分の世界万能パスポートをパラパラとめくってみたら、ベルリンでビール10杯無料、伊豆で温泉1回、パキスタンでカラオケ3曲、ロシアでスマイル無料……。こんなビザが続々と目に飛び込んできて、それぞれその時に出会った友達の顔を思い浮かべる。いや〜、これは、どっかに行きたくてしょうがなくなる!!

旅行に行く時、単に観光に出かけるのも楽しいけど、現地の人に会っていろいろ教えてもらうと、もっと面白いことに遭遇できる。さらにその人が現地でやってる、まだ見ぬバカセンターにたどり着けるとしたら、最高に面白い!

私設大使館でニセパスポートを大量発行

実はこのパスポート作戦、2012年に韓国・釜山（プサン）の音楽フェスにブースを出しに行った時が発祥。で、この韓国行きの直前に、韓国の李明博（イ・ミョンバク）前大統領が竹島に上陸し、かねてからこじれつつあった日韓両国の関係がさらに険悪になるという出来事があった。それで日本政府も韓国駐在の大使を引き上げるということにまで発展。

……う〜ん、くだらねえ！　こっちは日本のバンドも出たりするイベントだし交流を深めようって時に、国家同士のしょうもない揉め事で気まずい空気感持ち込みやがって〜！　で、急遽計画したのが、日本大使館作戦！　大使が引き上げるんなら、その隙にこっちが大使やってやろうじゃねえの。「日本にも面白いやつらいっぱいいるよ」と、日本のマヌケなバカシーンをどんどん紹介するのも我々の使命だ。そんなとで、釜山のビーチでもらったブースに、**「日本大使館」**と書いた巨大看板を掲げ、

「パスポート無料配布中」と韓国語で書いたボードを設置。う〜ん、これは画期的だ！　ここで、東京の友達の店に頼んでOKしてもらったビザを作成して印刷！　そして、一緒にブースを出すことになっていた福岡の友達は**「国籍不明」**というイミグレーションのスタンプを持ってきて、一夜にして日本大使館を建立‼　もちろんこれ、私設大使館。

で、フェス当日を迎えてみると、これがまた大人気！　数千人規模の大きいフェスだったこともあり、なんだなんだとどんどん集まってくる。「高円寺に来ればビール1杯無料」というビザを発給すると、みんな大喜び！　たいていの人は日本に来たことがあっても観光だけ。こんな人たちにとって、いきなり見ず知らずの外国に、歓迎してくれてコーヒーや酒を飲める場所ができるんだから、気分が良くないはずがない。さらに、パスポートを発行するタイミングでは、誰だかわからなくなったらもったいないから、それぞれの人とたくさん話をする。もう一瞬で友達になってしまう。そんな感じで、数百冊準備してきたパスポートもあっという間に品切れ！

ちなみに、当時の日韓領土問題なんて実際その辺にいる人たちの間ではほとんど関係なし。たまにその話題になっても、「ああ、うちの大統領がくだらないパフォーマンスやったんでしょ？　あんなやつ放っとけばいいよ」と韓国のやつらも超冷静。そう、**日本も韓国も政治家はバカだから、こっちで勝手に交流を深めるのがいい。**

ここで、韓国の人たちが本当に喜んでくれたので、マヌケに国境はないことを確信し、パスポート作戦を続行!! ヨーロッパやら東南アジアやら中国やら、いろんなところに行くときにどんどん発行したり、東京に遊びに来てる国内外の人にもどんどん発行しはじめた。そう、これが発端だった。

強力なバカセンターは各地にあるけど、場所と場所が繋がるのは意外と大変。同じコンセプトにしてみたり、マメに連絡を取り合ってみたり……。ところが、運営者はみんな忙しかったりして、気づいたら疎遠になってたりってことはよくある。そんなときに、その辺をウロウロしてるやつらがすごい力を発揮するのだ。なんだかんだ言って、結局は人の繋がりが出来るとその場所は自然と繋がってくる。「ああっ、知ってる知ってるアイツ! あれがまたバカなんだよ~」っていうのがめちゃくちゃいい。そんな感じになっちゃえばもう距離はないのと同じ。

そんなときに、この世界万能旅券が世界各地にばら撒かれていれば、バカシーンの増強に少しでも役に立つに違いない! よし、ボッタクリみたいなやつらが仕切る世の中とはついにおさらばだ! というわけで、むやみにパスポートを発行しまくって、意味不明の化学反応を起こして世界を大変なことにしてしまおう!!!!

ニセパスポート

勝手にお金を作って世の中を混乱させてみよう

さあ諸君、たまには考えてみよう！　**お金って本当にお金なのか⁉**　よくよく考えてみると、金（通貨）自体がどうも怪しいんじゃないのかって気がしてきた！　金持ちたちの都合で、気づいたら勝手に価値が変わってたり、やたら貯め込んでるやつの財産が増えてたりするし、2015年頃のギリシャみたいに混乱してきたらいつの間にか銀行の金がゴミ同然になってたりもする。国が滅んで金も消えたりする。どうなってんだ！　通貨の為替も同じで、国の政策や巨大企業の動向次第で、なぜか我々の微々たる財産の価値が変動して勝手に増えたり減ったりしてる。なんだなんだ、どうなってるんだ⁉　経済の仕組みとかを知ってくると、あたかもそれが普通のような気になってきてニュースとか見て頷いたりしてしまうのかもしれないが、よくよく考えたらただのイカサマじゃねえか、これ！　そう、ちょっと冷静に考えてみると、そもそもお金ってもの自体がインチキの塊みたいなもののような気がしてきた。あぶないあぶない。危うく騙されるところだった！

1マヌケドル＝1回メシにありつける

　さて、そうとなったら、やることは一つ。こっちで独自の金を作るしかない。金持ち連中の勝手な都合で左右されないような、謎の通貨だ。よし、やろうやろう！決まり決まり！

　ちなみに、世の中には地域通貨というものはたくさんある。その地域限定で使えるお金で、地域活性化など、ローカル経済を支えるにはいいかもしれない。ただ、なんだかんだ言って結局のところ日本円などと結びついたレートなのがどうも面白くない。仮に、いつの日か経済が破綻して日本円がゴミになったら、一緒にゴミになってしまう。これじゃダメだ。せっかくなので、円やドルみたいなうさんくさいものとは別の価値観で決めてみたい。……となったら、人間にとって最も大事なものは何かってところから考えるしかない。古代以来一貫した価値観として**大事なのは、やっぱりご飯にありつくことだ。これを基本の「1」とする価値観の通貨**を作ったら面白いに違いない！　ま、名前はのちのち考えるとして、どうせこんなもの最初にやり出すのはマヌケなやつらだろうから、ここではひとまずマヌケドル（ＭＤ）とでもしておこう。普通に満足がいくご飯が食べられる状態の価値が１ＭＤ。これを出したらとりあえず、ご飯にありつける。

で、その１ＭＤに対してサービスを提供する側としても、食事１回と言ってもいろいろあるところがポイント。余裕のある人はレストランでご馳走してもいいし、そんな贅沢せずに家の残った食材でご飯を作ってあげてもいい。それも、スーパーで買う人もいれば、農家や漁師など、自力で食べ物を手に入れることができる人もいる。また、外食するにしても３００円の牛丼から１２００円ぐらいのランチ、数千円数万円の懐石料理まで、いろいろだ。しかし、なんだろうと１ＭＤ。日本円に換算して考えちゃうと１ＭＤの価値がピンキリで曖昧な気もするかもしれないけど、実はそんなことない。５０００円の立派な食事が全然まずくて、街の食堂の５００円の定食が最高にうまい時もある。同じ食事でも、空腹で死にそうな時と、毎日通って食べ飽きてる時では全然違う。久しぶりに会った親友と食べるご飯と、上司の説教くさい話を聞かされながら食べるのでは全然価値も違う。そう、結局どっちにしたって価値なんて曖昧なものなんだから、ご飯１回＝１ＭＤと決めたってバチは当たらないはずだ。

ともかくこれが基本で、そこからいろんな価値が決まってくる。たとえば、そうなってくると、安眠できる1泊分の価値はどれぐらいか？　う〜ん、家に泊めてあげるんだったら食事2回とか3回ぐらいと交換かなー、とか、「うちはあまりプライベートなところに人泊めるの好きじゃないんだよね〜、うちなら10MDぐらいなら……」などなど。あるいは、たとえば自分がやってるカフェに友達が遊びに来てコーヒーを注文したらどうするか。ま、0・4MDぐらいかな？　自分が書いた本や、作ったCDを売る時は？　うーん、やっぱり2〜3MDぐらい？　そんな感じで、価値が決まってくる。そんなとき、自分の手に1000MDぐらいたまったときの安心感を考えてもみてくれ！　なんと1000回もご飯にありつける!!!!!　こりゃ、当分死なないね〜、という安心感はやばい！　しかも食事1回と結びついているので、インフレにもデフレにもなりようがない。メシ1回はどう転んでもメシ1回だ。とんかつがハムカツに格下げされてたり、味噌汁が豚汁にレベルアップしてたりするかもしれないが、1回は1回。

まあ、ともかく日本円などの既存の通貨に換算されないというのがとても重要。**「国の経済が混乱しても、こっちにはこっちの経済圏があるから平気だよ〜、ザマーミロ、バーカバーカ！」**と、呑気に言えるかどうかだ。そんなとき、各地のマヌケなやつらの集まるセンターで流通する独自の謎の通貨があったら、非常に心強い。

為替相場よりも「ご飯」相場

さて、この食事券（↑こう言ったら、なんかマヌケ感が増してくる……）、さらに威力を発揮するのが、国境を跨いだときだ。為替相場ってのはどんどん変わり、我々の財産の価値が勝手に変動してしまう。あるいは、物価の安い国や高い国もあれば金持ち国や貧乏国もある。金を動かして喜んでるやつらの都合からしたらどうなのか知らないが、我々庶民レベルで考えたら、**極貧国のやつらも経済大国の奴らも、生まれてから普通に働いてご飯食べて遊んでるだけで、本当はほぼ大差ないはずだ。**まったく、勝手に格差つけられていい迷惑だよ本当に。

例えば、90年代に中国に行った時は日本円に換算して100円もあれば食堂で普通に晩ご飯を食べてビールまで飲めた。ところが、今北京に行ったら物価はべらぼうに上がってるわ、円安もあるわで大変。その辺のバーやライブハウスでドリンクを1杯注文するだけで600~700円。うーん、これ日本と同じだよ！

そんな時に、われらのマヌケドルこと食事券の登場！　どこへ行っても共通で使えるので、当然為替レートもへったくれもない。ただ、1MDを出してなんとかメシにありつくだけだ。北欧などのやたら**物価の高いところに行っても、**インドやアフリカなどの**物価の安いところに行っても、同じように使える。**そうなったら、バカセンター間の行き来もしやすくなってくる。今だったら物価の安いところの人はなかなか海外に出られないけど、物価の高い地域（主に先進国）の奴らばかりが我が物顔に世界中をウロウロしていて、どうもいけ好かない。かつて日本円が高かった時も、物価の安い国に行ったらなんでも買えたりして嬉しい反面、なんだか後味の悪い気もした。それが、物価に関係なく**自分たちが食べ物を作ったりあげたりすることを「1」とする独自の基軸の通貨**ができたら、これは一大事だ。ま、飛行機代もあるし、実際の通貨も使わないといけないので完全平等ではないにしても、だいぶ変わってくるに違いない。いいねー、楽しそうだ！

さあ、単なる思い付きで勝手な独自通貨構想を書いてきたが、実は台北のバカセンターこと「**半路咖啡**（パンルーカフェ）」では、すでになんだか似たような勝手な通貨を発行してばらまいてる。ここはカフェということもあり、この券1枚でコーヒーが1〜2杯飲めるという非常に曖昧でいい加減ですばらしいもの。別にこれ、一緒に計画したとかでもなんでもなく気づいたら勝手に始めていて、ある時、半路咖啡の店長が東京に遊びに来た時に大量のチケットを持ってきて「お金をあげる。台湾に来る人に渡して」と、ドサッと置いて帰った。うーん、気前がいい！　ま、こういうバカセンター的なことをやってる人ってのはどこの人でも同じようなことを考えるんだろうね、やっぱり。そういえば、ドイツやフランスなど、ヨーロッパのバカセンターを訪ねて歩いた時は既存のお金を使いつつもドネーション制（カンパ制）のところが多かった。「2ユーロ程度」とか「1ユーロ以上」とか目安は書いてあったりするけど、払える範囲で払ったり、本当に貧乏すぎて弱り切ってる人はタダにしてもらったりもする。ま、これも似たようなものかもしれない。ちなみに、台湾のやつらっていうのがまたやたら気前がよくて、その券持って行っただけで気分次第ではコーヒーどころかご飯を食べさせてくれたり、酒までご馳走してくれたりして、通貨も何も、意味のわからない感じになったりする。う～ん、レベル高いねこれ。ここまでくると、ほとんど友達の証明書みたいな意味合いになってくる。いいね～。

ええっ？　どうせ思い付きのシステムだし穴だらけだろうから、うまいこと悪用してひともうけしようと目論むやつが出てくるんじゃないかって？　大丈夫。そういう悪いやつを見つけたら、みんなで家とかバカセンターから走り出て行って「コノヤロー！」と追いかけて、やかんとか枕とか下駄とか投げてひどい目にあわせればいいので、安心だ。

まあ、ともかく、世界経済がインチキである以上、すでに世界中にあるバカセンターがさらに謎の増殖をしていくことは間違いない。そうして、今の世界経済の秩序からちょっとずれたところに謎のネットワークや生活圏、経済圏が出現した時、お互いの行き来を潤滑にするためにも、いよいよ謎の通貨もあったらめちゃくちゃ便利に違いない！　う〜ん、これは楽しみだ！　よし、みんなでお金を作りまくってみよう！

船でコッソリ海の向こうに逃げてみよう——国際バカステーション作戦

この章では**国連も腰を抜かす恐ろしい国境やぶりの作戦**を企んできた。マヌケたちが金とパスポートを手にしたらどうするか⁉ そう、やることは一つ。海外へ出てみるしかない。「おい、どんどん実現不可能な作戦になっていくじゃねえか！」と思うかもしれないが、そんなことはない。金持ちと権力欲の強いやつらが牛耳るこの世の中、与えられた秩序の中でささやかな楽しみを見つけるような奴隷の処世術ばかり考えたって意味がない。せっかくなので**前向きな景気のいい作戦も常に念頭に置きつつ生きていけば、だいぶ可能性は広がる**はずだ。そう、**将来国境がいよいよ曖昧になる時も必ず来る**ので、その隙にこっそり行ったり来たりする作戦も今のうちに練っておこう！ これはのちのち役に立つはずだ！

面白い場所を作るときに大事なのはやっぱり他との交流。身内だけでやっててもすぐ飽きちゃうし、完全にポリシーなしで「なんでもいいよ」みたいな感じだと、今度は途端に収拾つかなくなってしまう。と、いうことで、**海の上に国際バカステーションを作って世界的な交流を目指す**という壮大な計画を考えよう!!!

世の中の流れを見ていても、何かと不穏そのもの。いざ戦争みたいなことになったら、それこそ一大事だ。「そんなバカなことに協力しないよ!」と果敢に宣言して小林多喜二級の拷問を受けるか、しぶしぶ従って殺人者の手下になるかの二択だ。こりゃ大変だ!!!　現に世界中では国家同士のバカな揉め事に民衆が巻き込まれまくっている。で、誰が戦争なんか起こしてるかというと、たいていは戦争によって金もうけしてるやつらと、自国のことしか考えない視野の狭いアホな連中。**そういうやつらに支配されないように、こっちはこっちで、やたらと国を越えてウロウロしまくり世界中に仲間を作ることで、世界に散らばるマヌケなやつらの文化を勝手に拡大していく**のがいい。

そう考えると、ヨーロッパがまた羨ましい。向こうにもバカセンター的なものはたくさんあるんだけど、向こうは地続きで国境を越えられるからやたらと行き来してる。気が向いたら車に乗って別の国の仲間のところに遊びに行けるし、どっかの国で大問題が起こって大きいデモが起きたら、「よし!　応援しに行こう!」って感じで、各地からわらわらと集まって来て一瞬で大騒ぎになったりもする。あるいは、自分の国で急に生きにくくなってきたら、「ちょっと、ほとぼり冷めるまで別のとこ行っとくよ」って軽いノリでどこかに行くこともできる。いいな〜、ちきしょう！

さて、ちょっと話は変わるが、空の向こうには国際宇宙ステーションというものがあるらしい。いろんな国からロケットが飛んで行って、こっちからは見えない所でみんな集まってなんだか楽しそうなことをやってるらしい。これはずるい!!!　うちらもほしい！

くだらない政治家が実権を握って、イヤになった時に、マヌケたちが「もうこんな所に用はねえな。あばよ！」と謎の物体で宙に浮いて行ったら相当かっこいい。だが、よく考えたら絶対うまくいくわけはない。世界のバカセンターの技術力を集結させたとしても、できるのはせいぜい観覧車のゴンドラにプロペラか風船がついたようなマヌケなマシンぐらいだ。そうなってくると、いざカッコよく飛んで行ったとしても、結局元の場所に戻ってきちゃったり、あらぬ方向に飛んで行ったと思ったら東京タワーあたりに引っかかって助けを呼ぶことになったり、台風に追いかけられて全速力で逃げても結局追いつかれて粉々になったりと、逆にみっともないことになる可能性が

高い。ダメだ、我々にはまだ早い！　この空作戦、あと100年ぐらい経ってから決行しよう!!!

となってくると、やっぱり船がいいね。ただ、いざ船で繰り出すとしても、法律だの何だのでいろんな縛りは多いと思う。しかし、世界中が完全に縛られて管理されてる状態なんてあるわけがないし、どっかが厳しくなったらどこかに隙ができるし、全体的に厳しくなったとしても、少ししたら全体的にゆるくなってきたりと波もある。その間隙をついてやる作戦なので、法律のことは「くだらない権力者が勝手に言ってるだけの決まり」とでも思って、ここではおいておこう。現に、フィリピンとマレーシアの国境なんかは島だらけで、その辺の謎のアナーキストが、パスポートもビザもヘッタクレもなく、うまくお互いの行き来を手助けしてくれることもあると聞く。日本は世界でも稀なほど法律をキッチリ適用させる謎のエリアなので、ずっと日本にいると感覚が麻痺しがちだけど、**法が厳密ではないところなんて世界中に無限にある。というより、そっちの方が世界標準としては普通だ。**なので、船作戦、意外と近い未来に現実になる可能性は高い。

さあ、そうなったら後は無謀に海に出る準備をするしかない！　日本海をぐるっと回ると韓国、北朝鮮、ロシアがあり、東シナ海方面に出れば、沖縄を通って台湾、中国、フィリピンなどがある。各地の大バカなやつらがとりあえずいろんな所から漕ぎ出して来て、わりと近い距離で交流ができる。

各地に点在する独自の場所（バカセンター）作りをしてる連中がどんどん出動して、国とは関係のないところで集まったら相当面白いことが発生しそうだ。各地からやってきて、その国際バカステーションに接岸し、各地の音楽や芸術などの独自文化、自分たちで作ったものなどを交易し、飲み会をやったり、各地で編み出されたおもしろいノウハウなどを伝えたりもできる。で、飽きたらそこから離脱して帰って行き、また別のやつらがやってくる。うーん、いいね！　よその国の海域に入るとややこしくなるけど、完全に公海上なら基本的には誰がウロウロしててもいいことになってる。誰の場所でもない所に集まってる感じもいい。こんなところに、もうそれこそイカダを繋ぎ合わせたような**夢のようにバカな世界**があったら面白くないはずがない！

と、こう、勝手な計画を立てまくっているけど、いろいろ疑問も湧いてくると思う。せっかくなので、ちょっと懸案事項も考えてみよう。

まず！「そもそもマヌケなやつら同士の文化交流なんてネット上でいくらでもできるじゃねえか！」と思うかもしれない。が、これは場所作りを実際にやったり、遊びに行ったりしていていつも思うことだけど、**直接会って仲良くなったり、直接見て感じることの信頼感**ってのが半端じゃなく、こうして繋がっていく関係が文化圏ってのを作っていく。もちろんネット上でもいくらでも新しいものを知ることができるし、お互いの文化交流もできる。ただ、これは直接なんだかんだやってるやつらがいた上で成り立ってるもので、直接交流がなくなった瞬間にネット上からもほとんどのおもしろい交流が消滅することを肝に銘じておいた方がいい。**これはやっぱり船を漕ぐしかない**と諦めるよりない。

また、安全性も不安になってくる。世界にはやたら強い海賊だっているし、日本だって大昔は瀬戸内海の海賊やら外海に出てた倭寇だっていたし、そんなやつらが来たらどうすんだ、いったい⁉ でかい刀持ってたり、眼帯つけてたりしたら怖いじゃねえか！……まあ、でもそれはたぶん大丈夫。海賊ってのは基本的に金目のものを狙う。莫大な資金や商品を積んだ商船などが襲われる。ところが、このバカステーションとなってくると、どいつもこいつもろくに金も持ってないし、持ってたとしてもどこで使えるんだかよくわからないような肩たたき券みたいな独自通貨だったりする。どっちかというと海賊より貧乏だ。これじゃ、襲う意味がない。それにこっちは毎日のようにのんびりしたりバカ騒ぎしたりしてるんだから、海賊だって油断して息抜きに飲み始めちゃったりするはずだ。で、あるとき海賊もふと気づいて「これじゃ仕事になんねえよ!」と、イライラして働きに出て行くはずだ。よし、これは安全だ!

まだ懸案事項はある。国際バカステーションに接岸して以来、毎日海の風に当たって日光浴して、魚を釣ってみんなで食べて、気持ちのいい音楽を聴いて……。と、いう感じが好きな人はまだいいけど、「そんなの嫌だ! 退屈な田舎暮らしなんかするぐらいなら死んだ方がマシだ!」って人だっていると思う。世の中いろんな人がいるように、我々マヌケ文化圏の仲間にもいろんなセンスの人がいるはずだ。海の上の船なんて言ったら、都会派の人たちの中には心配してる人も多いんじゃないだろうか。しかし、大丈夫! この国際バカステーション、別にヒッピーみたいなライフスタイルを作ろうなんていうものじゃない。むしろ、いろんなものが混在するから面白いって趣旨だ。都会派の諸君、強い味方を忘れていないだろうか。そう、我々には香港がついている! 香港はすごい。クソ狭いところにとんでもない人口が密集してるので、彼らはビルをどんどん増築したり、建物と建物の隙間にスペースを確保したり、本来の目的とは違う使い方をして謎の場所を作っちゃったりと、建物の使い方と作り方のものすごいスキルを持っている。都会のサバイバル力ナンバーワンの香港人たちが味方ならもう大丈夫だ。一瞬で九龍城（クーロン）のようなものを建ててしまうに違いない。たちまち高層ビルを建てて中はエアコン全開、ショッピングモールや地下鉄も通す可能性すらある。ま、ともかく、みんな勝手に独自の文化を持ち込むはずだ。それに、永住してるわけでもなく、入れ替わり立ち替わり人が出入りしてるんだから、いろんなものが流入してだいぶカオスになってくるはずだ。そう、要するにみんな勝手なことをやればいいのだ。ま、なんとかなるでしょ。

最後に一つ。この作戦、船、つまり海の上に浮いてるってのがとても重要だ。似たようなことはどっかの無人島なんかでもできると思う。しかし、土地は動かない。地震や津波、火山の噴火などが起こるかもしれないし、突然、どっかの口うるさい国の領土になるかもしれない。そんな時、浮かんでるといい。仮に最初日本海の真ん中あたりに集結してたとして、だんだん居心地が悪くなってきたらちょっとオホーツク海の方に移動してみたり、そっちがやたら寒くなってきたら、今度はちょっと台湾近海に出てみたり。たまに、みんなでインド洋あたりまで遊びに行ってもいい。そんな時に、インド版のマヌケな奴らが集結している船団あたりに遭遇したら、これまた接岸して１週間ぐらいの巨大な祭りが始まるに違いない。う〜ん、これはやばいことになる!!

ともかく！　世界経済の発展もとっくに止まってる今、金やら地位やら権力やらを求めて生きる窮屈な生き方から離脱したやつらが膨大にいて、それがまた独自のバカな場所を作りまくっている。そいつらが交流することによって、よりバカで面白いスペースになっていくに違いない。ま、この船作戦は現時点では単なる空想の世界のような気もするけど、世の中どう転ぶかわからない。よく、運転免許の更新に行ってしつこく教えられるのは「危険を予測すること」だ。車を運転していて、急な飛び出しがあった時、どっちにハンドルを切るかの想定ができていたら、事故を回避できる。そう、我々も常に準備を怠ってはいけない。場所作りは、ちょっと油断すると閉鎖的で閉塞的な空間になる。そんなときに、世界にはびこる大バカな連中との交流を念頭に置いた上で、ローカルな所に変なスペースを切り開いていくのが面白い。よし、諸君!!　船の準備だ!!

世界のバカで一斉蜂起してみよう

いまのくだらない社会に対抗するような場所作りのやり方を、これまでいろいろ練ってきているが、**最重要なことは他のスペース、他の地域と繋がること**。知り合いの場所の、そのまた知り合いの場所……、と繋がっていけば巨大なシーンになる。で、その巨大なマヌケシーンが、いま世の中にはびこる金もうけ最優先社会のあずかり知らないところで、勝手に幅を利かせるのがいい。

世界の悪い支配者たちが結託して貧乏人から金を巻きあげたり、悪さばかりしているのはいまに始まったことではない。で、昔から、勇気ある人たちが「世界革命しかない！　世界を民衆の手に取り戻せ!!」と、その悪に挑んで倒しにかかるけど、逆にケチョンケチョンにぶちのめされてヒドい目に遭うことがほとんどだ。そう、金の亡者みたいな連中は金を持ってるだけあって意外と強い。ボロアパートの住人が近所の家賃を勝手に上げまくる悪い金持ちの大家さんと戦っても、村八分にあって町から追い出されることがあるのと同じだ。

では、どうするか。そんな時は、極悪な支配者を倒す前に、**革命後の世界を勝手に始めちゃうのがいい**。もう、**世の中が二重にある感じ**。**いや、三重四重でもいい**。悪いやつらには自然と肩身が狭くなって滅んでもらうのが一番だ。

さてさて、前置きが長くなったが、一つの謎のマヌケシーンを作っていった時に、一斉になにかをしでかすことも大事になってくる。各地の気の合ったやつら同士で、同時多発で面白いイベントをやるのもいい。あるいは、世の中が悪い時に、同時マヌケ反乱なんか起こせたらすごい強力だ。この項ではその作戦を練ってみよう。

で、2015年夏のこと。安倍首相が飛ばしまくってて、個人的な趣味だかなんだかしらないけど、戦争ができる法律（安保関連法）を作ってる最中だった。もう、みっともなくて海外に行くのも恥ずかしいぐらい。しかし、そうはいっても外国の政府もたいていはロクでもない。韓国、台湾、香港、中国などなど、近所の国々はみんないろんな問題を抱えている。日本も軍事大国化を目指してるし、中国も巨大軍事パレードとかやって近所に圧力をかけてる。韓国なんかは政府自身が軍事政権化して民衆を苦しめてた時もあった。しかし、**やたら軍事問題が浮上するってことは**、人の目をよそに向けさせようとしてるってことだから、**その国が弱ってきてる証拠**。そんな理由で無意味に好戦的になってるのに巻き込まれたらたまったもんじゃない。

アジア圏同時多発反戦イベント

　ということで、２０１５年の夏、アジア圏同時多発の反戦イベントをやることにした‼　まずはテーマ決め。今回は安倍首相（当時）の戦争法案もあることだし「戦争反対」をテーマに何かやらないかと各地のやつらに声をかけてみた。ただ、こういう時に、いろいろやり方があって、一つは、ある国で大事件発生の時に、その地域を応援するイベントを開催するというもの。例えば、高円寺の素人の乱でも、台湾で台中自由貿易反対で立法院を占拠した運動の時はそれを応援するイベントをやった。アメリカでの人種差別反対デモで捕まった人が高円寺に滞在していた時にはそのイベントもやった。ただ、今回のような戦争の問題の時はちょっとまた事情が複雑。「日本政府がやばいことやってるから、応援して〜」と、呼びかけたところで、「いや、それもわかるけど、うちも十分やばいんだよ、いま」という感じになる。たしかにそうで、他国政府の悪口だけ言うのはちょっと変だ。そういう時は全部の国に対して文句言わなきゃいけない。となったら、全員で文句を言うのがいい。

　ということで、今回は全員（全部の地域）が対等のポジションで同時に文句を言うということにした。なので、戦争反対をメインテーマにして、それに、それぞれ自国の抱える問題を織り交ぜてアレンジして、何かイベントをやる。そして、各地の掲げたテーマを相互に支持するという形にした。

社会問題に限らずただの遊びの同時イベントをやる時もこのスタンスは意外と重要。毎回毎回、どこかの大きな動きに追随する形になるとだんだん嫌になってくる。「いつも人が多かったり盛り上がったりしてるところが主導して、「国際ナントカカントカ」とか言いながら、うちらそれに乗らされるだけじゃん」みたいな不満が出てこないとも限らない。なので、共通のテーマで何かできる時は、**極力それぞれの立場を尊重した一斉蜂起**を心がけるのがいいね。

さて実践。じゃあどういうことをやるかということになった時に、なるべく勝手にできる感じがいいということになった。つまり、「テーマカラーはこれでお願いします」とか「この時間にデモをやってください」みたいな、変なルール作りは一切なし。勝手なことをやろう、と呼びかけた。もちろん、普通のデモみたいな、ザ・政治活動って感じでもいいし、反戦がテーマの路上パフォーマンスでもいいし、音楽イベントでもいいし、ただの反戦飲み会でもいい。唯一の縛りは面白いことやろうってことぐらい。それに、どうせ各地のやつらはマヌケなやつらばっかりなので、間違いなく自分勝手だ。我々もそうだから、これは間違いない。で、ただそれぞれが勝手にやるだけだと、みんなバラバラでなにをやったかわかんない感じになりがちだ。みんな、勝手にすごいことをやって、打ち上げをやるけど、その後ネットなどに報告文や動画をあげるのは、やたら遅れたり、面倒くさくなって流れたりすることはよく知っている。自分らもそうだからだ。ということで、じゃあ、その日の夜の飲み会を一緒にやろうということになった。幸いにして、東アジア圏の時差はせいぜい1〜2時間。これなら一緒に飲めるね〜。しかも、各地のマヌケなやつら、会議とかシンポジウムとか討論会とかいうとみんな逃げていくが、飲み会となるとほぼ無条件で「いいね！」となる。

ということで、まずは日にちを決め8月29日に各地で独自の反戦作戦を決行し、その日の夜、みんなで飲みながらネットで各会場を繋ぎ、なにをやったかを発表しようということになった。う〜ん、これは盛り上がりそう!!　みんな聞いたこともないことをやらかすに違いない！

かくして「アジア反戦大作戦」と題されて、各地でなにやら計画が進み始めたが、これがまた予想通りメチャクチャでいい。台湾はやる気満々で一番テンションが高かったが、いきなり「ごめん、29日は近所で無料の音楽イベントがあって、みんなそっちに遊びに行っちゃうからムリだ。1週間延ばしたよ」と言い始めるし、香港のやつ

アジア反戦大作戦・台湾会場

らは「9月3日に決定！」などと、はなっから人の話を聞いてない。早くも日程から乱れてくる。さらに、ニューヨーク、ドイツ、パリなどで、アジア反戦に協力するイベントをやりたいという情報が！　そして、フィリピンのやつらに呼びかけたら、バリ島に遊びに行ってるみたいで「どうやらバリ島で何か起きるらしい」という情報が入ってきたりと、混乱と拡大を開始！　いいねー、この統一感のない意味のわからない感じ！

で、日程はメチャクチャになったものの、結局それぞれがみんな面白い反戦イベントを開始！　ここでそれを全部書いてるととても紙幅が足りないが、それぞれ、路上ライブイベントだったり、ただの飲み会だったり、デモをやったところもあったり、収拾つかない感じで最高だった。**台湾は、台湾総統府前の広場で勝手に「東アジア大バカ平和条約」を各国のアホな代表同士で採択して、調印式後はその総統府前で大パーティを決行。**本当にメチャクチャなイベントで、台湾の大バカたちの底力を見せつけられた感じだった。ちなみに、**日本は路上ゲリライベント。**

最近は日本もデモとかでは大量に警察が来たりしてしゃらくさいので、「映画の撮影をする」と道路使用許可を取得。で、その内容は、JR中央線の阿佐ヶ谷駅前で、映画のシーンのワンカットとして、悪の権化のような車（ミサイルを積んでたり「戦争」と書いてたりする戦争の象徴みたいなやつ）に金属バットや棍棒を持った群衆が襲いかかり、その車をぶっ壊してひっくり返すというとんでもないもの。当然、**映画の撮影**だからなんの問題もない。

まあ、そんな感じで各地で何かやらかし、最後は盛大な国際飲み会会議！　ここで、各地の作戦を発表して「おおー、それはすごい！」などと言いながら報告イベントをやるのだ。で、ここで一つまた大事なことがある。ビデオ通話などで各地とつないでいくと、そのメイン会場しか他の会場の発表を聞くことができない。これじゃつまらない。ということで、よく企業などが使っているネット会議のシステムを使うことになった。これで**全部の地域がすべての地域の目論見を聞く**ことができる。この時の様子はYouTubeにもまるまる上がっているので、興味ある人は検索して探してみてほしい（「Operation Anti-War Asia!」）。

※今から思うと「ZOOM会議でしょ？　普通じゃねーか」と思うかもしれないが、当時はそんなシステムはメジャーじゃなかったので、このビデオ会議方式で繋ぐのは一苦労だった。

同時多発作戦をやる時は、昔のような手紙やら電話の時代と違って、いまはわりと簡単に事を運ぶことができる。しかし、基本的にネットを使うようになってくると、また一つ問題が出てくる。ネットの規制が強い国などでは意外と不都合が多いことだ。場所によっては検閲レベルがどの程度なのかがよくわからないのでちょっと遠慮した所がある。NGワードの入ったメールのやり取りを頻繁にしてたらいきなり警察が家に来たりということもあるので、これは注意が必要だ。ちなみに、規制の厳しい国では、イベントの直前にすごい勢いで電話を回し「超面白いイベントがあるから1時間後に来たほうがいい！」といって集まると聞いたこともあったので、こりゃ、なおさら迂闊なことはできない。そういう時はやはり直接行って一緒に遊んだりして、どういうことならやってOKなのか聞いてみるのがいい。

いま、各地のバカセンターが勝手に拡大しつつある。その時にネットだけでいろいろ知った気になっていると、気づいた時には非常に空虚なものになってたりするので要注意で、最も大事なのがお互いのことを直接よく知ることだ。特にバカセンターの運営に携わってなくても、やたらとマヌケスポットを渡り歩いている人がたくさんいることが実は最重要だったりする。我々マヌケ同士は別に理屈や契約でつながっているわけではない。お互い雰囲気や笑いのツボ、何に一番怒ってるかを感じて仲良くなる。その上で初めて同時多発作戦が力を得てくるはずだ。マヌケな社会を望む諸君！　みなさんも、いろんなところを遊びまわってみてくれ！　それが、**やがてはバカ勢力が世界を席巻し、利益優先の超効率社会、窮屈な嘘くさいモラルが蔓延する社会、権力者が幅を利かせる世の中を壊してしまうのだ！**　う～ん、これは簡単！　遊び歩いてのんびりしたりするだけ!!!　**世界マヌケ革命は既に起きている！**

世界マヌケ革命の起こし方

謎のバカセンターを作り、各地のマヌケな仲間たちとのネットワークを作り、お互いを刺激し合い化学反応を起こしながら突然変異のさらなる大バカが登場して驚いたり、無限の広がりを見せるサイクルが始まってくる……。そこまでの事態になってくると、自然の流れで、みんなで結託して何かをやらかすっていう作戦が浮上してくる。せっかくなので、地域や国境を越えた、その水面下の大バカ勢力が手を組んで一挙に何かやらかしてしまうという作戦を考えてみよう！

実はちょうど、２０１６年の９月に各地のマヌケが結託して一大イベントをやろうという「No Limit 東京自治区」なる計画が進んでいるところなので（単行本執筆当時）、その現在進行形の実例を紹介しつつ考えていきたい。これは、東京でとんでもないスペースをやってるやつらが連合して始めた計画で、ここ数年、時間をかけて仲良くなってきた、各地（特に東アジア圏）でマヌケ生活圏を作っている人たちをみんな東京に招待して、ライブ、展示、上映会、トークショー、講座、大宴会など、思いつく限りのイベントを1週間連日開催するというもの。しかも、知り合いや賛同店など、無数の会場を使って開催。ただの遊びでも若気の至りでも商売でもなく、**生き方として面白い場所を作っている人やその界隈のやつらの集結イベント**。これは大変だ‼　こう想像するとめちゃくちゃ面白そうな気がするけど、果たしてこれが実現可能なんだろうか⁉　そもそも、国境を越えて、言語も物価も違うところから本当に集まれるの？　しかも、代表者数人とかじゃなくて、界隈をうろつくわけのわからないやつらも含めて大勢集まる？　ま、現時点ではまだ進めている段階なので、大失敗する可能性だってあるし、まだ何も偉そうなことは言えないんだけど、とりあえず紹介していこう。

実際に各地に行って呼びかけよう

各都市の人たちとのネットワークができていれば連絡を取ることは簡単で、いくらでもイベントの計画や情報を伝えることはできる。……ただ‼‼　残念ながら、それではなかなかうまくいかない。絶対に必要なのは実際に行って呼びかけること。文字やら言葉で用件だけ伝えれば相手に伝わるなんて、世の中そんな簡単にはいかない。それに、各地で何かスペースを運営している人なんか、忙しくしていることも多いので、連絡しても聞き流されたり、すぐ忘れられたりする可能性は大きい。これはやはり直接会いに行くのがいい。それに、実際に行くと主要人物だけじゃなくその界隈の人みんなに会える。これも重要。

すでに、イベント準備が始まってから香港、福岡、釜山、沖縄、ソウル、中国に行ってきた。福岡、釜山、ソウルでは、各地で「東アジアマヌケ作戦」なるイベントを開催して、他地域のアンダーグラウンド文化圏を紹介しつつ、9月に東京でマヌケ決戦やるよ、と呼びかける。そして、その後の交流会でも、あの町にはこんなマヌケがいる、この町にはカッコいいことやってるやつらがいる、と、教え合ったりできる。で、もう酔った勢いもあって、「いやいや、9月は絶対来た方がいいよ！　来ないと死ぬ!!!!」→「わかった！　絶対行く!!!」って感じになる。ただ、呼びかける側があまり盛り上がってなかったり、そこまで魅力のないイベントだったら、それも当然バレるのでそれなりの反応が返ってくる。また、特に宣伝イベントなどをやらなくても、現地でいろんな友達に会って「やばいイベントやるよ〜！」と伝えれば、それだけで十分伝わる。

そんな感じで、やるよやるよと言いまくっていたら、各地のやつらも続々とテンションが上がってきて、「うちは最低50人は行くよ！」などと言い始めた。ま、本当にどれだけ来るかはまだわからないけど、ともかく、これはやばいことになりそうだ！

それと、普段から顔を合わせとくことも大事で、新たな交流が生まれたりする。最近の例としては、沖縄と台湾の交流がやばい。もともと沖縄にも台湾にも友達がいて、どっちも音楽をやってる人が多い上にパンクバンドが多く、なんだか似てるのにお互い知らないのがもったいないぐらい！　そう思ってた時、ちょうど台湾のマヌケから、「沖縄に遊びに行くからお前も来いよ」との連絡が入った。いやー、急だし金もないので悩んだ末、すぐに沖縄へ急行。せっかくなので、台湾マヌケ連中を沖縄のこれまた大バカなやつらのところへ連れて行って一緒に遊ぶ。すると、台湾のやつらが「来月、台北で超やばいイベントやるから絶対に来た方がいいよ！」と言葉もロクに通じないのに煽りまくり、沖縄のやつらも「よし、みんなで行こう！」ってことになり、翌月の２０１６年１月には15〜16人の沖縄人が本当に台湾へ行き、遊びまくった！で、今度は沖縄人の逆襲。「4月に沖縄でとんでもない音楽イベントやるよ！」と台湾で言いまくり、今度は台湾のやつらが「いやいや、それみんなで行くよ！」ということになり、4月には25人もの台湾人が沖縄のイベントに参加して超盛り上がってた！　で、その台湾人たちが帰るときの挨拶は「じゃあ、9月に東京で‼」。そう、とりあえず人がウロウロし始めるとなんだか勝手に大変なことが巻き起こるものなのだ。

さて、とりあえず現地に行って遊びまくれば、その反動で続々と人は集まってくるものだ。となったら、次は実際に各地のやつらが集まってきた時にどうするかを考えてみたい。

もてなし過ぎに注意

来客をもてなすのは超大事なこと。せっかく来てくれたんだったらこれはもう「来てくれてありがとう〜!」っていうテンション全開で接したい。しかし、もてなし過ぎて、交通費を全額出し、ホテルをとってあげて、毎晩歓迎パーティーを開き食事をご馳走する……。もちろんお金が有り余ってるんなら全然やってあげればいいけど、マヌケなやつらの自力のイベントなんて金が余ってるわけがない。それなのに自腹を切りまくったり、イベント入場料を高くして来場者からたくさん金をもらったりして来客をもてなしてたら、ゲスト側とホスト側でなんだか距離が生まれてしまう。これといった資金源のないイベントをやる時は、みんなで一緒に作るというのが大事なので、主催側も無一文なのを分かってもらいつつ、できる範囲で全開でもてなしていこう。

寝る場所を作ってあげよう

じゃあ、我々貧乏人に何ができるのか⁉ そう、旅行中に一番大変な出費は宿泊代だ。飛行機代さえなんとかしてもらえば、あとは飲食費などだけだ。我々にできる一番のことはやっぱり寝る場所。なんとかしてあげよう。

日本の場合、家も狭いので「泊めるのはちょっと……」となりがち。海外に友達を頼って遊びに行くと、本当にびっくりするぐらいもてなしてくれるので、やっぱりここは我々も懐の深いところを見せていきたい。特にイベントの時こそ懐の深さの見せ所だ。自分の家に泊めてあげたり、仲間や近所で空いてる事務所や店舗、倉庫などなど、泊まれる場所をなんとか確保していきたい。

ウロウロする環境を作る

今回やるイベントもそうだけど、10カ所ぐらいの場所で連日イベントをやるので、とりあえず人が行ったり来たりウロウロするようになる。しかも集まる人は全員同じタイプじゃないので、それぞれ自分の居心地のいいところに行けていい。イベントを1カ所に集中してしまうと、その場のノリに合うか合わないかが問われてしまうので、バラバラにしたほうがいろんな人がうろつく感じになって面白くなる。で、それがまた各所で混ざりながら謎の交流が生まれて、大変なことになるに違いない。

通訳はやめよう

海外からもたくさん人が遊びに来るとなれば、どうしても言葉の問題が出てくる。と、なってくると、「通訳できる人助けて～」となるんだけど、そこは心配無用。我々は所詮マヌケ同士。別に学術会議を開くわけでも高度なビジネスの話をするわけでもない。中高生の頃に学んだうろ覚えのイカサマ英単語や和製英語、カタカナ英語を繋ぎ合わせればなんとかなる。そもそも言語なんて人のコミュニケーションの中で自然と出来ていくもの。英語だって別にイギリスやアメリカの英語が正しいってこともない。アジア人がわけのわからない英語を話し続ければそれが自然と「アジア英語」という正統な言語になるはずだ。どうも我々はペリー来航以来、引け目を感じてしまいがちだけど大丈夫！　開き直ったカタカナの恐ろしさを知らしめてやれ!!

あと、我々には漢字文化圏がある。中国、香港、台湾、シンガポール、マカオなどの人とは、漢字を駆使すれば意外と筆談で通じる。昔漢字を使っていた韓国やベトナムでは、漢字由来の単語も多く、日本語とも発音が似てる単語が大量にある。なので、例えば韓国人と会話をしていて詰まった時に、日本語の単語をそのまま言ってみたり、たまたま知ってる中国語の単語で言ってみたり、その中間ぐらいの発音で適当に言ってみたりすると、「あー、わかった！」となったりする。そうするとこっちも新しい韓国語の単語を覚えてしまう。また、日本語、韓国語、モンゴル語は文法も語順もほとんど同じなので、単純に単語と助詞を入れ替えていくだけで大体通じてしまう。そうそう、我々が思ってるよりアジア圏の言語は近いのだ。欧米の言葉を寄せ集めて文法を単純にして覚えやすくした「エスペラント語」というのがある。もし交流が進んで、誰か頭のいいやつがうまくまとめたら、我々アジア圏でも共通語なんて簡単にできてしまうはずだ。

さて、通訳の話。イベントの時など、細かい話をしたい時はやはり通訳は必須。でも、飲み会のバカ話とか、遊んでる時なんかはインチキ語で十分なんとかなるし、直接会話する方がお互い表情や雰囲気も総動員するので、通訳経由より全然仲良くなる。それに、飲み会の超くだらない話なんかをいちいち通訳できる人に頼んだら、その人も疲れて嫌になっちゃって申し訳ない。マヌケな話は直接対話。これは基本原則だ。

この本が出る頃にはちょうど、このイベントも開催されていると思うが、とんでもない交流が行われるに違いない。

※2016年9月11日~17日に「NO LIMIT　東京自治区」開催済。最終章参照。

さてこの本では、マヌケなやつらが集まって自力で謎の空間を作り、金持ち中心社会の奴隷のようなライフスタイルに三行半を突きつけるような「バカセンター」を作る作戦を練ってきた。そして、各所のバカセンターが勝手なことをやりつつも緩く繋がって人も行き来できるような計画も練った。さらに、いざとなったら世界のバカが結託したり協力したりできる大作戦も探っている。

与えられたルールやくだらない道徳に従って、金やらステータスのために時間を浪費して生きて、老人になって「自分はやりたいことができたのか？　いや、これもい い人生だったんだ」などと自分に言い聞かせながら死んでいくような社会にはもう飽き飽きだ。

よく、世の中が悪くなったと嘆く人がいる。やたらと理想社会を語って社会変革を待つ人もいる。ええい、遅い遅い！　まどろっこしい!!!!　日が暮れちまうよ！　いろいろ考えるのも面倒なので、やれることはいま全部やってしまおう。それに、あまり壮大なスケールの理想社会なんか実現したらたいていつまらないことになるので、世の中の隙を見て勝手なマヌケ社会を作るのがいい。そう、**世界マヌケ革命はすでに起きている。超簡単。開き直った瞬間にマヌケな社会はやってくる**。よーし、こうなったら大船に乗ったつもりで、安心して大バカな界隈をウロつきまくるしかない！

マヌケな皆さん、健闘を祈る!!!!

column　ゲリララジオで電波を飛ばしてみる

諸君!!! ラジオというものを知っているだろうか。今や、ほとんどの人が忘れ去ろうとしているこの伝説の媒体。ラジオなんてトラックやタクシーの運ちゃんか場末のラーメン屋の店主だけのためのアイテムだと思ったら大間違い！ 実は、世界最強のとんでもない情報伝達手段なのだ。ま、確かに「映像もないし、ただの音だけでしょ?」と、思うかもしれないが、侮ってはいけない。今やテレビの技術も進歩しまくってるし、ネット社会も進む一方で、もう無限に情報は得られるように感じられる。しかし!!!! そんな、情報技術が束になって総攻撃をかけたとしてもラジオにかなわない点がある。そう! それは謎の距離感の近さだ。これはヤバイ!!

例えば、テレビの方が映像があるぶん情報量は確かに多い。しかし、テレビの向こうというのは少し遠くに感じてしまいがちだ。一方、ネットの世界は、嘘くさい情報が山ほどあるので、常に警戒しながら情報に接するようになり、その疑心暗鬼感がまた無意識のうちに距離感を生んでしまう。ところがラジオはヤバイ。音声以外の情報が一切ないだけに、話してることが妙に近く感じる。深夜のAMラジオのように、くだらないバカな話をしてるような番組だと、なんだか狭い部屋の中で話してる感じに聞こえるので、妙に距離が近くなる。特に、夜中にヘッドホンなんかで聴こうもんなら効果は絶大だ。これはすごい。

そう、この耳元で囁いてるかのような、いきなり自分の部屋に土足で踏み込んでくるようなメディアは使わない手はない。今は珍しいのでさらに効果絶大のはずだ！ このラジオ作戦を使えば、遠くの人との距離を縮められるかもしれない！

この情報化社会をあらためて見てみると、何でもかんでもネットの情報ばかり。そのせいで、ネットで流れてくる情報を集めれば世の中のこと全てを知ったような気になってしまうぐらいだ。ネットの記事なんかを読んでみても「Twitter（現x）によると……」とか「Facebookでコメントを……」とか「中国の微博では……」みたいな情報源のあやしい記事ばかりだ。テレビも気づいたらアナログ放送が終わり、デジタルになっていて、事によるとこちらから情報を送れる双方向の視聴者参加型の番組まである。チキショー、効率のいいことばかりやりやがって〜。てやんでえ、デジタルがそんなに偉いのか！　こうなったらアナログの恐ろしさを知らしめてやろうじゃねえか、こんちきしょー!!!

というわけで、２０１２年から、満を持してアナログラジオ素人の乱を開始！　今から思えばこの時期ちょっと日本は暗かった。震災と原発事故の直後で、なんだか世の中ギスギスしてたり、外国人の旅行者や観光客も一斉にいなくなってしまい、店をやってる人たちも、みんな商売上がったり。「もう、なんか景気が悪い!!」ってことで始まったラジオ。商店街のどうでもいい事件から、世の中のことまでいろんな話をしたり、ハガキも読んだりする（メールじゃないのがポイント）。こんな感じなので、もう完全に昔の深夜ラジオを聴いてる感じ。

これを地方で聴いてる人に会うことがある。たまに、初対面の人でもこっちのことを知っててくれる人がいるんだけど、会っ

column　ゲリララジオで電波を飛ばしてみる

た時のリアクションが面白い。本読みましたとか、ブログ読んでますとか話しかけてくる人と、ラジオのリスナーは、同じ初対面でも全く反応が違う。ラジオリスナーの場合は距離感がいきなり異常に近い!

「うわー、ラジオ聴いてますよ!!!」と、完全に仲がいい友達ぐらいの感じで来る。こっちがビビるぐらいで、こっちが何か返事すると「うわー、声が同じじゃないですか!!!!」みたいな感じ。で、すぐに「先々週の○×の話、ヤバイですね~」などと、いきなりディープな会話が始まる。そうなってくると、もうラジオで話してるような超小さい話題から裏話まで全部こいつにはバレてるんじゃないかとこっちも思うので、他人じゃないような錯覚に陥ってくる。これは面白いね~。

column　ゲリララジオで電波を飛ばしてみる

で、ラジオリスナー同士が遭遇する時はもっと面白い。たまたま何かのイベントの時に、ラジオにハガキを書いてくれてる人が来てくれて、そのリスナー同士が鉢合わせするんだけど、当然最初はお互い誰だかわからない。でも、何かの話題でラジオの話になった瞬間に「あー! あのハガキ書いてる人か!」と気づく。そうなると、リスナー同士も初対面だけど共通の話題が死ぬほどあるので、やたら仲良くなる。とりあえず現代の、ちょっと人と距離を置いて接する付き合い方を全部ぶち壊す感じ。よし、こんな感じだったら、遠いところにいて疎遠になりがちな人との距離を埋めてくれるに違いない。そうそう、大阪のこれまたバカなスペースを作ってるような人たちがラジオをやってた時にたまに聴いたりしたけど、やっぱりその時もなんか異常な近さを感じたのを覚えている。うーん、これは現代にこそ生きてくるやばいメディアかもしれない!!

さて、せっかくなのでラジオのシステムも紹介しておこう。ま、実のところ普通にインターネットラジオをやれば一番楽なんだけど、これじゃ、やっぱりラジオ特有の秘密感というか密室感が出ない。やっぱりラジオを聴いていて一番の醍醐味は「この話、自分しか聴いてないんじゃないの?」っていう感覚。そのためにはやはりアナログでないとダメだ。それに、我々昭和世代の最後の残党としては、そうやすやすとデジタルのやつらに天下を取らせては、偉大なアナログな先人たちに申し訳が立たない。ここはひとつ、デジタルの連中に一泡吹かせなければならない。

で、まずはFM電波を飛ばす。これ実は、

column　ゲリララジオで電波を飛ばしてみる

素人の乱12号店の店長の上岡さんという人が、この辺の謎の技術にも詳しく、FM電波を飛ばす装置を楽々と作ってしまう。ま、聞けば誰でも簡単に作れるらしいが、自分にはチンプンカンプンだった。作りようによってはいくらでも出力を上げて超遠くまで電波を飛ばすことはできるらしいけど、それは電波法に触れてしまうので、リスクが大きくなる。なので、とりあえず安全に無許可で電波を流すには、一定程度の微弱電波でないとダメ。で、その範囲でやるとせいぜい50mぐらいしか電波が飛ばせない。とは言っても突然強い電波を発したところで、どれだけの出力が出てるかなんて調べようがないので大丈夫。まあ、よっぽど有名なラジオで定期的に電波を発してない限り、捕まりっこない。しかし、リスクはリスクなので、やりたい人はその辺覚悟してやってもらいたい。

さて、半径50m程度だったら、本当に近所の人か、放送時間にわざわざ近くまで来てくれる人にしか届かない。実際、FMで生放送で聴いてくれる人もたまにいるんだけど、それだと数人相手にラジオをやることになってこっちも寂しくなってくるので、世界中で聴けるようにネットにアーカイブを載せるのは大事だ。ただ!!!!そう簡単にデジタル帝国に魂を売り渡すわけにはいかないので、ここはひとつアナログ媒体を通すことにした。そう、カセットテープだ。

まずは、生放送でやっているFM放送を、ドンキホーテで980円ぐらいで売ってそうな安っちいラジカセで録音し、それを今度はようやくデータに変換し、ネットに上げる。そうすると、A面からB面に替わる10〜20秒ぐらいが録音されないので音が途切れるが、これはもう仕方ない。いいところが聴けなくて悔しかったら、デジタルで聴いている自分を恨んでくれ。ラジオがFM電波として空中を飛び、それをカセットテープで記録した後にネットに流れる。もちろん、再放送までに時間も数日かかる。そう、アナログが最先端で、どう頑張ってもデジタルの世界が遅れをとっているという状況を無理やり作り出し、「デジタルざまーみろ!」と、言いたいためだけのシステムだ。……と言っても、別にデジタルに恨みはないんだけどね。

とりあえず、ラジオ、特にアナログラジオは一気に時空を超えて人の距離感を縮めるにはいいアイテムなので、ヒマがある人は使ってみたらいいと思う!　ということで、より距離を縮めるために推奨している素人の乱ラジオの聴き方があるので、それ

column　ゲリララジオで電波を飛ばしてみる

を最後に載せておこう。

★用意するもの　パソコン、ネット回線、勉強机、畳、襖、卓上ライト（電球タイプがオススメ）、イヤホンまたは安物ラジオ。

★準備　部屋を暗くして明かりは卓上ライトだけにする。イヤホン（モノラルの片方だけのものがベスト）またはラジカセ（定価5000円以上のものは使用不可）。

★高級ヘッドホンや高級オーディオを使用すると、音質が上がりすぎて臨場感を損なう可能性があるので、使用は控えてください。

★注意事項　録音時のラジカセの精度が悪く、ノイズが多く入っています。まれに番組を通して音楽らしきものが入っている場合があるけど、これは重ね取りしたテープの前の音が少し残っちゃってるものです。

column　ゲリララジオで電波を飛ばしてみる

できれば受験勉強をしながら聴いてください。

隣で襖越しに家族が寝ている場合は、迷惑になりますので笑い声や声を出しての文句などには注意してください。

※2024年現在、後継番組「素人の乱・残党ラジオ」として、毎月第2第4水曜日21時から「FM88.0MHz で放送中。デジタルによる再放送は StandFM というサイト内の同番組で聴けます。

文庫版最終章

この本が文庫化されるにあたり、触れとかなきゃいけない重要なことがあったので最後に書いておくことにしよう。本書の単行本が2016年9月に刊行された直後に、アジア圏を中心に各国の地下文化や各地のバカセンターをウロウロする大バカなやつらを無責任に東京に呼びまくった伝説の巨大イベント「NO LIMIT 東京自治区」が行われ、それをきっかけにマヌケ交流は爆発的に広がっていった。そして、高円寺の街にかつてからあった再開発計画がまだ着々と進行していることが明らかになったのも2018年ごろ。そして、今やお馴染みの謎の奇病＝新型コロナが2020年初頭に突如登場して大混乱のまま街の活動がほぼ全停止するなどの2〜3年間があったが、その間マヌケたちはどうやってしのいでいたのか、……という話。そして、それが落ち着いてくる頃には、もう蜘蛛の子を散らすように大バカたちが野に放たれ出して、世界マヌケ交流が再開するわけだが、なんと今度はこの本が文庫化する前に、またも

や世界大バカ集会である「NO LIMIT 2023 高円寺番外地」というイベントが行われてしまったのだ!! そう、この本が出版されて以来ずっと紆余曲折ありながらも世界マヌケ反乱は続いていたのだ〜、ってことで、最新情報をちょっと紹介しておこう。

世界の大バカ交流作戦——NO LIMIT 東京自治区

この本でも書いてきたように、世界各地にマヌケなやつらが集まるバカセンターはたくさんある。そして、もちろんそれは同じような場所じゃなくて、それぞれ特徴があって雰囲気が違ったり、店やスペースの形態もそれぞれバラバラだし、そこに集まってるやつらのノリも全然違って、そんな違いがまた面白い。でも、なんとなく共通してるのは、自分たちの力で自分たちの自由にできる場所を作っているっていうこと。それは金もうけとか地位とか名誉とは全く無縁のもので、のびのびと自由に生きたいってこと。うーん、わかるわかる! それは、どこの国だろうと同じだ。で、各地のそんな面白いスペースに遊びに行くたびに、「うわ〜、ここって、あの国にあるあの店とすごい似てる!」とか「あいつをここに連れてきたら絶対喜びそう！」みたいなことをよく思う。それぞれセンスが違うけど価値観が似てるところもあって、ましてや国や地域が違ったらいろんな文化的背景や社会的状況などの違いなどもあったりするので、いろいろ交流がたくさん生まれたら楽しそう〜……と、本気で思ってくる。

ということで、実際にやってしまったイベントが、4章274ページに書いた、2016年9月11から17日に東京で行った「NO LIMIT 東京自治区」というイベント。計画当初は、大きな会場を借りて1日か2日ぐらい大交流イベントやろうみたいな話になってたんだけど、それじゃ面白くないということに。もしそういう感じでやったら、やはりステージに立つような人が目立ってしまいがちだし、せっかくバラバラな人たちが集まるんだから、あまり中心は作りたくない。それに大きい会場なんて使用料が高くて借りるのも大変。で、よくよく考えたら、東京各地にも自分たちでやってるBARからアートスペース、書店や宿泊所、カフェなどなど、友達のスペースがたくさんあるので、「じゃあ、自分たちのスペースを全部使って一週間ぐらい小さいイベントを大量にやりまくろう」っていうことに。

ちなみに、国際交流のイベントってジャンルを問わずたくさんある。スポーツから文化交流、学術交流、または面白いことやってる人を海外から招いて講演会など。でも、どれもそうだけど、だいたいは、そのグループやコミュニティの中心的な人物やリーダー的存在の人が呼ばれて交流したりすることが多い。もちろん、それも大事なことなんだけど、各地の大バカたちの交流の上で欠かせないのが、やはり特に目立ってないマヌケなやつらの交流。例えば、あるスペースに行って創設者の話を聞くのも面白いんだけど、実は、そこによく遊びに来てるダメ人間とか、隅っこのほうにいるけどマヌケな面白い顔してる人とか、いつも酔い潰れてひっくり返ってる人とか、そんなやつら同士の交流とかが一番楽しそうだ。ということで、無差別に全員呼ぼうっていう無謀な方針になる。そこで、東京の受け入れ側の方針として、「海外から来てくれた人には東京滞在中の宿泊費は全部無料、食事も1日1食無料（とりあえずこれで餓死はしないはず）、NO LIMIT 東京自治区のイベント参加費は全部無料」ということにした。要するに、海外からの東京への渡航費さえあれば来れるという状態に。そとなれば、特に人前で何か発表したりっていう芸がない人でも来ることができる。そして「全員来るしかない！」という無謀な呼びかけを世界に発信しまくる‼

するとと、反応がやばいことに！　渡航費の安い近隣のアジア圏を中心に「行く！」という声が続出!!!!!　事前に、どうやら200人ぐらいは海外から訳のわからないやつらが1円も持たずに東京に押し寄せるということがわかってくる。当然、東京側には何かスポンサーや役所の補助金があるわけでもなく、完全に自前でやってるので準備金はゼロ。何も考えずに呼びかけたものの「これはやばい！」ってことになって、急遽、日本各地の人たちに米や食糧を募集した。そして、同時に東京近辺の人でスペースなどに泊めてあげられる人も募集。その結果、イベント直前までに、かろうじて200人分ぐらいの宿泊場所と食料を確保。いや〜、危ない危ない。

で、いざイベントになるともう大変。ライブイベントから芸術の展示、トークショーや討論会、運動会、自主映画の上映会から、路上パレード、各種作品の即売会など、一週間で50以上のイベントが行われた。で、毎日、各所で行われたイベントが終わると、夜みんななぜか高円寺に集まって来るものの、行き場がないのでとりあえず駅前で大宴会。もちろん欧米人などもいたけど、やはりアジア人がかなり多い。もちろん地元の日本人もたくさんいる。そうなってくると、みんな外見だけでは誰が何人で何語を話せるかが全くわからないので、いよいよ大混乱になる。みんな最初の会話が「何語を喋れる？」っていうところから始まる。マヌケな例だと、お互い外国人だと思って超下手な英語で話してたけど、気づいたらお互い日本人で「あれ⁉　日本人ですか？　なんだ、早く言ってよ！」みたいなことになってたり。そんな感じで、立派な人の話を聞いて「なるほど、そうなんですね」なんて交流じゃなくて、まさにバカなやつらとバカなやつらの大交流会。みんな自分のやってる店のことを教えたり、作ってる作品を教えあったり、言葉が通じないけど乾杯してお互いの変な顔を見て笑いあったり、国も地域も言語も超えてすごい仲良くなる。いや〜、最高だった。

同時に世界各地の新たな友達と同じ時を過ごし、テンション上がりまくり。そして、最後はみんな名残惜しそうに自分の国へ帰っていく。いや〜、最高のイベントだったねー、東京自治区。

そう、こんな交流はとてもいい。今の世の中、オンラインなどでなんでもできるけど、やはり実際に集まってお互いのマヌケな顔を見ることって超重要。それに、各地の人が集まる機会があったら、世界中の大バカたちはどんどん友達になったり、面白い情報を交換したりできる。時々でもいいから、今後もやっていくしかない！

高円寺再開発問題が発生！

この本ではいろんなふざけた場所づくりの例を紹介してきたわけだが、最大の天敵がある。そう、街の再開発だ。せっかく知恵を絞って面白いスペースを作ったり、近所の人たちと繋がって謎の人脈やコミュニティが徐々に広がっていっても、謎の大規模開発が浮上して、全て消し飛んでしまうなんてことは多々ある。

もちろん建物っていうのは古くなってくるものなので、いつかは建て替えられもするし、街の様子もその時々で変わっていくものだ。それはしょうがないんだけど、行政やディベロッパー（開発屋）の主導によって行われる開発は八割方センスゼロで、それまでの人間の営みを全無視したどこにでもあるような商業施設が並ぶ、しょうもない開発がなされることが多々ある。最近なんかは、もし目隠しされてどっかの地方都市の駅前で解き放たれたらどこがどこだかわからない感じ。つまらなすぎる。

人口減に悩む地方都市は、苦肉の策で再開発をして、余計街がつまらなくなってさらに人口が減るというマヌケな事態が続いているが、大都市圏でも似たようなことが起きている。古い雑多な商店街を一掃して大通りを通し、でかいビルや商業施設を作る。で、当然家賃は上がるので、どこにでもあるチェーン店ばかりが入り、街の特色が薄くなって、これまたつまらなくなる。

地方では人口減のテコ入れで藁をも掴む思いでやってるんだろうけど、大都市圏は完全に謎で、元々盛り上がってる古き良き雰囲気を壊して、人口減に悩む地方都市駅前のコピーみたいな街を作っている。なんなんだ、そりゃ〜！　で、よくよく考えてみたら要は金だ。ゴチャゴチャした個人商店なんて、客で賑わってるだけでたいしてもうかってない（本当はそれ最高なんだけど）から、チェーン店や大型店や人気店が入ってくれた方が税収も上がる。さらに大通りを通したら規制が緩和されるので高層ビルを建てることも可能になるので、さらに金が回ることになる。当然土建屋も喜ぶ。

ってことで、行政も開発屋も笑いが止まらない状態になるのが再開発なので、こりゃ日本各地で止まらない。ただ、「金だ〜!」って言っちゃうとそれはカッコつかないので、再開発をやる時は必ず「老朽化だから危険」とか「防災のため」なんて名目で計画が浮上する。本当は金目的なんだけど、それは言わない。っていうか、5分で全焼しそうなボロボロの家に住んでたり店やってたりする場合は、それを承知の上で入ってる。要は死を覚悟してやってるんだから、いまさらツベコベ言われたってこっちの気持ちは変わらねえって話だ。ま、そんなせいでダサい街が日本各地に急増している。

さらにいうと、そういう再開発後の世界って、街の、人と人とのつながりが薄くなる。顔見知りの店主と話ができる店も激減するし、常連同士の繋がりが生まれることもほとんどなくなっていく。そうなったら何年、何十年住んでても街に知り合いがほとんどできないなんてことになるわけで、そんなの健全な街じゃない。それに、そんな状態の時に災害やら不測の事態やら起きたら目も当てられない。いざってときはみんなで助け合わなきゃいけないんだから、防災や防犯って意味からしても再開発で起こるマイナスの方がでかい。

そこで、この本でもたくさん登場した高円寺の街でも、そんなセンス悪すぎる再開発計画が登場した。実はこの計画、数十年前からあるもので、1980年代ごろには実際に計画に移されそうになったんだけど、その時は高円寺の住民の反対運動で頓挫。ところが、実はその計画、中止にはなっておらず、一時停止状態のまま、水面下で再開に向けた根回しが行われていることが判明。なんだそりゃ〜、ズルいじゃねえか〜‼

で、そんな水面下の目論見が判明した2018年から、高円寺再開発反対をテーマとしたデモをやり始めた。ただ、工事着工目前っていう状態ではないので、「絶対阻止！」みたいな反対デモをやる感じでもない。そう、悪い芽は早めに摘んでおかなきゃいけないので、水面下の計画が水面上に出ないように未然に防ぐのが目的。計画が確定してから反対したんじゃ押し切られる可能性が急増してしまう。そんなわけで、「再開発されてない高円寺はやっぱりいいね〜」というテーマがいいってことになり、タイトルも「高円寺に再開発は要らないパレード」に決定。そして、例によって高円寺に住んでる人や店をやってる人、飲み歩く人たちや遊び歩く人たちなどが集結。コンセプト的にも、怒りのデモではなく祝賀パレードみたいなものなので、完全に祭りみたいな感じ。例によってサウンドシステムを載せたでかいトラックが何台も登場し、その上でDJやらバンドなどが音楽を流しまくり、集まる人たちもみんな好き勝手なものを持ってきたり、訳のわからない格好をしてきたり、大パニックのカオスの様相。再開発されてない街を祝う謎の行列と化す。

面白かったのは、「水面下で根回ししてんじゃねー」と訴えまくってたら、一部の政治家たちが異常にムキになって「違うよ！　再開発ありきで進めてるわけじゃない！」みたいな墓穴掘るような怒り方をし始めたりして、いよいよその計画が明らかになり始める。

そこから年に一回の祝賀パレード開催が始まり、２０１８年、19年と行われたが、20年と21年は例の新型コロナウイルスによって中断。22年からはまた再開して春にパレードが行われている。毎回、高円寺にゆかりのあるバンドやＤＪが登場したり、多くの商店主なんかも参加している。22年からは屋台のような移動式のバーカウンター「のんべえ号」も登場。これも高円寺でバーをやりつつ工務店もやってる人が作ってくれた新兵器。ＤＪカーは移動式のクラブ、バンドカーは移動式のライブハウス、のんべえ号は移動式の立ち飲み屋。その他ゾロゾロと謎のやつらがパレードをし、まさに高円寺を体現したようなとんでもない行列!!　何かを言語で訴えるだけでなく、一目瞭然で、「あっ、高円寺のやつらが一斉に街に出るとこうなるのか。守りたい街ってこういうことか！」と身をもって示すパレード。完全に祭り。

さて、こっちは高円寺を台無しにするようなくだらない再開発計画がムカつくからやってるだけなんだけど、それがローカルな杉並政界を震撼させた。22年にあった杉並区長選挙では、最初は前区長は「俺は再開発計画進めるなんて言ってねーよ！」とか言ってたものの、選挙目前になると「でかい道路作って何が悪いんだ！」みたいな完全な開き直りを見せ、「あいつやっぱりいろんなところに道路つくろうとしてるぞ！」とバレまくり、さらに他の不始末なんかも相まって見事に落選！　どちらかというと再開発には消極的な人が新区長として選ばれた。ま、元々政治家や政界の力によってどうにかしてほしいなんて思ってないので、そこまで一喜一憂はしないけど、まあ事態は少しだけ好転。いやー、大バカなやつらが街にはびこるってのはやっぱり重要だ〜！

新型コロナと秘密裏の奇策

新型コロナ禍に直面したバカスペースについてもちょっと触れておきたい。

ただこれはもう業種によるので一概には言えなくて、自分でやってる店だけでも大きな違いがあった。まずゲストハウスは海外客がゼロになったので大赤字になり即座に廃業（現在は再開してる）。飲み屋（なんとかＢＡＲ）は東京都からの感染防止協力金があったので事なきを得る。そして、リサイクルショップは、みんなが家に閉じこもる「ステイホーム」のおかげで人々の興味が家の中に向き、おかげで大繁盛でコロナ様様の状態に！

さて、それはともかく、最も重大なことは、人と人との交流ができなくなったことだ。人が会って話をすることが悪とされるというすごいことになった。初期段階の武漢で爆発的に発生した時は、友達の知り合いあたりに死者なども出始めたこともあり、しばらくはみんな神妙にしていた。

２０２０年から深刻化した新型コロナだけど、コロナ封じ込め策が失敗に失敗を重ね、いつまで経っても状況は良くならなかった。もちろん最初はみんな「これはヤバイ伝染病だ」と、家に閉じこもったり、店を休業したりして感染防止を頑張った。しかし、東京オリンピックをどうしてもやりたい政府の中途半端な対策ばかりが続き、結局1年以上経っても一向に良くならない。で、最終的にはほとんど八つ当たりのように「何も考えてない酒飲みたちが騒いだりしてるからコロナが落ち着かない」っていう謎の社会の風潮になってくる。チキショー、俺たちだけのせいにするな〜！

そこで、飲食店には休業要請が出たり、営業が認められても夜の8時には店を閉めないといけないということに！　短期間ならまだしも、それが半年1年と続くようになったので、これはもう無理。そこで、急遽、高円寺の酒飲みたちと作戦を練った結果、うちのリサイクルショップを秘密の飲み屋にすることに。店内に急遽バーカウンターを作り（リサイクルショップなので材料はなんでもあるから一瞬でできる）、昼間はしれっと普通にリサイクルショップとして営業。で、東京中の飲食店が規制によって一斉に閉店する夜8時！　うちのリサイクルショップも同時に閉店。そう、普段だったら超賑わってる高円寺の街も、8時の時点でもう深夜みたいな雰囲気に包まれる。ところが、高円寺の酒飲みたちがおとなしく家に帰るほど世の中甘くはない。秘密の酒飲み連絡網で情報を聞きつけたやつらが知り合いの知り合いに伝え、高円寺中に情報はばら撒かれ、深夜（と言っても夜8時）の街を夜な夜な集まってくる。で、酒飲みたちは忍者のように周囲に気を配りながら閉まったシャッターの鉄門を叩く。そして店の内側からは、当日発表される秘密の合言葉が告げられ、返事をする酔っ払い。その答えが正解なら鉄門は中から開かれる。それも少しだけ。そして酔っ払いは音も立てずに素早く店内に入り、シャッターを素早く閉める。そう、そこは夢にまで見た酒の世界。飲むなと言われると飲みたくなるのが人情。そうして、続々と行き場を失ったヒマ人たちがリサイクルショップに集まってくるのだ。

これ、実はネットの規制が厳しい中国で学んだ技術。中国ではＬＩＮＥグループのような閉じた形で連絡を死ぬほど回し、秘密裏にイベントなどをやりまくっており、その裏ワザを活用した。

……ま、とは言っても、別にそんなに厳格にやらないとヤバイような状態ではなく、他の店も結構そんな感じで飲み会とかやってた。ただ、禁酒令のようなものが出されると、何かしらすり抜ける裏技を開発したくなるもの。いやー、いい練習になったし面白かった〜。そんなわけで、人の交流は水面下で脈々と行われ続け、酒飲みたちの執念が発揮されまくった。

さて、そんな感じで高円寺ではみんな遊び回ってたし、闇世に紛れて厳戒態勢のなか大阪に飲みに行ったりしてみると、そっちはそっちで似たような感じで水面下で死ぬほど遊んでた。後から聞いた話では、日本各地でそんなことが起きていたらしい。いや〜、たくましいな〜。

ただ、表向きにはイベントなどもないし派手に出歩くこともしづらい感じ。そんなことで、高円寺では高円寺内の人たちの交流の幅がものすごく広がった。当時は非公開のイベントがたくさん行われていて、全部高円寺内の人づてに情報が回るので、誰かが何かやったらとりあえず駆けつけるような状態。なので、普段はあまり遊ばない人たち同士も、みんな行き場がないもんだからいろんなとこで遭遇する。おかげでコロナ中に友達が増えまくり、みんなの交友圏がすごく広がった。これ、みんな言わないだけで他の街でもそうなんじゃないかな〜。

コロナ期間、疫病の話を抜きにしたらめちゃくちゃ最高だったし、地下文化圏にとってはものすごいプラスだった。疫病のないコロナ、もう一回来てくんないかな〜。

世界マヌケ交流の祭典「NO LIMIT 高円寺番外地」

2020年から2022年ごろまでの謎の疫病で世間は大パニックになっていたわけだが、高円寺ではそれが逆に面白い効果を生んだ。コロナ期間中、イベントや飲食店などが軒並み消滅したおかげで、行き場を失った高円寺内の人たち同士での交流と繋がりが急増するという謎の現象が発生し、高円寺地下カルチャーは密かにものすごい発展を遂げた。いろんな可能性は広がる一方で、もはやなんでも来い状態になっていた。

2022年ごろ。2〜3年の間固く閉ざされていた国境がついに重い腰を上げて開き始める。いや〜、国境の旦那、待ってました！　数年間閉じ込められていた各国のマヌケなアンダーグラウンドのやつらも、最初は恐る恐る様子見な感じだったけど、ある時から堰を切ったように大挙して日本にも押し寄せてきたし、こっちからもすかさず各国に遊びに行く人が急増した。いや〜、よかった〜。

そんな流れで「かつての狂乱のイベントNO LIMITを今度は高円寺単独でやってみよう！」という話が急浮上。以前と同じことをやっても面白くないし、高円寺だけでやったらイベント会場が全部歩いて行けるので、これは大変なことになるに違いないってことで、2023年9月下旬に開催する運びに。その名も「NO LIMIT 2023高円寺番外地」。ちなみにこのNO LIMITシリーズ、これまで各国で行われてきたけど、全て主催も別で、イベント名（今回は高円寺番外地）も別々。アンダーグラウンド文化の交流っていうテーマのもとに勝手に行われるイベントだ。

さあ、準備段階でいざ各地に呼びかけてみると、待ってましたとばかりに「絶対行く！」という返事がどんどん来る。確かにコロナの数年間、自国に閉じ込められてた鬱憤があっただろうから、ついに野に放たれる大バカたちって感じで、どいつもこいつもなんだかやたらとテンションが高い。これはヤバイ!!

そして9月を迎えると、2016年の時と同様、台湾、中国、韓国、香港などをはじめ海外各地から続々と変人たちが押し寄せ、いきなり高円寺が大パニックに。アメリカやヨーロッパなど地球の裏側からわざわざ遊びに来るやつらまで登場。しかも、例によって音楽やアート、店やスペースを自らやってるような人だけを呼んだわけではなく、やみくもに「誰でもいいから遊びに来るしかない！」と無責任に呼びまくったため、「自分は特に何もやってません」という人も白昼堂々参加することになり、いよいよわけの分からないやつらが続々と出現。音楽の交流やアートの交流など、テーマがある国際交流はいろんなところで行われているけど、世界広しといえどもマヌケを集めた世界大会なんて他には絶対にない。

開催期間は9月22日から10月1日までの10日間。この期間中に無数に企画が行われたわけだが、DJやライブイベントからアーティストの展示や、上映会、トークショーまでいろいろ。各地のいろんな地下文化や大バカなやつらのスペースの紹介なども行われ、コロナ期間中の空白を一挙に埋めるかのような新情報が大量にもたらされた。特に、今回は中国からの参加も多かったこともあり、その辺りもヤバイぐらい面白かった。すでにいろんな検閲やら規制などがある中国では、逆にそれを掻い潜る地下文化が発展しており、まさに裏ワザの宝庫。表沙汰にはできないような情報の交換がされるのは地下文化交流の醍醐味。さらには、近年中国で流行っていて日本でも報道された〝寝そべり族〟に関するイベントもあって、話題になった『寝そべり主義者宣言』という冊子の解説を、当の中国の人たちから教えてもらうイベントなんかは、もう目から鱗の連続。いやー、いまアジア圏、いや世界的に最も地下文化が熱いのは中国かもしれない！

そして、２０１６年以来各地で行われてきたNO LIMITだけど、共通して言えるのは、飲み会がヤバイこと。各企画が面白いのは確かなんだけど、実のところ各イベント外での交流が一番重要でもあったりする。例えばイベントが終わった後には自然と飲み会になったりして、言葉も人種も国籍も違うやつらがゴチャ混ぜになってバカな話をしたりして仲良くなり始める。各国の裏事情を教えあったり、言葉が通じない人同士の定番の悪口や下ネタの言語交換をし始めたりと、ふざけて遊びながらも共通の趣味やジャンルの人たちが繋がっていったり、変なスペースを運営してる人たち同士が連絡先やショップカードを交換したりと、勝手に交流が広がる感じ。もちろん夜の飲み会だけじゃなくて、昼夜を問わずいろんなところで勝手な交流が展開される。開催期間は1週間とか10日間なので、みんな昼頃にそれぞれの宿泊場所から街に出てウロウロし始める時にも街角で各国の人同士バッタリあって、お互い遊びすぎて青い顔して「お、おう」と、言葉少なげに挨拶する感じも最高だし、気のあった人たち同士で「じゃあ昼ごはんでも食べに行こうか」なんてことにもなる。我々日本の受け入れ側のみんなもその辺の古い定食屋とかいぶし銀の町中華なんかをオススメするので、国籍不明の言葉が通じない人たちがズラッとならんでアジの開き定食とかブリと大根の煮付定食とかを食べたりしてる感じもすごくいい。さらには、知り合った仲間同士連れ立って高円寺番外地ではない全く別のイベントに遊びに行っちゃったり、そのままどっか行って帰ってこなかったりと、自由すぎる感じ。こんなのが1週間、10日と続くので、みんなお互いに「あれ、こいつらみんなずっとこの街にいたんじゃないか?」なんて、なんだかその街に生活してる村人みたいな感覚に陥ってくる。そして、村人(今回でいえば高円寺)である近所のオッサンおばちゃんたちとも仲良くなってくるし、あるいは高円寺で日々飲み歩いてて街から出ないし海外にも行ったこともないようなローカル遊び人諸氏とも友達になっていったりと、各国各地の人たちがどんどん村人化してくる。

そう、そんな交流って、一朝一夕の交流とは訳が違って、おそらくその人が死ぬまで覚えてるような半端なく印象に残る経験になる。そう、これこれ、この村人感。あとから人為的に作られた〝国境〟なんていう謎の概念によって変な距離感が生まれちゃってるのを、どんどんぶち壊していく感じ。それがこのNO LIMIT高円寺番外地の醍醐味で、ふざけたいい加減なイベントだからこそ、さらに大バカ同士の友情を生むっていうのも面白い。うっかり飲みすぎて二日酔いで死ぬ寸前のバカ二人が青白い顔を合わせて「これが韓国の二日酔いの薬だ。これは効くぞ〜。おまえの国ではこんな時どうするんだ?」「台湾ではとりあえず牛肉のスープだ」みたいな交流で地味な友情が各所で生まれている。う〜ん、素晴らしい!

ともあれ、高円寺を中心に十数カ所の会場や屋外(「全部に反対デモ」というパレードも行われた)を使った高円寺番外地には100名以上の海外組に加え、日本各地から現れた人たちや高円寺の人々が入り乱れての大パニックのまま、多くの混乱や負傷者、酔っ払い、友情を生みつつ閉幕。で、そんな中、酔った勢いなのか気が触れたのか、台湾のやつらが突如「よし！　2024年の NO LIMIT は台湾だ！」と宣言。本当に開催されるのかはまだ闇の中だが、ともかく何かが起こることは間違いない。いや〜、世界マヌケたちの交流はまだ続いてしまう！

世界のとんでもないスペース一覧表

　さて、ここまでこの本を読んできた諸君は、もういろんなところに遊びに行きまくってみたくなってるに違いない。ということで、具体的な最高にとんでもない場所を一覧表にしてみたので、是非是非行きまくってみてほしい。勝手に面白いことをやってる人たちのスペースは、それぞれものすごい特色があり、ノリも雰囲気も全然違うので、合う合わないはすごく分かれると思うけど、いろんな場所に遊びに行ってしっくりくる所を見つけたら儲けもの。芋づる式に面白い所やとんでもない人と遭遇するはずだ。

　あと、ここに書き出した場所は、当然ほんの一部に過ぎない。書ききれなかった所もたくさんあるし、未知の場所も無限にあるはず。日本中、世界中に恐ろしい量の強力なスペースがあるはずなので、この一覧表を手掛かりにでもして、どんどん面白い場所を見つけまくるしかない！

（＊移転や、連絡先変更などの可能性があります。定休日、営業時間などはホームページなどでご確認ください。）

札幌　みんたる
北海道札幌市北区北14条西3丁目2－19
☎ &fax 011-756-3600
フェアトレードショップ。雑貨も売ってたり、イベントも多数あり。

旭川　MOSQUITO とボーフラ
旭川市3条通9丁目小谷ビルＢ1F
☎0166-24-8899
✉ asahikawamosquito@gmail.com
ライブハウス。何かと共通の知り合いも多く、いろいろと面白い人々と繋がってるスペース。旭川で退屈していたらココに行くしかない!!!

長野　小市リサイクルセンター
長野県長野市安茂里小市3－45－22
ここはヤバイ！　リサイクルショップと言いつつ、何やってるかよくわからないスペース。たまに店主のジローさんが気が向いてきたときは、物を売り始めてみたりするけど、飽きたときには店内は何もなくなる。裏に山を持っていて、好きにイベントができたりするし、完全に謎の空間。そのため、各地からの流れ者が滞在してたりして、いよいよ意味のわからない場所になっている。とりあえず行けばわかる。

気楽房

住所：山奥につき住所は不明

前人未踏の山奥にある集落で100年以上前の古民家を改装して作ったスペース気楽房！　近所の老人たちを集めて上映会とか織物教室をやったりして遊んでいる。さらに！　すごいのは自給自足を目指し、服や農作物などいろいろ自分で作ってみたり、村人と物々交換をしたりしている。ちなみに自分は、都市スラムみたいなところで、町工場とドブ川と排気ガスなどで育ってきたので、きれいな空気や土が恐ろしくてしょうがないので気楽でもなんでもなく、なかなか立ち寄らないが、自然好きの人はみんな超喜んでいるいいところらしい。

松本　**Give me little more.**

松本市中央3－11－7

☎080-5117-0059（新美正城）

✉ give.melittlemore@gmail.com

松本市内にある多目的イベントスペース。イベントがない時もバー営業をしている。

水道橋　**路地と人**

東京都千代田区神田三崎町2－15－9　木暮ビル2F

✉ rojitohito@gmail.com

「路地と人」という奇怪なスペースがあるらしい。小さいスペースながら、いろんな展示やイベントをやっている。行ってみるしかない！

下北沢　**気流舎**

世田谷区代沢5－29－17　飯田ハイツ1F

☎03-3410-0024

✉ kiryuusha@gmail.com

対抗文化専門古書店を名乗る世にも珍しいDIY古本屋で、コーヒーやビールも出している。ブックカフェ界のタバコ屋と恐れられるほど狭い店内だけど、次々と変わった人が遊びに来て賑わっている。初代店主の加藤氏が、ほぼ自力で内装を作ったという徹底ぶり。現在はメンバー制の共同運営で経営されている。本の品揃えはよくわからないけどすごい。

新宿 模索舎

新宿区新宿2－4－9
☎03-3352-3557　fax 050-3505-8561

1970年から続く自主流通本専門の書店。自主流通本と言っても別に、その辺の死にぞこない社長あたりが書いたつまらない自費出版の自伝とかを売ってるわけではない。超マニアックなものから、政治系、宗教系など、絶対世に出回らないような出版物やCDなどがたくさん置いてある。ネットで調べれば全てわかると思ったら大間違いなことを実感する場所。店員は常に渋い顔をして座ってるけど頑張って話しかけてみよう！（→p.176）

Irregular Rhythm Asylum

新宿区新宿1－30－12－302
☎03-3352-6916　✉ info@ira.tokyo

自力製作物品販売店。書籍やCD、Tシャツ、雑貨などなど、自主製作ものがたくさん置いてある。しかも海外のものもたくさん置いてあるのでいろんなことが知れて面白く、インフォショップ（情報屋）という面もある。海外とのつながりも多く、世界各地から放送禁止みたいな人が次々とやってくるので、そいつらの武勇伝を聞いているだけでも面白い。ちなみに、店主の成田くんは東京下町の出身ということもあり、あまり都会人っぽくなくマヌケな顔をして、いつも店でのんびりしてる。（→p.174）

Cafe Lavanderia（休業中）

新宿にて数人で共同運営をしていたカフェなんだけど、中心人物の一人の藤本さんがおもしろ物件マニア。次から次へと謎の物件を探し出して来ては「ねえねえ、こんな所あるんだけど何かやらない？」とそそのかすクセがあるので危険。音楽やトーク、ワークショップなどのイベントもよくやっていて重要な拠点だった。ところが、2023年3月にビルの立ち退きで惜しくも閉店。ということで、例のおもしろ物件マニアの本領発揮中で、いま血眼になってふざけた物件を探しまくっているので、近々突如再オープンする可能性大。

グリゼット

新宿区歌舞伎町1－1－5
ゴールデン街にあるBAR。2016年春にゴールデン街の火事のドサクサで2階部分が燃えてしまったが、辛うじて一命を取り留め、今は復興して健在の模様。さすがゴールデン街、インテリや知識人が跳梁跋扈してるので、この本を読んでるような我々が迂闊に知識人ぶって行ってもすぐバカが見破られる。もう開き直って鼻毛を伸ばしたりご飯粒を顔につけていくぐらいの方がオススメだ。

BERG NEW

新宿駅（東口）駅構内ルミネエストB1

新宿駅構内に残る唯一の個人商店で、昼から美味しいビールもコーヒーも飲める。しかも、店主の井野さん迫川さんコンビが常に絶好調な二人で、戦争が始まれば怒り出すし、政治家が悪事を働けば朝飯前にキレ出すという、反骨精神全開で頼もしい店。2016年にこの本の単行本が出た時も店頭に置いてくれて、朝コーヒーを飲みに来ただけのサラリーマンを混乱に陥れる事態も多発したはず。

高円寺 なんとかBAR

杉並区高円寺北3-4-12

完全日替わり店主のBAR。毎日店主が違うので、値段もメニューも営業時間も店の雰囲気もお客さんの客層も全て違うので、説明不可。ただ、毎日通うだけでものすごく幅広い人たちと知り合うことができることだけは確か!!（→p.108）

素人の乱5号店

杉並区高円寺北3-9-11 ☎03-3330-2939

第2章でも紹介した金持ち中心社会に対抗するリサイクルショップ。家具家電から謎の雑貨までいろいろある。超いいものから実用的なもの、激安のもの、くだらなすぎるものなど、いろんなものが集まるところなので、界隈でも重要スポットの一つ。高円寺で騒ぎが起こるときは準備の中心になったりすることも多々ある。（→p.74）

マヌケ宿泊所

杉並区高円寺北3-8-12 フデノビル4F

☎03-3330-5163

「世界に通用するひどいゲストハウス」を目指し、ひたすらマヌケな宿泊所をやっている。サービス最低、設備最低、スタッフの語学力も最低。ただ、面白い人に会える可能性だけは世界一レベル！ ここのおかげで商店街に謎の外人やヒマ人が増えていい感じになってきた。1泊2500円より。（→p.131）

素人の乱12号店

杉並区高円寺北3−8−12　フデノビル2F

多目的イベントスペース。期間限定のお店や、トークショーや簡単なライブ、映画の上映会、語学教室などなど、各種の小規模イベントが連日行われている。この界隈の寄合所的な感じもあり、何か事があったらここにワラワラと集まり会議が開かれたりもする。(→p.91)

Pundit'

杉並区高円寺北3−8−12　フデノビル2F

☎090-2588-9905

トークライブハウス形式のBAR。月の休みはほとんどなしで、毎日のようにイベントが入り、下手したら昼イベントと夜イベントがあったりもする。そして、ご飯も食べられるし、ドリンクも出す。これを奥野くんという店主が1人で寿命を縮めたような顔をしながら全部切り盛りしている。(→p.106)

雑貨！未完成

杉並区高円寺北3−12−2　オンブラージュ高円寺1F　✉zakka.mikansei@gmail.com

マヌケ雑貨専門店のこの店はヤバイ。かわいらしい手作り品なんかも多数扱ってるけど、メインはなんといっても、中国や東南アジアなどから仕入れてきた、世にもバカバカしい雑貨の数々。店主のフーちゃんのセンスが絶妙すぎて、店に行くたびに「なんだこりゃ!!」と叫びたくなるものに遭遇する。

バルデラマ

杉並区高円寺北4−17−12

2006年オープンの、素人の乱界隈では老舗の古着屋。日没から深夜までという、意味のわからない営業時間が功を奏し、ここで服を買う人はあまり見たことがない。ただ、この店と店主の本田さんの安定した存在感のため、お酒を持ってきたり話をしに来たりする人が後を絶たない。用もないのに病院に行って待合室で駄弁ってる老人を全員40〜50歳若くしたらこの店みたいになるに違いない。本田さんがどうやって食いつないでるかは不明。

キタコレビル

杉並区高円寺北3−4−11　☎080-6566-4057

戦後のバラックのような崩れる寸前の建物を結合した、見た感じ違法建築以外の何物でもないような建物。これを古着屋の若いやつらが寄ってたかってとんでもない状態に改築した建造物でいろんな店が入ってる。行ってみたら間違いなく驚くのでこれはオススメ。特に1階にある洋服屋「はやとちり」がすでにチンプンカンプンなものばかり売っている。店主のごっちゃんもマヌケな雰囲気を持っていて面白いので話しかけてみよう！

SUB STORE NEW

杉並区高円寺北3－1－12 ヤマダネクスト2F

インドネシアから来たアンディと江戸川区から来た久美さんの二人が運営するCAFE&BAR。インドネシア料理のカフェで、夜はBAR営業。高円寺にこのお店ができたおかげで、インドネシアの地下文化シーンとの太いパイプができ、インドネシアからいろんなミュージシャンやアーティストが高円寺に訪れるようになった。簡単なライブやDJイベントもよく行っており、なかなかの重要スポット。ちなみに店主のアンディは、高円寺のツチノコとして恐れられ、いつもニコニコして神出鬼没で高円寺を飲み歩いているので、強力な謎の人脈も持っている！　久美さんは飲みすぎると暴れ始める。

UPTOWN RECORDS NEW

杉並区高円寺北3－33－16 かめやビル2F

元々は上海を拠点として店をやっていたUPTOWN RECORDSが、満を持しての日本上陸！　レコード店＋音楽BARの名店だ。そして、選んだ場所が、日本地下文化圏における最重要拠点の東京高円寺！　さすが！　見る目がある!!!　店主のsaccoはフラッと観光ビザで現れた瞬間に、何を血迷ったのか突如店を借りて出店を決定。その後、よくよく考えたら観光客が店開いたらダメなことを思い出して猛スピードで諸申請を完了して最速で開業するというマヌケすぎる行動派。オープンはコロナ禍スタートと同時の2020年3月！　しかし、東京地下音楽シーンの人たちが続々と集まり、早くも面白い場所になっている。中国独立音楽のレコードなどもあり、面白い化学反応が起こり始めている!!

Dig A Hole Zines NEW

杉並区高円寺北3－8－12 フデノビル4F

UPTOWN RECORDSが軌道に乗ってきたのか、完全に調子に乗ってうっかり開いちゃった2号店。ここは名前の通りZINEショップで、アメリカと中国のZINEをメインに扱っているという、なかなか日本ではここでしかないような店。店主の sacco は元々アメリカ出身で、日本語はまだレベルゼロ。だが、大雪だろうと暴風雨だろうと、街で会うたびに満面の笑顔で「へーイ、マツモト〜」と異常な陽気さで話しかけてくるという、くいだおれ人形とズームイン!!朝！のウィッキーさんを足して2で割ったような男。前途は明るいはず。

TKA4 NEW

杉並区梅里1-1-50　都営高円寺アパート4号棟

廃墟化しつつある都営団地の一階に巣食うアナーキースポット。アーティストのギャラリーやアトリエになったり、ライブや上映などのイベントが行われたりと多彩な活動をしている謎スペース。常に不穏なもくろみをしてるイチカさんというアーティストと、北斗の拳で「ヒャッハ〜」とバイクに乗って襲ってくる雑魚キャラと瓜二つのダイゾーくんの2人が重要コアメンバーで、イカれた芸術家やらヨーロッパのアナーキストなどもウロつくとんでもないスペースなので、お気軽に遊びに行ってみてほしい。

(→p.159)

Loca★Kitchen（通称：スナックやすよ） NEW

杉並区高円寺南3-68-1

肉食のパッパラパーみたいなのばかりいると思われがちな高円寺だけど、そんなのばっかりじゃねえよと証明するかのように燦然と輝くヴィーガンレストラン。高円寺とは思えないおしゃれな内装でゆっくりご飯やお酒が楽しめる落ち着いた場所。海外から来たヴィーガンの人なんかも集う重要スポット。ただ、店主のヤスヨ姉さんは、知的な学術方面にも明るいと思いきや、南米貧乏旅行歴も長くスペイン語もペラペラで、さらには吉本芸人歴もあるし、飲んだ時はたまに暴れ出すという、ただ者じゃない人物。なんだ、やっぱり高円寺じゃねえか！

阿佐ヶ谷　mogumogu NEW

杉並区阿佐谷南1-36-15　マガザン阿佐ヶ谷3F

元々は北京で69cafeという名で台頭していたロックバーで、CDやレコードなどを売りつつライブもやるお店だった。が、最近どんどん厳しくなる中国音楽業界事情に音を上げ、ついに東京阿佐ヶ谷に進出。ここは60年代70年代ロックやフォーク、サイケデリック、ポストロックなどが得意の店だけど、いろいろ幅広く扱っている。特に中国インディーズ音楽の音源も多数あるので日本ではなかなか貴重な店。せっかく北京から来るので、6月4日に起きた天安門事件にちなんで「64Cafeにしようよ」と提案したけど、「シャレになんねえ」と、一瞬で却下され、店主のニックネームにちなんだ店名に落ち着く。

西荻窪 三人灯 NEW
杉並区西荻南3－17－5

水越という、バカそうに見えて実は利口だけどやっぱりバカな偏屈な兄ちゃんがやってるBAR。この店主がまた筋金入りの反骨者で、原発でも再開発でも五輪でもムカつくことがあるとすぐにデモを起こすけど、群れたり他人と擦り合わせたりするのが嫌いなので、いつも数人で反旗を翻し続けてる。店名の由来は、3回聞いたけど酔っ払ってたので忘れた。外でタバコ吸う時でも三人で囲んで火をつければなんとか風を防いでいけるとか、さしずめそんなところだろう。違ったかも。店内には漬物石みたいな本が大量に並び、たまに客に悪態つくけど、料理もお酒も異常においしい。店内は用もないのにオシャレ。

野方 PUNK
中野区野方5－30－10　☎03-5327-8696

ここも素人の乱5号店からの暖簾分けリサイクルショップ。店主の村上くんは19歳の時に富山の田舎から音楽をやりに東京に出てきたものの、路頭に迷い死にそうなところを5号店に拾われる。高円寺時代も、各種イベントを思いつきだけでやり始めたりして頭角を現す。パンクバンドをやってるので店名「PUNK」という、恐ろしく単純明快なネーミングがバカすぎていい。

自由が丘 Rock'n' Roll BAR・振り逃げ屋
目黒区自由が丘1－13－10 山田ビル1F

ロックそのものの店。おしゃれタウン自由が丘のど真ん中で異彩を放っている最強スポット。店主の徳永さんがまた最高で、「自由が丘なんてクソみてえな街だよ。金持ちのフリした中途半端なニセもんばっかりだ！」と、常にロックンロール全開。ああ、いまの息苦しい世の中、足りないのはロックだったんだ……と、気づかせてくれる店。行った方がいい。

国立 かけこみ亭
国立市富士見台1－17－12　S&SビルB1F

☎042-574-3602
中央線国立界隈のまさに駆け込み寺とも言えるBAR。店主のぼけまるさんの懐が深すぎて、魑魅魍魎が跋扈する4次元空間みたいな飲み屋。でも一切気にしないのがさすがぼけまるさん。ライブなど各種イベントもやってたりするし、世に文句を言うデモが起こるときなんかもここに集まったりする頼もしいところ。

横浜　お店のようなもの2号店　NEW
神奈川県横浜市南区中村町2-11-1
『野宿野郎』なる謎の雑誌の編集長も務める奇才かとうちあきさんが開いた飲み屋〝お店のようなもの2号店〟。横浜のマヌケが大量に集まる店で、ここに集う人々が街に繰り出して勝手に路上でフェスをやったりとやりたい放題。ただ、問題は全て気まぐれなのでいつ開いてるかも定かではないふざけ切った店。Twitter(X)@kanegonn で開店日をチェック！

名古屋　サンサロ＊サロン
愛知県名古屋市中村区則武2-32-12　則武ビル1F
☎080-3069-1608 担当：ふじわら
✉ zkizki8@gmail.com

多目的イベントスペース。毎日開いてるわけじゃないけど、イベントの時は謎の人たちが集まってくる。

岐阜　こどものほんやピースランド
岐阜県高山市愛宕町8
☎0577-34-5356　fax0577-34-5741
世界にも稀な、酒が飲める絵本屋さん。ここの店主はたまに高円寺にも遊びに来てくれる。

大阪　イマジネーション　ピカスペース
大阪府大阪市浪速区恵美須東1-20-10
✉ pikaspace0810@gmail.com
既に紹介した通り、大阪の恐ろしさを思い知る店。続々と変人が登場してくるので、油断できない飲み屋。（→p.212）

ゲストハウスとカフェと庭　ココルーム
大阪市西成区太子2-3-3
☎& fax 06-6636-1612
大阪の西成という、かなり渋い場所にあるインフォショップカフェ。近所の日雇い労働のオッサンから、複雑怪奇な芸術家、迷い込んできた若者まで、いろいろな人がいる。店主は詩人の上田假奈代さん。ゲストハウスも併設して営業している。

京都　村屋
京都府京都市左京区田中下柳町7
京都のノンベエたちの間でここを知らない者はいないぐらいの酒豪が集まる危険地帯。素人の乱初期の一味で、現在は〝途中でやめる〟というブランドで服を作っている山下陽光も京都に行った時は飲んだくれてたり、素人の乱12号店2代目店主のオークラさんがランチを作ってたこともあったりと、何かと縁がある店。

広島　絶滅危惧種
広島県広島市南区大須賀町13－25
✉ zetsukigu@gmail.com
広島の狂乱スペース！　洋服や古本などを売っていて完全に意味のわからない店！　さらに、この店のやつらがまた狂ってて最高。

鳥取　汽水空港
鳥取県東伯郡湯梨浜町松崎434－18
✉ kisuikuko@gmail.com

田舎に自力で作った古本屋。店主のモリテツくんが筋金入りの自力製作男で、小屋から何から全部自分で作っている。田舎、DIY、古本……と言う、金の匂いがしない3大勢力をかき集めたような店だけど、ケロっとしてる。全然意味がわからないけど面白そうなので、とりあえず行ってみるしかない。

香川　なタ書　NEW
香川県高松市瓦町2－9－7
世界で一番ふざけた書店&店主の店。すごく古くていい感じの建物にある古書店で、独立書店としてはすごく広いし本もたくさんある。しかも完全予約制の書店という前代未聞のシステム。問題は藤井さんという店主がとんだイカサマ師で、すごく真面目な話や重要な話をしてると思ったら、突如とんでもない大ウソをついたりメチャクチャ。ただ、みみっちい嘘やいやらしい嘘じゃなく、豪快な大ウソなので聞けば一発でわかるので清々(すがすが)しいぐらい。まずはなタ書藤井さんのx（元Twitter）を垣間見るのがオススメ。とりあえずめちゃくちゃ面白い。

福岡　art space tetra
福岡県福岡市博多区須崎町2－15

✉ info@as-tetra.info
福岡市内の謎のアートスペースで、芸術の展示や企画もある一方で、いろんなイベントも開催している。「アジア圏のマヌケなやつらは結託して何かやり始めるしかない!」という趣旨のイベントをやりに行ったこともある。

noconico cafe
福岡市西区能古457-1　☎092-892-7201
福岡市内から船で10分の島にあるカフェ。面白い雑貨も売ってるし、カフェも外にテーブルを並べ、とても気持ちがいい所。

北九州　GALLERY SOAP
北九州市小倉北区鍛冶町1-8-23 2F
☎093-551-5522　✉ info@g-soap.jp
その名の通りギャラリー。大ボスの宮川さんが面白い人なのでとりあえず行ってみよう。イベントも多いし、飲食もできる。

鹿児島　コーナーポケット
鹿児島県鹿児島市東千石町6-6　南竹ビル101
鹿児島は天文館にあるジャズバー。マスターの森さんはジャズバーにもかかわらずロックの魂を持っているので、巷の悪を見過ごすことはできず、鹿児島で反原発デモに関わったりもしている。普段はバンドをやったり朝まで呑んだくれたりしている。

沖縄　NEO POGOTOWN　NEW
沖縄県沖縄市中央2-7-37 2F
元々あったPOGOTOWN (p.217) という名の雑貨屋さんが、気付いたらものすごくグレードアップした新店を近くに作ってしまい、ライブハウス&音楽スタジオ&雑貨屋&BARという感じのスペース。モスラの幼虫がついにモスラになった感じ。しかも、旧POGOTOWNは大家さんから立ち退きを求められたものの、「そこをなんとか」と謎の泣き落としを通して、奇跡の残存に成功。新しい店は大きさも広くかなりグレードアップした上に旧店も残ったので、活動の幅もさらに拡大。沖縄に行ったら、ぜひここに行って沖縄地下文化に触れてみてほしい。

韓国　ソウル　한잔의 룰루랄라 (ハンジャンウィ　ルルララ／一杯のルルララ)(休業中)
www.facebook.com/caferuloorala/

かつては若者のインディ文化の中心地ホンデもどんどん商業化されて、今や見る影もない。そんなホンデの真ん中に楔(くさび)を打つかのように鎮座してたのが、この一杯のルルララというカフェバー。漫画や本、手作りの雑貨なども販売しつつ、夜はバー営業になって週末にはライブもやるような重要スポットだったが、地域の再開発が進み立ち退きで休業。だが、店亡き今も店主のソンミンさんはいつもケロッとした顔でビールを飲んでおり、各所で神出鬼没に一日ルルララＢＡＲをやりつつ虎視眈々と再起を図っている。

두리반（ドゥリバン）

住所：45 Hongik-ro 5-gil, Mapo-gu, Seoul

この本でも紹介した、開発に抵抗してホンデ界隈の若者たちと立てこもった筋金入りのうどん屋。現在は旧ドゥリバンから移転して新しい場所で営業している。もちろんそのまま夫婦で経営していて、すごい繁盛している。店内の壁には当時一緒に闘ったミュージシャンやアーティストなどのメッセージが今でも張り巡らされている。（→p.198）

（プサン）なゆたの台所＆Ryun NEW

Ryun 輪 Busanl Korea https://ryun.ne.kr/index
부산광역시 금정구 금강로３３５번길 10－1
ヴィーガンスタジオ〝なゆたの台所〟 https://nayuta.imweb.me/
53, Surim-ro 61beon-gil, Geumjeong-gu, Busan

以前、高円寺でやっていた「なゆたカフェ」が、店主のnaccaちゃん引っ越しに伴い、２０１４年から釜山でオープン。ヴィーガン料理や美味しいコーヒーが飲める。さらに、店主のnaccaちゃん、酒好きのためいろんなお酒も飲める。ただ、本文で紹介したように、24年から謎のグレードアップを見せ、「なゆたの台所」という名前で別の場所へ。また、Bハウスなど仲間のスペースも、現在は別の場所で「複合文化空間＋カフェRyun」へと発展し、いろいろ変わってるようなので、現在のスペースの住所を載せておく。あとは現地でコーヒーを飲みながら釜山最新情報を仕入れよう！（→p.202）

香港 NEW 黒い窓（黒窗里 Black Window）

深水埗大埔道79－85號民安大廈地舗

本文中に紹介している徳昌里（p.194）と蘇波榮

(p.221)が結託し、移転して2020年に開業したヴィーガンレストラン！ かつては旧店どちらもかなりアナーキーな空気感だったが、今やきれいなお店になり、オシャレな人たちや若者でごった返す人気店になっている。それもそのはず香港の家賃は東京の倍以上の高さで、しっかりやることになったとのこと。ただ、忙しすぎる！ 忙しすぎてスタッフ一同「ちょっと待て、こんなはずじゃなかった！」と日々紛糾しながらもなんだかんだ継続している。みんなが「もうやめた！」と言い出す前に遊びに行ってみよう！ 普段ヴィーガンじゃない人が行ってもすごく美味しいです。

街坊排檔 Kai Fong Pai Dong

paidong.tumblr.com/

住所：香港油麻地咸美頓街廣東道

デザイナーのマイケルが始めた屋台。気が向いた時に開ける感じがまたのんびりしていていい。このすぐ近くで活化廳界隈の人がまた別の屋台を続々と開くという計画も進んでいるので、近々屋台村になるかも。(→p.153)

果邊（グォービン） NEW

Instagram@gwobean

アジア圏トップクラスの高家賃を誇る香港は近年続々とバカセンターの閉店が目立つが、そんな中、彗星の如く現れた希望の星の一つがこの果邊。イベントスペースのような場所で、ワークショップや上映会、トークイベント、交流会、簡単な音楽イベントなど、各種イベントが開かれたりしている。普段は事務所やアトリエのような使われ方もしているなど、なかなかアジト感満載の重要スポット。普段からオープンなスペースではないので、まずはInstagramでイベントをチェックして遊びに行ってみよう！

永發茶餐廳 NEW

香港油麻地広東道847号

香港でよくある喫茶店と食堂を足したような店。ただ、この店がすごいのは、香港アンダーグラウンド文化圏のやつらの面倒をよく見てくれるマスターがやっていて、みんなの心の拠り所になっていること。以前も、界隈のやつらの一人が結婚した時に、店を挙げて大パーティーをやって店内でパンクのライブが行われるなど、マスターの懐の広さが半端じゃない。香港マヌケたちの心の支柱。(→p.209)

中国 上海 角椒＋DOT NEW

上海市青浦区朱家角镇课植园路大拇指广场559弄19号102

上海リアルPUNKの真髄がここに！　ここはすごい！　上海のちょっと郊外にあるこの店、1階は〝角椒〟という火鍋屋さん。結構ちゃんとした店で、観光地も近いこともあり、いろんなお客さんが来て、普通においしい火鍋が食べられる。ところが！　その火鍋屋の奥の階段を上がった2階がとんでもないことになっている。清潔できれいな1階とはうって変わって、完全にPUNK BARで、〝Dirty Old Town〟という名前。しかも驚くことにオーナーは同じ。雰囲気全然違うじゃねーか（笑）。で、実際にPUNKイベントになってみると、ステージ前でやたら盛り上がって暴れてるやつがいる。挙げ句の果てには手に持ったビールをステージにぶちまけ始めて機材が壊れる有り様。危険なやつがいるなと思ったら、なんとそれがオーナー！　やばい、最高すぎる、ここはいい店だ　オーナー自身も上海パンクスの一人で、パンク仲間がたくさん集まってくる。上海パンクの重要スポット！

NEO BAR NEW

上海市杨浦区国定路335号杨浦科技创业中心1号楼

上海のポストパンクのバンド〝髒手指〟も御用達のバーで、彼らから紹介してもらったのがキッカケで遊びに行くようになった。一見すると普通にオシャレなバーなんだけど、店内のステージでパンクのライブも行うなど、いいイベントが多い。ここのオーナーもなかなか気骨のある面白い人なので、オススメ！

北京 学校酒吧 School Bar

site.douban.com/school/

住所：北京市东城区五道营胡同53号

北京は中国の中では圧倒的にサブカルチャー、アンダーグラウンドカルチャーが大きい都市。その北京の中でも重要なライブハウスのひとつ。ロック、パンク、ノイズ、エレクトロ、たまにヒップホップなど、やんちゃなやつらが集う場所。いいバンドや新しいバンドもどんどん出てくるし、多くの北京人から「いまSchoolが一番やばい！」と何度も聞いた。

蓬蒿劇場 Penghao Theater

www.penghaotheatre.com/
住所：北京市东城区棉花胡同35号

ここはカフェや図書室、劇場がセットになったようなところ。芝居を身近なものにするという店主のすごい情熱でやっている。カフェ自体も居心地のいいところで、ゆっくりできるスペースがたくさんある。芝居関係の本や台本などが大量にあり、それを読みに来る人も多い。常に経営の危機との戦いで、やばい時は店主の毛沢東級の演説でカンパを募り、なんとかしのいでいるという。

盲区 NEW

北京市東城区鼓楼東大街16号

北京のpunkたちの作ったBAR。元々「盲区」という名のバンドマンたちのグループを作っており、ライブの企画や映像、ZINEなどを作るなど、これまた幅広い活動をしている。そして、やはりみんなが集まる場所が大事だということで、2020年夏についに独自のスペースをオープン。超面白い人たちがたくさんいる上、重要な人物や情報が集まる新拠点のひとつで、音楽イベントを中心に、ZINEの集まりやトークイベントなどもやっている。この盲区界隈もすごくいいバンドがたくさんあるので、音楽の方も要チェック‼　さらに2023年になって新スペースに移転した。

独音唱片 NEW

北京市東城区鼓楼東大街24号

独立音楽専門のレコード屋。ここは老舗で結構前からある。自分もだいぶ前から、北京に寄ったらここへ行き、店員さんに中国独立音楽の最新情報を教えてもらったりしている。日本からではなかなか知り得ないようなバンドとかの情報もたくさん知れるので、我々外人にとってはとてもありがたいところ。

広州　上陽台→前台 NEW

広州市海珠区暁園北路3号

上陽台というかつてあったスペースは、広州屈指の強力なアジトだった。基本的には店舗で、洋服屋や雑貨屋、本屋、BARなど複数の店がひとつのスペース内にあり、共同でひとつの場所を運営していた。そのほか、共同キッチンやイベントスペースもあり、ライブやトークショーから功夫道場まで、いろんなイベントも開催。しかも、ここに集う人たちがやたら面白い人たちが多く、各種の変人たちと友達になれる。ただ、かなりの人数で運営していたこともあり、なかなか方向性の調整も難しかったようで、万人に惜しまれながらも解散。ただ、その残党が新メンバーで前台という名のスペースをオープンさせたり、かつての経験からいろんな人たちが広州に新スペースを開きまくっているという未確認情報が続々と入り込んでくる。とりあえずいま広州は要注目だ！

武漢 我们家→复印→？ NEW

かつて武漢植物園の近くにあった我们家（p.208我々の家）というDIYスペース。ここのメンバーが解散して、その残党たちが集って再度すぐ近くで新しいスペースをオープンした。そこで复印（コピー）という名で印刷機を置いてZINEなどを作る活動を開始。中心人物のズージエというやつ自身、漫画を描くこともあり、ひたすら各種の印刷物を出しまくってて面白いところだった。が、2023年になって、大家さんが突如ヤボ用により「出て行ってくれ」と言い出し、23年末の時点で解散目前の大騒ぎになっていたが、結局なんとかなったとのこと。

廃船 NEW

湖北省武漢市江岸区黎黄陂路19号3楼

2023年になって新しくできた武漢の新スペース。古い建物の取り壊しと開発が進む中国では珍しく、すごく古い建物を利用した、見た目もすごくカッコいい場所。部屋が4つ5つあり、それぞれの場所で物販をやっていたり、音楽の練習をしたり、各種イベントをやってたり、「BAR脱力」という飲食ブースもあったりして、なんか賑やかなところ。オープンしたばかりでまだ試行錯誤の状態のようで、今後どう発展していくかすごく楽しみ。「廃船」とか「脱力」みたいな言葉を選ぶセンスも最高。

WUHAN PRISON 武漢監獄 NEW

湖北省 武漢市洪山区魯磨路国光大廈A座半地下室

中国パンクシーンで欠かせない二大勢力が北京と武漢。そして武漢パンクの最重要スポットがこのWUHAN PRISONというライブハウスだ。中国パンク第一世代の生命之餅というバンドの界隈の人たちが始めたこの場所は、今でも脈々とそのパンク精神が受け継がれているので、超カッコいいところ。オープン当初は完全なパンクの場所だったけど、今は結構いろんなジャンルの音楽のイベントも行われている。武漢に行ったら、ここは必見！ 店長の咚（ドン）咚（ドン）という飲んだくれの女性が店を切り盛りしている

が、へべレケの時は何言ってるかわからないので、挨拶するなら早めの時間がおすすめ。（→p.209）

瀋陽　仙境倶楽部　NEW

遼寧省沈陽市沈河区二経街八緯路29号

中国東北部の瀋陽で、とてつもない場所がオープンした。瀋陽唯一のアンダーグラウンドのクラブの仙境倶楽部。クラブのほか、ライブスペースや、書店、上映室なども併設した最強のスペース。個人的なつながりでは、かつて瀋陽で失敗書店というふざけた名前の独立書店を作った潘赫という、これまたマヌケな雰囲気全開の友達がいた。もちろん、失敗書店はすぐに失敗したものの、瀋陽では仲間が仲間を呼んで、すぐに新たなプロジェクトが生まれ、この潘赫もこの仙境倶楽部の立ち上げに参加している。それもそのはず、中国東北部は真面目に働くことにはあまり興味なく、平日昼間から酒を飲み始める人が多いので、マヌケ人財の宝庫。まさに中国の高円寺。このため瞬く間に面白い人たちが集っている模様。うーん、これは期待大!!

長沙　目田空間　NEW

湖南省長沙市芙蓉中路605号花砲大楼

何を隠そう、長沙にも面白い空間が誕生した。ここは、書店、ゲストハウス、飲み屋、イベントスペース、ギャラリーなどが併設された空間。残念ながら自分はまだ行ったことないんだけど、ここの人たちには他の街で何度かあったことがあり、連絡も取り合っていて、「遊びに来て～」といつも誘われている。この目田空間の人たちのマヌケな雰囲気から察するに絶対に面白い場所に違いない！　これは行くしかない!!　ちなみに、この「目田」というのは「自由」の頭の部分の点をとって「目田」。つまり自由がないという皮肉に満ちた名前で、そのセンスが最高。この漢字文化圏にしかわからない感じ、いいね～。

台湾　台北

半路咖啡（パンルーカフェ）

住所：台北市大安區羅斯福路三段269巷51弄9號1樓

伝説の大バカスポット＝直走珈琲の後継店。楊子瑄（ヤン・ズーシエン）という台北マヌケシーンの重要人物が店長なこともあり、台北のとんでもないやつらが集まってくる。台北に行ったらひとまずここに行ってみるのがオススメ。（→p.163）

地下社会（閉店）

underworld-taipei.blogspot.jp/

台北の師大という若者が集まるエリアにあったライブハウスで、いいミュージシャンやいいライブなどで、台北のインディー音楽の世界では定評の場所。ただここも、例によって小ぎれい化が進み、今は閉鎖。でもここの店主は台北の面白いやつらの界隈と一緒にイベントを作ったりもしている。いつか再オープンできるとみんなが信じているので、一応この一覧表には載せておく。

小地方（移転）

台北市中山區金門街6-7

超酒好きの店主イーリンさんが新宿ゴールデン街に飲みに行った時に小さいBARに感激し、台北に小さいカウンターだけのBARをオープン。で、名前が「小地方」。ただ、この店も立ち退きで移転を繰り返し、今はかつてよりは少し広い店になっている。でも、カウンターで店員や他の客と仲良くなるようなゴールデン街的な要素は残されている。謎の文化人や有名な人がフラッと来たりするところもゴールデン街的でもある。

酸臭之屋 Acid House

www.facebook.com/acidhousetaipei/

住所：新北市永和區永和路二段52巷

ここもやばい。古い民家を改造したアートスペース。いろんな展示をやっているので、その時々で違うが、相当イカれたやつらが集まってて面白い。この前は展示を見に行った瞬間に大量の酒が出てきて昼間から飲み会になった。

北風社 NEW

台北市大同區赤峰街47巷18號2樓

かつて存在した台北のDIYバンドマンたちのグループ「愁城」の一部メンバーがオープンしたカフェ。あの薄汚いバンドマンたちがオープンしたとは思えないほどオシャレできれいなお店。愁城は少し郊外にあったけど、北風社は割と中心部にあるので、人も集まりやすい。ここもぜひ遊びに行ってみてもらいたい。運営メンバーのひとり魏立というやつがカッコいい人のふりをしてコーヒーをいれてると思うので、「オシャレぶってるけど、お前は高円寺のマヌケの仲間だろ！」と、声をかけて友達になってみてほしい。

先行一車 NEW
台北市大安區泰順街12號
なんの店だかわからないぐらいの異彩を放ってるけど、たぶんレコード屋。でも、遊びに行くとだいたい飲んでる。まだオープンしてから数年しか経っていないのに、40年ぐらいやってるんじゃないかってぃうぐらいの貫禄がある店内の雰囲気。死ぬほどレコードが置いてあるので、よくよく探せば掘り出し物もあるはず！　店主は基本飲んだくれてて、さらに飲んだくれのお客さんが続々と集まってくる、台湾の妖怪たちが集う世界最強のレコード屋。

スターダスト 星塵 NEW
台北市萬華區武昌街二段82巷3弄3號
こちらも前述の愁城の界隈に近い人たちによって開かれたBAR。特にバーカウンターを任される小石くんは、一時は高円寺で丁稚(でっち)奉公していた経験（ヒマだったので無駄に長期滞在してた）があるパンク青年。彼は今ではいろんな企画も主催しており情報をたくさん知ってる。ただ、見た目の割に性格がシャイなため頑張って聞き出してみてほしい。埒が明かない時は、小石くんと同じバンドのメンバーの、新道くんという名古屋人みたいな雰囲気の日本人がフラッと来た時に聞いてみるという手もある。

台南　玉隆紋身 NEW
台南市東區德光街26號
店主の許法は、以前は台北で刺青店を運営していたが、現在は出身地の台南に戻り、自分の刺青店をオープン。勢いで台南に行ったのはいいけど、とんでもない大バカなやつらが無数にいた台北とはちょっと勝手が違うのか「台南ヒマだ〜」と毎日独り言を言っている様子。「何か面白いことはないか」と、日々悶々としている様子なので、遊びに行ってみよう。見た目は人を殺したことありそうなヤクザみたいだけど、中身はウサギさんのような優しい男なので、怖がらなくても大丈夫！

在台南日本大使館
住所：不明
そこに場所があると思えば、そこはすでに場所。
（→ p.225）

マレーシア　クアラルンプール

無頭體 NEW

吉隆坡 戏院街 8号 雪隆会宁公会顶楼
No 8, rooftop, lorong panggong, 50000 Kuala Lumpur

かつてあったクアラルンプールの大バカたちの最強の拠点FINDARSが消滅し、同じビルの屋上に新しいスペースをもう一つオープン。ライブや飲み会など、狂乱の宴が日々繰り広げられている、とんでもないスペース。クアラルンプールは近年、再開発も進み街もどんどんきれいになっていく中、その街のど真ん中で異彩を放つ希望の星!

Rumah Api

rumahapi.weebly.com/
178, Jalan Ampang, Kg. Baru Ampang, Pekan Ampang, 68000 Ampang, Selangor, Malaysia

ここはゴリゴリのパンク、ハードコアなライブハウス。中にはインフォショップも入っていて、CDや書籍、Tシャツ、グッズなどいろいろ売ってる。その世界では有名なところで、海外からのミュージシャンなども立ち寄ったり滞在しているので、いろんなところの人がいる、パンクのやつらの底力を感じる場所。ちなみに、見た目は怖い人だらけだけど、パンクの人たちはみんなやたら優しい。

Lostgens'

lostgenerationspace.blogspot.jp/
8c, Jalan Panggong, 50000 Kuala Lumpur, Malaysia

FINDARSと同じビルに入っているアートスペース。クアラルンプールも開発がものすごい勢いで、このビルの一帯も急ピッチで工事が進んでいる。そんなこともあり、開発に抗して地域のつながりも大事にして活動している。ヨウさんという七福神の恵比寿さまみたいな雰囲気の人や、ダメな子供たちを説教するかのようなしっかり者のイーウェンなど、中心のメンバーも面白い人たちが多い。

ドイツ ケルン

なんとかBARドイツ店 Nantoka-Bar

Autonomes Zentrum Köln, Luxemburger Str. 93, 50939 Köln

ヨーロッパには自治スペースなどはそれこそ山のようにあるので、いちいち紹介してたらキリないけど、せっかくなのでちょっと日本と関連のあるところをひとつ。ケルンから東京に遊びに来ていたドイツ人のノビタ氏が高円寺のなんとかBARを見て、「このシステムは面白い!」と、ドイツに帰ってドイツ版なんとかBARをオープン。日替わりのコンセプトでいろんなことをやっている。運営メンバーが常に入れ替わっているので現存するかは不明。

NOBIKO NEW

Josephskirchstrasse 25　51103 Köln

かつては高円寺界隈で飲み歩いていたニコさんと、ドイツ・ケルン人のノビタの二人に加えて仲間が集まり開業したヴィーガンうどん屋さん。ノビタ氏は、なんとかBARドイツ店からはすでに離れてNOBIKOを開業したため、なんとかBARドイツ店はすでに一人歩きを開始して、いまどうなってるかわからず四次元世界のような未知の状態に。ドイツに遊びに行くという何人かに「なんとかBARどうなってるか見てきて」と依頼したんだけど、みんな行方知れずになって帰ってきていない。あ、うどん屋の話だった。NOBIKOは絶妙なセンスのニコさんと絶妙なマヌケ感のノビタなどが醸し出す空気感もあって、面白いことになってきてる模様。

振り逃げ屋（自由が丘）

解説　革命後を先取りするマヌケたち

柄谷行人

２０１０年代に中国・台湾・韓国に講演に行ったときに、気づいたことがある。それは、私の本の愛読者だといって挨拶にやってくるのが、必ずといっていいほど、松本哉のファンや友人だということだった。これは、一見理解しがたいことである。松本の本は楽しく有用なのに、私の本は難解で役にも立たないからだ。しかし、われわれには何か共通点があるに違いない、外国人のほうがそのことに気づいているのだろう、私はそう考えた。

私は、かつて本書の書評を新聞に書いたことがある。本書の文庫化にあたって、編集を担当した井口かおりさんから、それを再掲するとともに、あらためて解説を書いてもらえないか、と頼まれた。先ず、その書評とは、つぎのようなものである。

２０１５年夏に、安保法案に反対する大きなデモがあった。マスメディアでは、それはサウンド・デモなど、旧来と異なる新鮮なものであり、学生集団シールズがそれをもたらしたと報じられていたが、それは不正確である。このようなデモは、

2011年に高揚した反原発デモの延長としてあったのだ。そして、それに最も貢献したのは、おそらく松本哉の率いる「素人の乱」であった。彼がその独自のスタイルのサウンド・デモを最初に企てたのは、2004年のことであったが、それ以前にも、もっと珍奇なデモを幾つも企ててきたのである。その経緯をふりかえった著書が、『貧乏人の逆襲！――タダで生きる方法』（2008年）である。

しかし、彼がそこで追求していたのは、たんにデモのことではなく、まさに表題通りの問題であった。彼がいう「貧乏人」とは、1990年以後、新自由主義の下で貧窮化した人たちだといってよい。この状況に対して、二つの態度がある。一つは、中産階級の基準に固執する「賢い」生き方である。もう一つは、それを放棄した「マヌケ」な生き方だ。

大概の人は前者を選ぶが、それは困難であって、努力しても実際にはますます貧窮化する。にもかかわらず、他人と交わり、助けあうことはしない。そして、結局、国家に頼り、排外的になる。一方、「マヌケ」たちは寄り集まり、国家にも企業にも依存しないで暮らせるように工夫する。前作ではそのやり方が書かれていた。たとえば、リサイクルショップ、日替わり店長バー、ゲストハウス、イベントスペースの運営など。つまり、資本主義的でないオルタナティブな空間を自分たちで作り出すこと。松本自身は東京・高円寺の商店街に拠点を見いだし、デモもそこから始めた。

本書はその続きであり、やり方がもっと多彩になったとはいえ、基本的に同じことが書かれている。しかし、明らかに違っている点が一つある。それは、オルタナティブな空間を固定的に考えないことだ。実際に、つぎのような変化があった。前作がすぐに韓国、台湾で出版され、各地に「貧乏人の逆襲」、「マヌケ反乱」を生み出したのである。さらに、それらが相互につながるようになってきた。アジア以外のマヌケも参加するようになり、また、独自のパスポートや通貨を作るようになってきた。

このような変化が生じたのは、世界各地で新自由主義経済が進行し、どこでも階級格差が深まっているからだ。それは排他的なナショナリズムをもたらす。それを避けるためには、マヌケたちの陽気な連帯が必要だ。その一例がここにある。

（『朝日新聞』２０１６年９月18日付に加筆）

この論評からは、本書が生まれてきた経過については、よくは分からないだろう。ゆえに、この本が書かれる以前、それも、２０００年代ではなく、彼がまだ法政大学の学生であったころに遡って、その活動を簡単に説明しようと思う。その場合、私自身のことにも触れないわけにはいかない。というのも、私はその大学で教師をしていたからだ。

私が松本を知ったのは、その時期である。といっても、会ったことはなく、噂を聞いただけであった。そのころ彼は、「法政の貧乏くささを守る会」（1996）を結成し、大学側の校舎改築や学費値上げに反対する運動を起こした。しかしそれは、かつてない風変わりなスタイルの闘争であった。松本自身の分類によれば、次のような闘争があった。

鍋闘争（屋外に炬燵を置き、鍋物を囲み酒を飲む）
飲酒闘争（炬燵やテレビを持ち込み、ひたすら酒を飲む）
焼肉闘争（大学当局の事務室前に炬燵を置き、焼肉を行う）
くさや闘争（事務室の近くでくさやを焼き、臭い煙を室内に流す）

大学のキャンパスの中での、このような奇抜な闘争は、それまでの学生運動にはなかった、というより、どこにもなかったといってよい。予期しなかった奇妙な運動の登場に、大学当局は困惑し、対処に頭を悩ませたらしい。私はといえば、人づてに松本の話を聞いたとき、大笑いするとともに、案外そいつは俺と似ているな、と思った覚えがある。実際、私も教師でありながら、似たような状況にいたのである。この頃、新自由主義化の流れが、大学にも確実におよびはじめ、大学の雰囲気がおかしくなっていた。松本も私も、そのことを感じて抵抗したのである。

当時、法政大学当局では、それまでの教養部——私はここに在籍していた——を全面的に改編して、新学部を作ろうとする動きがあった。私はそれに反対であった。それまでの教養部は、いろいろな人がいてバラバラであったが、面白かった。ところが、90年代末に大学当局から、教養部を建物ごと解体し、そこに高層ビルを建てるとともに新学部をつくる、というような案が出てきた。一般教養などという金にならない学問はやめて、国際競争に勝てるような〝人材〟を育成する、というのがその理由の一つだった。それは、いわば、これまでの教養部の「貧乏くささ」を一掃しようというものであった。私はそれに反対した。そのとき、私は教員のレベルではあったが、「法政の貧乏くささを守る会」をやっていたようなものである。

しかし、結局、この闘争に敗れたあと、私は1997年に法政を辞めてしまった。したがって、松本と出会う機会もないままに終わった。以来、私は彼のことを忘れていた。

その機会が訪れたのは、2011年の東日本大震災と福島原発事故の後、間もなくのことであった。このとき、原発に反対するデモが起きた。それは、60年の安保闘争デモ以来ともいえる、全国的な規模のデモだった。そこで私は、思いもよらない形で、松本と出会うことになった。それは、新宿駅前の広場で開かれた夜の集会でのことだった。デモ演説をするように依頼されて現場に行った私は、ぎっしり機動隊に囲まれた中で、デモ主催者から促されて、ライトに照らされたデモの先導車の上に登っていった。そこに立って待っていたのが、松本哉だった。それがわれわれの「初対面」であった。こんな初対面は稀有だろう。

その後、私はこの出会いについて、松本とじっくりと話す機会をもった。以下は、その対話から、本書に関連する箇所の抜粋である。これをもって、この本の「解説」の仕上げとしたい。

柄谷　松本さんとの初対面は2011年9月11日夜、アルタ前、街宣カーの上だった。突然、手術台の上で出会ったような感じでした。その時、あなたは最初、ぼくの紹介みたいなことを喋ったでしょう？　大学のころ、柄谷さんの本を人に言われて読んだけど、全然わからなかったとかって（笑）。

松本　はいそうです。2頁ぐらいで断念しました（笑）。

柄谷　そのあと、「そうだ、松本さんは法政だったたな。接点があったんだよね」と喋ろうとしたけど、僕の任務はスピーチをすることであったから、やめました。今日はその続きの話をしたいと思って来たのです。あなたは1994年入学でしょ？

「法政の貧乏くささを守る会」を作ったのは、96年ですね。その年に僕は休職してアメリカに行ってたんですよ。そして、その翌年には法政を辞めた。だから、法政が貧乏くさくなくなる時期に辞めてるんですよ。

松本　なるほど。じゃあきれいな法政は知らないんですね。

柄谷　法政には1970年からいましたが、僕の知ってる法政はいわば貧乏くさい大学でした。その理由は、これは滅多にないことなんですが、理事会、つまり経営者が共産党系だったことですね。普通、私立大学の経営者は保守反動ですよ。僕は大学当局といつも喧嘩していましたが、当局が共産党だから、他の大学の場合とはちょっと違うんです。僕らは自由で何をやってもよかった。その意味で、法政は奇妙な面白い大学だったのです。ところが、90年代の半ばに、共産党系の経営陣が、これまでの方針を変えて、金持ち化しようとしたんですね。関西の立命館大学もそうです。僕は、いってみれば、その共産党系経営陣がやりかけた新しい経営方針に反対して辞めたんですよ。そのころ、あなたは「貧乏くささを守る会」を始めた（笑）。

松本　そうですね。あの頃はすごいそういう流れが顕著でしたからね。これはもう居心地悪くなるな、と思って。

柄谷　僕は90年代半ばぐらいから、世の中に自分に合った感じが出てきた、って気がします。それはバブルが壊れたからですね。僕は1960年に大学に入ったのですが、だいたい55年ぐらいから日本はずーっと高度成長でやって来た。その頂点が80年代のバブルです。その間、ずっといやだった。バブルがはじけて、みんなが嘆いていたけど、ぼくはほっとした。

松本　うちらの世代って、高度成長が終わってバブルもはじけて、結局にっちもさっちもいかないのがどんどんバレて来た感じじゃないですか。昔の人は、頑張ればなんとかなるという価値観でやってた。でも、「頑張っても無理」っていう信用のなさがあったので、みんな新しいものを模索し始めたと思うんですよ。そのへんで面白い人たちがすごくいっぱいいいたと思います。（中略）

柄谷　松本さんの発想の中で面白いなと思ったのは、「革命後の世界を先に作るぞ」というのあるでしょう？

松本　そうですねえ。まあ心がけてますね。

柄谷　それで言うと、革命後にやるであろうことを、今やればいいわけだ。革命前からある程度やっておかないと、もたないと思う。そうでないとどうしても強力な指導者、強力な政党のほうに行くようになると思います。

だから、ここで岐路があって、一方は絶対、国家主義に行くと思う。共産党もそっちへ行ってしまいます。それに対して本当に対抗できるのは、自活できるほうですよ。それができなければ同じようなものになります。だから、「貧乏人の逆襲」ていうのは、自分の生活自体を自分たちでできるように経済圏を革命以前に作りあげることですね。

松本　本当にそれぐらいやらないと、強くならないですね。革命後の世界を先にやっちゃったほうがいいんだ、みたいなことを言ってると、けっこう真面目な人からは共産主義革命ですか？　社会主義？　民主主義革命ですか？　とか聞かれるんですよ。そういうことを質問する時点で人任せだと思うんですよ。

柄谷　結局は誰か政党なり、国家権力を動かして何かしてもらおうって発想でしょ？

松本　自分のやりたいことをみんながそれぞれやっていって、その上でいい世の中がやって来なきゃ嘘だと思うな。

柄谷　それを僕は考えているんですけど、松本さんは考えないでやってるからな（笑）。

松本　今回香港に行ってきたんですけど、各地のいろんな居場所作り（インフォショップなど）だったり、国や企業に頼らないことをやってる人たちが全部集まろうってことになって、韓国とか台湾、日本から、たぶん内緒に中国からも、香港に集まったんですよ。めちゃくちゃ面白かった。みんなそれぞれの場所で生活してて、自分の価値観で生きようとしている人たちが全部集まるからそこには国境とか国とかまったくないんですよ。一回も話題に出ない。尖閣諸島がどうとか、誰も言わないし。そんなこと興味すらない、というか。そこってもう完全に革命後の社会だと思った。ただ言葉が通じるか通じないかの話だけ。すごくいい経験でした。

柄谷　革命後を先に見たんだからね。

松本　もう味しめちゃいましたよ。特に東アジアの近い国の人たちとどんどん友達になってる時に、国家って邪魔者以外の何者でもないじゃないですか。今のうちに国を超えた人のつながりを作っておきましょうよ。本当、ここ三年、五年がすごく勝負のような気がするんですよ。

（＊2012年6月4日　新宿にて）

（対談　柄谷行人×松本哉「生活と一体化したデモは手強い」『脱原発とデモ――そして、民主主義』筑摩書房より一部抜粋）

解説　間が抜けてるのではない。間を抜けるのだ。

ブレイディみかこ

むかし、むかーし、のことである。「ユリシーズ」という好事家向けの音楽誌があり、そこの見知らぬ編集者さんが英国在住のわたしにいきなりメールを送って来た。

「ブログの文章を拝読し、「素人の乱」みたいだと思いました」

と書かれていた。

「素人の乱」って何？　と、わたしは思った。

そんな暴動が日本で起きたとは聞いてない。だが、「乱」というからには、何らかの国を震撼させるような騒動があったに違いない。わたしは急いでネットで検索してみた。当時は、まだ物書きを生業にしてなかったので、英国で見聞きすることを適当にネットに書き綴っていただけのわたしは、日本で起きていることについてまるで知らなかった。首相の名前すら知らなかったぐらいだ（また、あの頃はよくコロコロ代わってたんだ）。

が、出てきたのは、なんか英国のそこらへんの道端にも転がっていそうな、人の好さそうな兄ちゃんの笑顔と、炊飯器とかストーブとか中古家具とかが並んだ、こう言ってはなんだがいかにもしょぼい地元のリサイクル店みたいな場所の写真だった。

これの、どこが「乱」なのだろうか。

もっと検索してみると、その下町の人の好さそうな兄ちゃんこと松本哉という人は、大学生時代に様々な闘争を繰り広げていたらしい。おお、「乱」っぽくなってきた。んだが、よく読んでみれば、「鍋闘争」だの「くさや闘争」だの、人をなめくさったような言葉が並んでいる。だいたい、ふつう「闘争」の前に、そんな生活臭たっぷりの言葉はつけないだろう。

じゃあどんな言葉をつければいいのって言われると、そりゃあやっぱり日本で運動とかする場合は「アンチ○○イズム」とか「NO！　○○」とか、西洋の言葉を使うのがふつうである。生活臭どころか、自分たちがふだん喋っている言語すら使わないのだ、日本の運動の場合は。それなのに、なんだ、この堂々たる掟破りの狼藉の数々は。と呆れつつ、わたしはこの姿勢にたいへん共感し（流行りのエンパシーじゃねえぞ、シンパシーのほう）、腹を抱えて笑ったのであった。

それから長いあいだ、「素人の乱」のことは忘れていた。が、再びそれが浮上したのは、『This Is Japan』というノンフィクション本を書くために、日本にしばらく滞在したときだった（2016年）。それは日本の地べたの現在地（西洋風に言えば、グラスルーツってやつ）を探るというテーマの本で、貧困支援の現場だとか、当時盛り上がっていたシールズのデモとか、「保育園落ちた、死ね」で話題になっていた日本の保育の現状だとか、いろんなところに行き、様々な運動関係者に取材を行った。が、一カ月も日本にいるうち、わたしはだんだん暗くなった。目に見えて元気がなくなっていったのだ。「灯りが見えない。このままではめっちゃ陰気な本になる」と居酒屋でくだを巻いていたときに、「会わせたい人がいる」とニヤニヤ笑いながら言ったのは音楽ライターの二木信(ふたつぎしん)さんだった。二木さんは、わたしに灯りを見せることができるのはその人だと確信しているようだった。そして東京滞在の最後の晩、その人と会うはずだったのだが、なぜかその人は行方不明になり、連絡が取れないんですよと二木さんが言ってきた。

何を隠そう、その行方不明者こそが松本哉さんだったのである。

「しょうがないですよ。それに、今さら素人の乱でもないでしょう」と担当編集者が言ったのを覚えている。当時は、シールズの時代であったのだ。大きなうねり（「うねり」ってめっちゃメディアが使ってたよな、あの頃）をつくって何かを動かす運動がもてはやされていたときに、なんで高円寺のリサイクル店の店主なんですか、みたいな感じだったのだろう。

だが、『世界マヌケ反乱の手引書』を読んだとき、わたしはあのとき帰国を遅らせてでも松本さんに会うべきであったと激烈に後悔した。

彼はこの本の中で、（全共闘世代との付き合い方指南で爆笑させてくれた後に）こっそりこんなことを書いている。

「あ、あと当時はすぐでかい物を狙いにいく傾向があったけど、特に今の時代、小さい謎のスペースを無数に作っていく方がいいと思う。潰れても潰れてもどんどん新しいバカセンターができて、全国津々浦々、いったいどこにどんな場所があるかわからなくなるぐらい増えたら最高に面白いし、実はそれが一番強い」（１８９頁）

これこそグラスルーツの定義ではないか。

なんだか大きなことを変えられるような気になってみんなでうねっていたけど、うねり程度では現実は変わらなかった。そんな敗北を抱きしめながら、「みんなバカだから自分たちの言葉を理解してくれない」と言って眉間に皺を寄せている間に、「バカがどんどん増殖して世の中の主流になってきた」と左派は焦り、反知性主義だのポピュリズムだの言って他人をバカにした。素人のくせに半径五メートル内での実践を忘れてすぐでかい物を狙いにいくから、いつの間にか右翼のグラスルーツが地道にびっしり広がっていたのを見て「うわあ」とびっくりしたのである。

が、松本さんは全然バカに脅威を感じてない。むしろ、大バカな仲間の集め方とか、バカステーションの作り方とか、自分が誰よりもバカバカ言っていて、こっちが元祖と言わんばかりである。

しかも松本さんのバカなグラスルーツ構想がさらに面白いのは、全国津々浦々のレベルではなく、アジア津々浦々の根っこを繋げることを志向している点だ。日本のレイシズムの特徴を鑑みるとこれは先進的な動きだし、アジア言語は俺らが思っているより似ているから、交流が進んで誰か頭のいいやつがうまくまとめたら、アジアでもエスペラント語みたいな共通語がすぐできるはず、なんて提言には、つい下側の未来を感じてしまう。

また、「バカ」と同じぐらいたくさんこの本に出てくる「マヌケ」という言葉については、「あまり壮大なスケールの理想社会なんか実現したらたいていつまらないことになるので、世の中の隙を見て勝手なマヌケ社会を作るのがいい」と第4章の最終頁でご本人が種明かしされているけれども、マヌケとは漢字で「間抜け」と書く。その言葉の奥義は、「間が抜けている」と見せかけて、「(世の中の隙)間を抜ける」ことなのだ。

アナキズムの歴史、潮流、系譜、構造、成り立ち、将来性、何でもいいのだけれど、アナキズムとは何かをこねくり回すのが流行の昨今、小難しい言葉で語られてきた思想の核を素手でわしづかみにした言葉として、「間抜け」があることを指摘しておきたい。

西洋の舶来ワードに頼らなくても、こういう言葉は地べたに転がっているのだ。

追記：ちなみに松本さんとはついに2年ほど前にお会いできた（リメイクブランド「途中でやめる」の山下陽光(ひかる)さんの家でだった）が、なんでも午前3時にわたしが飲み屋から撤退した後で、松本さんがあやうく命を落としかけたという噂を聞いた。わたしも変わった事象を招く人間だと言われるが、松本さんにはかなわない。わたしはそんなにしょっちゅう行方不明になったり死にかけたりしていない。

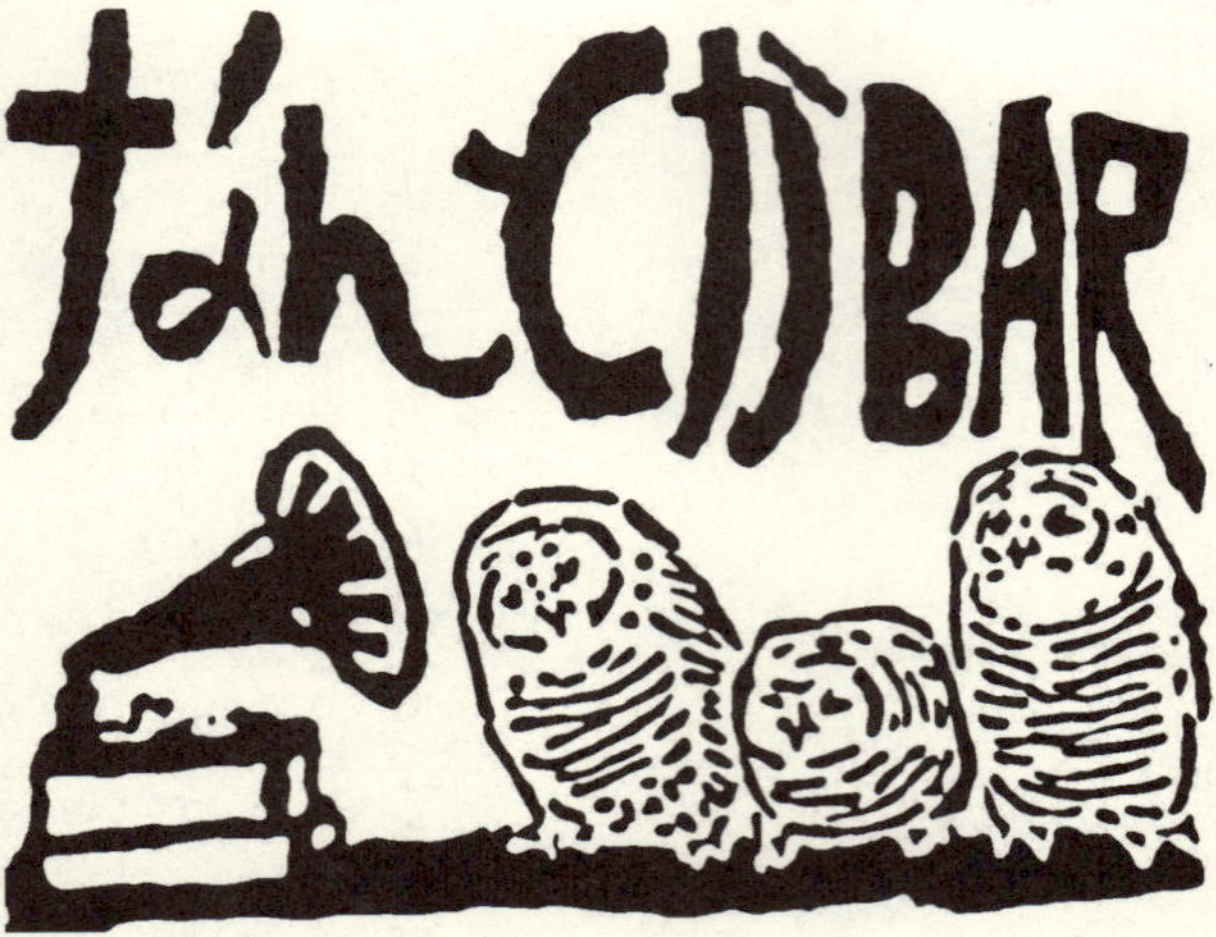
なんとかBAR

TOKYO KOENJI
MANUKE
GUESTHOUSE

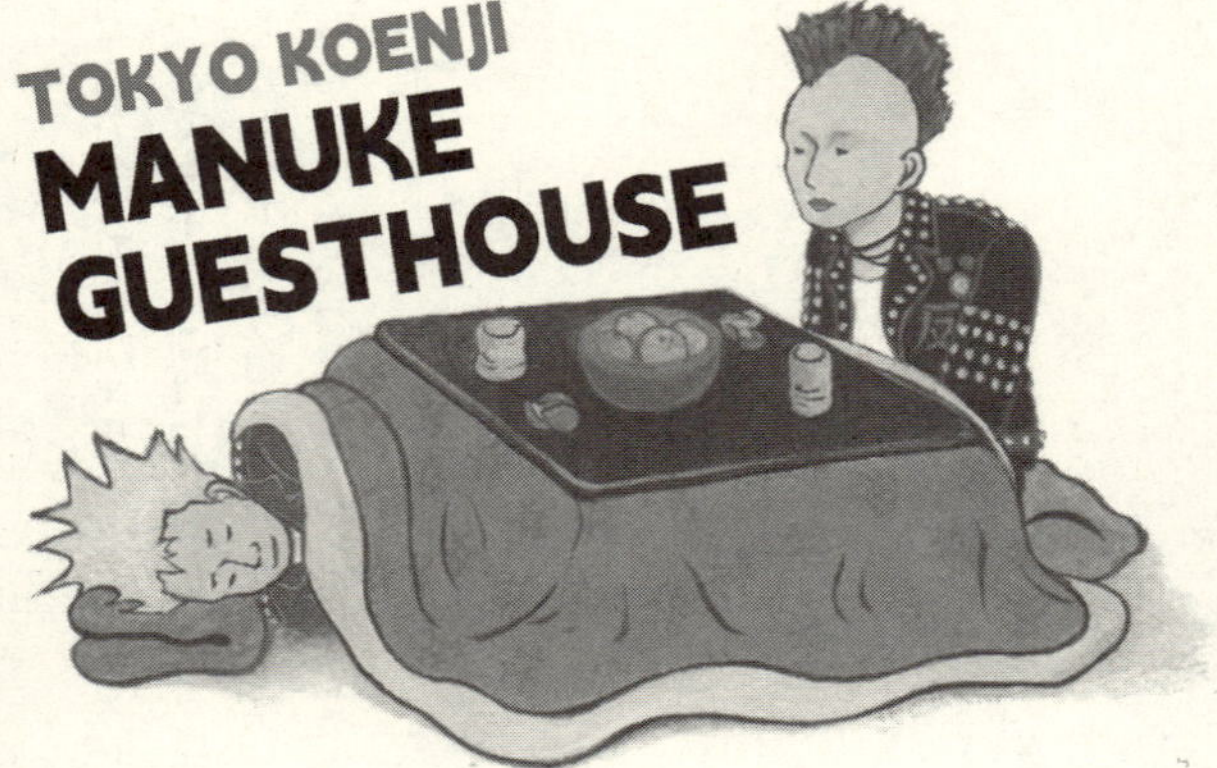

松本哉（まつもと・はじめ）

1974年東京生まれ。リサイクルショップ「素人の乱5号店」店主。高円寺北中通り商栄会副会長。96年「法政の貧乏くささを守る会」結成以来、各地でマヌケな反乱を開始。2005年、東京・高円寺で山下陽光らと「素人の乱」をオープン。その後、「3人デモ」「俺のチャリを返せデモ」「家賃をタダにしろデモ」「原発やめろデモ!!!!!」ほかとんでもないデモを行う。現在は、高円寺でゲストハウス、飲み屋なども運営しつつ、海外のオルタナティブスペースとの交流を深め、「世界マヌケ革命」を目指す。著書に『貧乏人の逆襲！ 増補版――タダで生きる方法』（ちくま文庫）、『貧乏人大反乱』（アスペクト）など。共著に、『素人の乱』（河出書房新社）、『さよなら下流社会』（ポプラ社）、『脱原発とデモ』（共著 筑摩書房）など。

ブログ→「素人の乱5号店・店主日記」matsumoto-hajime.com

x. instagram → @tsukiji 14

本書は、二〇一六年九月、筑摩書房より刊行された単行本に加筆し、写真、情報等増補したものです。

花の命はノー・フューチャー　ブレイディみかこ

移民、パンク、ＬＧＢＴ、貧困層。地べたから見た英国社会をスカッとした笑いとともに描く。200頁分の大幅増補！　推薦文＝佐藤亜紀　（栗原康）

はたらかないで、たらふく食べたい　増補版　栗原康

カネ、カネ、カネの世の中で、ムダで結構。無用で上等。爆笑しながら解放される痛快社会エッセイ。文庫化にあたり50頁分増補。　（早助よう子）

新宿駅最後の小さなお店ベルク　井野朋也

新宿駅15秒の個人カフェ「ベルク」。チェーン店にはない創意工夫に満ちた経営と美味さ。帯文＝奈良美智　（柄谷行人／吉田戦車／押野見喜八郎）

「食の職」新宿ベルク　迫川尚子

新宿駅構内の安くて小さな店で本格的な味に出会えるのはなぜか？　副店長と職人がその技を伝える。メニュー開発の秘密、苦心と喜び。　（久住昌之）

嫌ダッと言っても愛してやるさ！　遠藤ミチロウ

パンクロックの元祖ザ・スターリンのミチロウ初期エッセイ集。破壊的で抒情的な世界。未収録エッセイや歌詞も。帯文＝峯田和伸　（石井岳龍）

キッドのもと　浅草キッド

生い立ちから凄絶な修業時代、お笑い論、家族への思いまで。孤高の漫才コンビが仰天エピソード満載で送る笑いと涙のセルフ・ルポ。　（宮藤官九郎）

ホームシック　ＥＣＤ＋植本一子

ラッパーのＥＣＤが、写真家・植本一子に出会い、家族になるまで。植本一子の出産前後の初エッセイも。二人の文庫版あとがきも収録。　（窪美澄）

フルサトをつくる　伊藤洋志／ｐｈａ

都会か田舎か、定住か移住かという二者択一を超えて、もう一つの本拠地をつくろう！　場所の見つけ方、人との繋がり方、仕事の作り方。　（安藤桃子）

減速して自由に生きる　髙坂勝

自分の時間もなく働く人生よりも自分の店を持ち人と交流したいと開店。具体的なコツと、独立した生き方。一章分加筆。帯文＝村上龍　（山田玲司）

セルフビルドの世界　石山修武＝文　中里和人＝写真

自分の手で家を作る熱い思い。トタン製のバー、貝殻製の公園、アウトサイダーアート的な家、０円～５００万円の家、カラー写真満載！　（渡邊大志）

住み開き 増補版　アサダワタル

自宅の一部を開いて、博物館や劇場、ギャラリーにしたり、子育て世代やシニアの交流の場にしたりして人と繋がる約40軒。7軒を増補。（山崎亮）

狂い咲け、フリーダム　栗原康編

国に縛られない自由を求めて気鋭の研究者が編む。大杉栄、伊藤野枝、中浜哲、朴烈、金子文子、平岡正明、田中美津ほか。帯文＝ブレイディみかこ

ネオンと絵具箱　大竹伸朗

現代美術家が日常の雑感と創作への思いをつづった2003～11年のエッセイ集。単行本未収録の28篇、カラー口絵8頁を収めた。文庫オリジナル。

あの頃、忌野清志郎と　片岡たまき

元マネージャーである著者が清志郎との40年にわたるバカみたいに濃い日々を描く清志郎伝の決定版がボーナストラックを追加収録し文庫化。（竹中直人）

ナリワイをつくる　伊藤洋志

暮らしの中で需要を見つけ月3万円の仕事を作り、それを何本か持てば生活は成り立つ。DIY・複業・お裾分けを駆使し仲間も増える。（鷲田清一）

年収90万円でハッピーライフ　大原扁理

世界一周をしたり、隠居生活をしたり。「フツー」に進学、就職してなくても毎日は楽しい。ハッピー思考術と、大原流の衣食住で楽になる。（小島慶子）

自作の小屋で暮らそう　高村友也

好きなだけ読書したり寝たりできる。誰にも文句を言われず、毎日生活ができる。そんな場所の作り方。推薦文＝高坂勝（かとうちあき）

カスハガの世界　みうらじゅん

ぶわっはっは！　見れば見るほどおかしい！　でももらっても困るカスのような絵ハガキ。そのめくるめく世界を漫画で紹介。文庫版特別頁あり。

夢を食いつづけた男　植木等

俳優・植木等が描く父の人生。義太夫語りを目指し、のちに住職に。治安維持法違反で投獄されても平和と平等のために闘ってきた人生。（栗原康）

驚嘆！　セルフビルド建築
沢田マンションの冒険　加賀谷哲朗

比類なき巨大セルフビルド建築、沢マンの全魅力！　4階に釣堀、5階に水田、屋上に自家製クレーンも！　帯文＝奈良美智（初見学、岡啓輔）

ちくま文庫

世界マヌケ反乱の手引書　増補版
――ふざけた場所の作り方

二〇二四年九月十日　第一刷発行

著者　松本哉（まつもと・はじめ）
発行者　増田健史
発行所　株式会社　筑摩書房
東京都台東区蔵前二―五―三　〒一一一―八七五五
電話番号　〇三―五六八七―二六〇一（代表）
装幀者　安野光雅
印刷所　三松堂印刷株式会社
製本所　三松堂印刷株式会社

ISBN978-4-480-43972-7　C0195